数字经济背景下
金融产业创新发展战略研究

潘翠莹　李晓芬　刘佳勋　著

吉林出版集团股份有限公司

全国百佳图书出版单位

图书在版编目（CIP）数据

数字经济背景下金融产业创新发展战略研究 / 潘翠莹，李晓芬，刘佳勋著 . -- 长春 : 吉林出版集团股份有限公司，2025.2. -- ISBN 978-7-5731-6156-7

Ⅰ . F832-39

中国国家版本馆 CIP 数据核字第 20255RL090 号

SHUZI JINGJI BEIJING XIA JINRONG CHANYE CHUANGXIN FAZHAN ZHANLÜE YANJIU

数字经济背景下金融产业创新发展战略研究

著　　者	潘翠莹　李晓芬　刘佳勋	
责任编辑	杨　爽	
装帧设计	寒　露	

出　　版　吉林出版集团股份有限公司

发　　行　吉林出版集团社科图书有限公司

地　　址　吉林省长春市南关区福祉大路 5788 号　邮编：130118

印　　刷　定州启航印刷有限公司

电　　话　0431-81629711（总编办）

抖 音 号　吉林出版集团社科图书有限公司 37009026326

开　　本　710 mm×1000 mm　1 / 16

印　　张　16.75

字　　数　230 千字

版　　次　2025 年 2 月第 1 版

印　　次　2025 年 2 月第 1 次印刷

书　　号　ISBN 978-7-5731-6156-7

定　　价　78.00 元

如有印装质量问题，请与市场营销中心联系调换。0431-81629729

前　言

在数字经济背景下，金融产业正面临着前所未有的变革和挑战。随着技术的快速发展和全球信息化程度的加深，数字经济已成为推动经济增长的新引擎。《数字经济背景下金融产业创新发展战略研究》一书旨在深入探讨数字经济在推动经济增长的过程中，金融产业的创新发展战略以及如何利用新兴的数字技术来应对传统金融产业面临的挑战。

本书第一章对数字经济的定义、特征、技术基础及其历史演进进行了系统的阐述，为读者揭示了金融科技的发展脉络，并探讨了发展数字经济的重要意义。这一章节不仅为后续章节奠定了坚实的理论基础，而且对理解金融产业在数字经济中的角色和机遇提供了关键视角。

第二章通过对金融产业的内涵和发展历程的解读，为读者提供了一个关于金融产业的宏观视角，以便读者更好地理解后续章节中讨论的创新发展理念。

第三章分析了传统金融产业发展模式与时代发展不符的问题，并探讨了金融产业创新发展的政策驱动和通过应用数字技术创新发展的优势，凸显了在数字经济背景下金融产业创新发展的必要性。

第四章基于多种经济理论，包括供应链金融、交易成本理论等，为金融产业创新发展提供了理论依据，为金融产业的创新实践指明了方向。

第五章聚焦数字技术在金融产业的现实应用，从数字支付革新到人工智能驱动的投资等多个方面，展示了数字技术如何在金融领域实现创新和转型。

第六章探索了数字经济背景下金融产业创新发展的多种模式，包括互联网微贷、点对点借贷、供应链金融等，展示了数字技术如何促进金融模式的多样化和创新。

最后，第七章详细讨论了数字经济背景下金融产业创新发展的战略，涉及商业银行、保险公司、证券公司以及基金资管企业等各类金融机构的数字化发展策略，为金融产业的数字化转型提供了具体指导和建议。

本专著由数字经济赋能广西高耗能企业低碳转型机理与实现路径研究（项目编号：2023KY1849）、广西面向东盟的数字人民币跨境支付发展路径研究（项目编号：23FYJ057）、数字经济背景下南宁市人力资源服务业转型升级研究（项目编号：2021JSGCO9）项目支持，由经济与金融和工商管理学科长期从事经济、金融与管理课程教学的一线教师共同编写。其中，潘翠莹负责整体规划、项目进程检查，李晓芬、刘佳勋参与内容衔接与质量把控。具体分工如下：第一章由潘翠莹撰写，第二章、第三章由潘翠莹、李晓芬撰写，第四章、第五章由潘翠莹、刘佳勋撰写，第六章、第七章由潘翠莹、李晓芬、刘佳勋撰写。本教程在编写过程中，得到了南宁学院数字经济学院和商学院的大力支持，在此表示诚挚的谢意！因能力与水平有限，本教程难免存在不足之处，恳请读者批评指正。

目 录

1

第一章 数字经济的产生与发展

在全球信息化时代，随着技术的全面渗透、跨领域的融合、创新速度的加快及其在发展中的引领作用，数字经济在各国迅速发展，已成为推动经济增长的重要力量。这一趋势为全球经济的复苏及社会的进步提供了新的活力，展现了数字经济在当前全球发展格局中的关键作用。

第一节 数字经济的定义与特征

一、数字经济的定义与相关概念

数字经济，属于信息经济的第二和第三层面，基于数字技术构建了包括内容产业、通信产业、软件产业以及信息设备制造业在内的产业集群，从生产的角度出发，还包括了这些产业提供的产品与服务。

随着科技的持续进步，信息技术对社会的影响日益加深。在经济与社会融合信息技术的过程中，出现了多种定义和概念，有时这些概念的界限并不清晰。除了最初的"信息经济"和近期流行的"数字经济"之外，还涌现了"网络经济""知识经济"等术语。这些术语出现于数字经济发展的不同阶段，各自反映了不同时间内人们对于信息技术带来的社会变化的理解与解读。尽管这些概念在定义和内涵上存在细微差异，但它们共同指出了信息技术对人类社会经济活动的深远影响和革新性质。

（一）知识经济

二战后，全球经历了显著的科技革新，这不仅加快了知识生产和流通的速度，也扩大了其分配范围，从而彻底改变了社会经济的面貌。在这样一个快速发展的时代，知识与经济社会之间的关联成了众多学者研究的重点，进而逐步促成了知识经济概念的形成和普及。

1996年，经济合作与发展组织（Organization for Economic Co-operation and Development, OECD）在其年度报告《以知识为基础的经济》中明确提出了知识经济的定义，知识经济被界定为一个直接建立在知识和信息的生产、传播与应用之上的经济体系。这个定义强调了知识在现代经济体系中的核心地位，特别是它在推动经济增长方面的作用，相较于传统的经济增长要素，如土地、劳动力和资本等，知识要素的贡献更为显著。因此，知识经济被视为一种新型的经济模式，其特点在于将知识作为基本要素和经济增长的驱动力。这种经济模式的兴起，反映了全球从工业化社会向信息化社会过渡的趋势，标志着知识和信息成为最重要的资源和财富。在知识经济中，创新成为推动经济增长和社会发展的关键因素，而教育、研究和技术开发等领域的投资则成为支撑经济发展的基石。

（二）信息经济

"信息经济"这一概念的历史背景可以追溯到20世纪60至70年代，当时美国的经济学家弗里茨·马克卢普（Fritz Machlup）和马克·尤里·波拉特（Mac Uri Porat）进行了一系列关于知识产出的重要研究。1962年，马克卢普在其著作《美国知识的生产和分配》中，首次构建了一个详尽的信息产业的核算体系，为"信息经济"理论研究奠定了基础。接着，1977年波拉特在其博士论文中，提出了将经济活动划分为农业、工业、服务业、信息业四大类的产业分类方法，这一分类方法得到了广泛的认可和采纳。

20 世纪 80 年代，另一位美国经济学家保尔·霍肯（Paul Hawken）在《未来的经济》一书中，更明确地提出了信息经济的概念，并将其描述为一种新型的经济形态。在这种经济形态中，新技术、新知识和新技能不但贯穿社会的各个方面，而且经济运行过程中信息的比重远超过了物质的比重。霍肯强调，信息经济的核心特征在于，信息本身及其在经济中的应用和贡献，变得比传统的物质资源更为重要。

（三）网络经济

"网络经济"这一概念紧密跟随 20 世纪 90 年代因特网的全球性兴起而被提出。由于这个经济模式主要是围绕因特网来展开资源的生产、分配、交换和消费，因此，网络经济也常被称作因特网经济。这种经济形态的出现和发展，在很大程度上得益于互联网技术的广泛应用和电子商务的迅速发展。互联网不仅极大地促进了信息的快速流通，还改变了传统商业活动的模式，使得电子商务成为网络经济时代最具代表性和核心的活动之一。

虽然网络经济与知识经济、信息经济和数字经济在多个方面有所交叉，但网络经济的独特之处在于强调了因特网这一平台的核心作用。这一概念特别指向那些基于国际互联网的电子商务活动，将其视为网络经济最核心的组成部分。电子商务不仅改变了商品和服务的交易方式，也重新定义了消费者与企业之间的关系，为商业活动提供了前所未有的全球化、即时化和无界限的交易平台。

（四）数字经济

在探讨经济发展的新趋势时，知识经济、信息经济、网络经济以及数字经济这几个概念经常被提及。每一个概念都从独特的视角，对经济发展的现状及未来提出了见解和作出了预测。

知识经济强调的是知识在经济发展中扮演的角色，认为知识是推动经济增长的关键要素。这一观点突出了教育、研发和创新等领域对经济发展的重要性，指出在现代经济中，知识及对其创造、应用和传播的能力成为经济增长的主要驱动力。

信息经济则强调信息技术及相关产业对经济增长的影响。这包括计算机硬件、软件、通信技术及服务等领域的发展，它们不仅为经济提供了新的增长点，也彻底改变了商业运作的方式。

网络经济强调通过因特网实现的经济资源的分配、生产、交换和消费等活动。这一概念捕捉了因特网技术为经济活动带来的根本性变化，如电子商务的兴起、网络服务的普及等，它们使得经济交易跨越时间和空间的限制。

数字经济关注的则是经济领域的数字化进程。这包括各种经济活动的数字化转型，如数字支付、在线营销、云计算服务等，标志着经济运作方式的根本性变革。

这些概念之间的关系可以视为一种连续体，其中知识经济提供了发展的基础，信息经济和网络经济作为催化剂加速了社会的变革，数字经济则是这一系列发展变革的结果和展现形式。每一个概念都不是孤立存在的，它们相互补充、相互促进，共同构建了一个正处于快速变化中的世界经济格局。在这个格局中，知识的积累和应用成为推动发展的基石，信息技术的进步引发经济和社会结构的深刻变化，最终形成了以数字化为特征的新经济形态。因此，这些概念不是相互矛盾或重复的，而是从不同的角度共同描绘了当代世界经济发展的丰富图景。

二、数字经济的特征和框架

（一）数字经济的基本特征

1. 数据资源在数字经济时代成为关键的生产资料

在数字经济背景下，正如农业经济和工业经济需要配套的生产要素和基础设施，数字经济亦然。随着经济和社会形态的演变，社会中出现了新的、能够适应这些变革的生产要素。在数字经济中，由于许多要素逐渐数字化，数据便成了一个新的、符合数字经济特点的生产要素。这一现象可以类比于土地和劳动力在农业时代以及资本、技术、矿产、物资在工业时代的重要性。在数字经济时代，充满知识和信息的数据资源变成了关键生产要素。

随着技术研发速度的加快以及技术在经济社会各领域的扩散与深入，数据驱动的创新成为国家发展新的关键方式和方向。数字经济推进的过程中，经济行为如消费、投资等的相关信息都以数字格式存储、传输、加工和应用，这促进了大数据概念的兴起，使数据渐渐转变为一种基础性的战略资源。同时，随着数据存储和处理能力的显著提高，数据创造价值的潜力相应增强。

企业的竞争力越来越多地依赖数据资源，因为产品和服务的创新核心在于能将各种数据资源转化为对决策有益的知识和信息的能力。基于数据的按需生产、生产流程和服务水平的改造与提升变得越来越有实际意义。拥有数据的主体将拥有更大的优势。

随着数字技术深入渗透人类社会生产、生活的各个方面，经济交易和日常行为变得更加便利，甚至在数字技术支持下，社会治理方式也变得更加有效。数据已经成为数字经济时代的核心生产要素，驱动型创新正在向经济、社会、文化等多个领域扩散，成为国家创新动力的重要部分。数据资源的增长不仅创造了新的价值，也为人类价值创造能力的质变提供了持续动力。

尽管如此，数据作为生产要素也具有一些独特属性。例如：数据具有规模报酬递增特性，意味着数据量越大，内含的信息量和可挖掘价值越丰富，这与传统经济下的规模报酬递减原则相反。此外，数据可重复使用且多人共享，不受排他性限制，这一特性打破了传统经济中资源稀缺性对经济发展的制约。数据的这些特性虽然突破了传统限制，但其依赖于经济主体的行为，缺乏独立性，是否能作为独立的生产要素持续推动经济增长和发展，仍存在讨论空间。

2. 数字基础设施成为数字经济发展的核心支柱

正如工业经济时代的经济活动依赖于铁路、公路、机场等物理基础设施，数字经济的发展和运行同样需要配套的基础设施支持。然而，数字经济所依托的基础设施既涵盖宽带网络、大数据处理中心、云计算平台等专用的数字基础设施，也包括经过数字化升级的传统基础设施以及对传统物理基础设施实施的数字化改造，即形成了包含混合型数字基础设施的更广泛网络。例如：通过引入数字技术升级的停车系统、交通管理系统、监控系统等，对原有物理基础设施进行改造，这些基础设施成为数字经济发展不可或缺的组成部分，助力数字经济的快速增长。

从宏观角度来看，工业时代的基础设施主要由铁路、公路、机场、电网等构成，而进入数字经济时代后，基础设施的构成变得更为复杂，以"云计算、数据传输网络及终端设备"这一"云＋管＋端"架构为运作核心。这种"云＋管＋端"的数字基础设施模式，将传统物理基础设施进行数字化改造，不仅使得农业和工业时代的基础设施，如土地管理、水利系统、交通和能源分配变得更加智能化，也为经济活动的现代化和信息化提供了坚实的支撑。

3. 数字技术的进步成为数字经济发展的动力保障

经济社会发展并非一直按部就班地平缓前行，而是技术创新和革命性突破不断地促进社会经济的跨越式进步。例如：蒸汽机的发明带来了工业革命，而信息通信技术的出现引发了信息革命。随着数字技术的广泛应用和快速创新，数字革命正在兴起，这为数字经济的发展提供了强大的推动力。近些年，前沿技术如移动互联网、云计算、物联网、区块链正在快速发展，通过不断的技术突破和创新，不仅优化了现有的产业生态，还孕育了众多新兴模式和业态。同时，数字技术如人工智能、自动驾驶和 3D 打印，与智能制造、量子计算、新型材料、可再生能源等新兴技术紧密结合，这些技术以前所未有的速度进行融合和创新，不仅激活了数字经济发展的动力，也促使数字经济持续创新，从而大幅扩展了人类的认知边界。

4. 数字素养成为数字经济时代劳动者和消费者需具备的新技能

正如农业经济和工业经济时期特定职业和岗位对劳动者文化素质的需求，数字经济时代的工作岗位同样对数字素养提出了要求。数字技术的迅速发展和对各个行业的深入渗透意味着，与传统经济相比，数字经济对文化素养的要求不再局限于某些特定职业或岗位，数字素养有可能变成所有劳动者和消费者都必须掌握的关键素养。尤其在未来的劳动市场中，高度的数字素养将赋予个体突出的数字技能和专业能力，使其在竞争中脱颖而出。联合国将数字素养视为基础能力之一，与听、说、读、写并列，认为其是数字时代的一项基本能力。缺乏数字素养的劳动者将难以胜任未来的工作岗位，无法在职场上崭露头角；而消费者若缺乏这种基本素养，将难以在市场中做出明智的选择，购买到满意的产品，或者正确、便捷地使用数字化产品与服务，成为数字经济时代的边缘人。因此，数字素养将成为未来劳动者生产活动和消费者购买行为的必需素养，是数字经济发展的关键和基础之一。

5. 在数字经济中，平台生态体系已成为主导的商业模式

（1）产业组织在数字经济中显著向平台化生态体系转型。在数字经济 2.0 时代，数字平台构建在"云网端"等关键数字经济基础设施之上，集中了数据等重要生产资源，塑造了一个全新的商业生态。这种变革不仅重塑了企业的运营方式和实现规模经济的路径，还消解了传统商业模式中产品由生产到消费过程的多级分销链，显著降低了交易成本。利用数字技术的优势，各行各业的中小型企业通过广泛的数字经济 2.0 平台

覆盖市场，突破了规模限制，突破了时间和空间的界限，实现了全球范围内消费者与商家之间的大规模合作。这不仅为商家提供了更多直接为消费者服务的机会，增加了利润空间，也显著提高了全球消费者的福利水平，使其得益于数字平台提供的服务。

（2）数字平台架构促进资源优化分配并加速价值生成与集聚。在一个层面上，包括信息通信技术企业和传统制造业在内的传统企业正加速向数字平台模型的转换过程。以三一重工开发的树根互联工业互联网平台为例，该平台能够实时收集连接到平台的全球设备的运行数据，为客户提供准确的大数据分析、预测、运营支持以及售后服务，甚至助力商业模式的创新。在另一个层面上，自 20 世纪 90 年代起，涉及制造业、商业贸易、物流、交通以及旅游等各个专业领域的数字平台迅速出现，这不仅提高了资源优化配置的水平，这些数字平台的市场价值增长速度也显著超过了传统企业。

（3）数字平台促进各方参与者实现互惠共赢的价值创造。在工业经济时代，传统企业作为价值创造的核心，通常遵循一条从上游原材料采购到中游加工生产再到下游销售及售后服务的线性价值链模式，其中竞争对手较少意味着能获得更高的利润。这与在传统经济中，买卖双方主要通过有限规模的大型超市等实体平台进行面对面交易的情形不同。数字经济时代，无论是新兴的平台企业还是经历转型的传统企业，都利用互联网平台，通过整合相互依赖的产品和服务提供者，并以去中心化原则的自动匹配算法作为技术支撑，不仅能够扩大规模，还能够低成本、高效率地实现点对点连接，促进适度竞争、交易合作及共同价值创造，形成强大的竞争力。这一过程本质上是数字经济时代的价值创造者广泛采纳开放平台策略，有效地整合上游供应商、中游竞争对手和下游客户群体，从而由传统的竞争模式转向构建一个互惠共赢的生态系统，增强了平台本身以及所有价值创造者的吸引力和竞争力，共同应对外部环境的挑战。随着越来越多的企业和消费者加入，平台的价值持续提高，整个平台的竞争力也在不断提高。

6. 数字产业的基础作用与先导作用显著突出

历史上，在每一轮科技变革和产业革命中，总会出现一些领先的产业，这些产业以极快的发展速度、活跃的创新能力和显著的外溢效应，成为基础性和先导性的力量，引领其他产业的创新与发展。就如同由蒸汽技术、电气技术和信息技术带动的三次工业和科技革命中，交通运输产业、电力电气产业和信息产业分别作为基础和先行的产业部门，将其资源大量集中在大数据、云计算、物联网、人工智能和3D打印等数字技术的研发上，数字产业已经成为推进数字经济革命的关键力量。作为一个技术密集型的领域，数字产业的核心特征在于持续和动态的创新，不仅具有强烈的引领和带动作用，其旺盛和活跃的创新能力也是其竞争力的基石。在这样的推动下，数字产业也变成了研发投资的一个关键区域，经历了早期的快速扩张之后，现已进入了一个稳定发展的阶段，并成为全球各国经济增长的战略支柱。

7. 多元整合作为驱动数字经济增长的核心动力

（1）数字产业与传统产业的整合。随着数字技术的快速发展，人类的经济社会活动正逐步从传统农业和工业经济进入数字经济阶段，活动空间也从现实世界转移到网络空间。同时，随着传统行业加快数字化转型，经济活动正从线上扩展到线下实体领域。这一变化主要体现在两个方面：一是数字平台向线下领域扩展，乃至于收购传统的制造、批发、零售等行业企业，创造了新娱乐、新零售、新制造、新金融等新产业和新模式，人人扩展了人类社会经济活动的范围，丰富了人们的物质和精神生活；二是传统的实体行业企业，如制造业、金融业、物流业、娱乐业等，加强了数字化融合、改造和创新，将数字化纳入企业的战略管理、研发设计、生产制造、物流运输、售后服务等多个环节，催生了智能制造、智慧物流、数字金融、泛娱乐等新业态，加快了传统企业的数字化、网络化、自动化、智能化转型，不仅提升了传统行业的生产效率，也深刻改变了消费者的行为方式。随着数字产业与传统产业日益融合，整体经济发展的空间也在不断扩大。

数字经济通过促进消费向生产和服务的转化，从线上向线下传统产业的渗透和扩展，新模式如分享经济、众包、众筹等不断出现，提高了资源利用效率。数字技术对传统产业的改造和与传统产业的融合带来的高效率和产出增长，成为推动数字经济发展的关键力量。从历史来看，随着科技革命的进程，虽然先导性产业最先兴起并占有较大的经济比重，但新技术与传统产业的融合逐渐成为经济增长的主引擎。从蒸汽技术到电气技术再到信息技术革命，先导性产业占 GDP 的比重逐渐减少，显示了技术与传统产业融合的重要性。在数字技术革命和数字经济发展的当下，尽管数字产业产出占经济总量的具体比重尚未明确，但数字技术对传统产业的渗透、融合、改造和创新无疑是推动经济增长的重要因素，也是全球经济发展的驱动力。

（2）人类社会与网络世界、物理世界的融合日渐加深。随着数字技术的快速进步，网络世界已经不仅仅是人类在物理世界生活的虚拟反映，而是变成了一个真实的、全新的生活空间和活动领域。数字技术和物理世界的结合也推动了现实世界发展，甚至开始出现指数级的发展趋势。这主要得益于物联网技术和数字平台的发展以及多功能传感器、可穿戴智能设备、人工智能等技术的广泛应用，推动经济社会步入了一个人与人、人与物、物与物都相互连接的全新时代。在这种背景下，无人驾驶、虚拟现实、增强现实等技术的发展，又催生了更多强调机器与人类乃至不同机器之间的有机合作和通畅沟通的信息物理生物系统。这种系统不仅彻底变革了人类的经济活动空间，还实现了网络世界与物理世界之间的无缝连接和交互，人类进入一个网络空间、物理空间与社会三者相互融合和互联的新时代。

8. 多方共同参与的数据治理为核心的数字经济管理模式

数字经济 2.0 代表了一个去中心化，包含平台、企业和消费者等多样化参与者的复杂生态系统。这个系统将线上线下、物理与虚拟世界、跨行业和跨地域的新旧问题融合在一起，需要从依赖传统的集中式、单向、控制为主的政府监管模式，向一个涵盖平台、企业、用户和消费者等数字经济生态参与者的多元、协调为主、开放式的数据治理模式转变。数字平台在数字经济中扮演着重要角色，具备治理的优势、责任和义务。因此，数字经济治理需强化平台的中心作用，将其纳入治理结构中，利用平台规则在明确政府、平台、第三方责任的基础上给予平台一定的治理权限，有利于解决平台经济问题。同时，数字经济活动的参与者都应主动参与到平台相关问题的治理中，特别是激励依赖平台的企业和消费者积极参与，这样才能构建一个覆盖整个数字平台和网络的全民治理体系，从而有效处理数字经济发展中遇到的复杂和分散的治理挑战，淘宝的大众评审机制就是一个典型的案例。最后，在数字经济环境下，面对复杂多变的经济行为数据，传统的商业监管手段略显不足，而应用大数据、云计算、人工智能等高级数字技术，可以实现治理手段的精确化、时效化和智能化，从而更有效地解决数字经济时代的问题。

（二）数字经济的规律性特征

尽管全球数字经济的发展目前正从成长阶段逐步过渡至成熟期，很多规律性的特点尚未完全显现，未来的数字经济发展过程中仍需持续探索和发掘，但众多学者已经概述了网络经济与传统经济之间的众多不同特征。基于这些发现，数字经济的规律性特征可以被初步描述。

1. 数字经济构成了一个全天候不间断运作的全球经济体

信息和数字网络的不间断运作，使得依托互联网、大数据、云计算等数字技术的经济活动几乎不受时间限制，能够全天候持续运作。同时，信息和数字网络以及数据的全球流通将世界紧密连接成一个"地球村"，使得地理距离的影响减至最低，进而将数字技术驱动的经济活动的空间约束降到最小，显著加速了全球经济一体化的步伐，各国经济间的相互依赖性达到了前所未有的水平。随着商品、服务和资本的全球流动放缓，数据的全球流动速度却在持续加速，数字经济日渐成为推动经济全球化的核心力量。

2. 数字经济代表了一个无中介的虚拟经济系统

随着移动互联网和其他数字技术的进步，经济组织结构变得更加扁平化，消费者和生产者能够更直接、便捷地进行联系和沟通。除非是因为某些交易的复杂性需要专业的经纪人和信息服务中介参与，否则很多传统的分销、批发和零售等中间环节已不再是必要的。数字经济作为一种虚拟经济，它指的是在数字技术支持下通过数字网络构建的虚拟空间里所进行的经济活动。这种经济的虚拟性主要来自经济活动转移到线上网络空间的虚拟特征，而不是像期货、期权这样的虚拟资本构成的实际虚拟经济。与现实世界中的物理经济形成对比，二者相互对应、共存并相互促进。

3. 数字经济优先于竞争的合作型开放经济系统

在工业经济时代，价值创造主体依靠从上游采购原材料、在中游加工生产、将成品销售给下游并提供售后服务，构建了一条线性的价值增值链。在这个模式下，价值链上竞争者的减少通常意味着更高的利润，企业的目标往往是淘汰竞争对手。而在数字经济时代，无论是新兴的平台企业、经历转型的传统企业还是依赖平台生存的各类中小微企业，都成为相互依存的产品与服务提供者。这时，平台通常采用开放策略，旨在构建一个互利共赢的生态系统，以此增强吸引力和竞争力。依托平台的企业虽然在一定程度上竞争，但更多是基于交易合作与共同价值创造的关系，合作的分量远超过竞争。企业持续竞争优势不再主要是自然资源占有量或可利用资金，而是越来越多地依赖于通过合作获得的富含信息和知识的数据共享。只有在相互合作的过程中，企业的活力和适应能力才能得到持续增强。

4. 数字经济是高速发展的经济模式

数字经济转变为速度型经济，主要因其规模报酬递增特性或外部效应。在这个经济体中，能够最快达到规模效益的企业将成为市场的领导者。数字技术的快速迭代促进了信息传输和产品更新换代的速度，同时缩短了创新周期，使得竞争逐渐转变为对时间的争夺。无论是制造业还是服务业，能够迅速收集、处理并应用大量数据的企业，能够第一时间将复杂数据转化为有助于企业决策和生产的知识和信息，以此不断满足消费者对定制化需求的多样性。因此，数字经济在追求质量的同时，极度重视速度。

5. 数字经济是以持续创新为核心的经济形态

数字经济根植于移动互联网、大数据、云计算等先进的数字技术，构成了一个依赖于技术和研究开发的密集型经济体系，其核心在于推动教育培训和研究开发工作。这一经济体系不仅仅是技术的集合，更关键的是，它的创新往往源于能够促进创新能力发挥的组织、制度、管理理念及激励机制，因此除了技术创新外，还需推动组织、制度、管理和理念方面的创新。数字经济需要持续创新以维持其作为新经济的特性。例如：国内广泛应用的微信或支付宝移动支付进一步集成如医疗、养老保险等信息至一身份证件上，仅需一次扫描便可显示所有相关信息，这不仅简化了身份认证过程，也为移动支付使用者带来极大的便利。进一步地，采用更先进的人脸识别技术可能实现对消费者个人收入、贷款等信息的识别，并能自动从账户扣款以完成支付。因此，数字经济要不断追求创新，持续的创新是其保持活力的关键。

6. 数字经济被视为基于注意力的经济模式

在数字经济时代，每个人都被海量信息所环绕，唯有独特才能吸引消费者的注意力，赢得众多关注，迅速吸引大量用户或粉丝，并在竞争激烈的市场中脱颖而出。因此，社会中出现了众多基于免费策略的新商业模式，例如：应用程序先通过提供通信和聊天服务短时间内吸引大量用户，随后引入移动支付、电子商务及生活服务等功能；通过分享生活方式、个性演出或提供法律、交通、医学、体育、娱乐、游戏等领域的专业知识吸引粉丝并通过打赏变现，个人成为自己的品牌，并通过广告展示和商品营销，或将社交流量卖给广告商以实现收益的直播平台模式；通过竞价排名模式，根据支付的费用高低决定搜索结果的排名，排名靠前意味着更高的消费者关注度和更大的潜在商业价值。这些模式都是通过吸引目光和争夺注意力来实现变现。此外，数字经济中的智能联网和数字平台利用数据挖掘技术来捕捉和记录用户的互联网行为数据，从而分析用户的行为模式和需求。当用户在网上搜索或关注过某个主题，相关平台就会记录下来并据此向用户智能推送类似的、容易获取的、个性化的本地服务，更准确地匹配内容与吸引受众的注意力。这种方式在信息过载的数字经济环境中选择和过滤大量信息，满足对个性化信息有需求的消费者，从而在市场中取胜并创造更多价值。

7. 数字经济使得传统经济界限逐渐变得不明显

在传统的农业与工业时代，生产与消费之间存在着一条明显的分界线，企业内部通过复杂的沟通和组织结构来明确企业与社会的界限，这种做法可以帮助企业更全面地掌握消费者需求信息，以此降低交易成本，同时，由于行业界限和技术、市场壁垒的存在，不同行业之间的交叉几乎是不可能的。相较之下，数字经济时代，随着数字技术的快速进步，无论是个人、企业、社会还是国家层面的传统边界都变得模糊，产生了越来越多的无边界组织和产销一体化模式。这种模式下，数字技术的应用使得生产者与消费者之间的距离变得更近，企业内部的供应链环节得到简化，传统的组织结构逐渐向消费者倾斜，呈现出更为扁平化的特点；同时，同一行业乃至不同行业的界限变得模糊，数字技术的加持下，企业能够突破传统的行业界限，通过跨部门和跨行业的合作，促进商业模式的融合和创新。

在这个过程中，多个行业的企业已经开始通过数字化转型，利用大数据技术挖掘消费者的多样化和个性化需求，为开发新产品提供依据。在某些领域，如航空航天和汽车制造，企业甚至能够借助 3D 打印技术，根据消费者的个性化需求设计和生产新产品，这种做法充分考虑了消费者的需求。在需求侧，大数据分析成为新产品开发的关键，消费者的创意和需求能够直接融入企业产品的设计过程。数字技术的发展增强了消费者行为数据的透明度，使得消费者不仅可以在产品和服务的设计环节中提供创意，还可以在整个产品生产过程中发挥作用。如果在生产或消费过程中遇到问题，消费者的反馈可以通过网络或数字平台快速传递给生产方，参与到产品的改进和优化中。

这种新的生产和消费模式，使得原本的生产方式从大规模、标准化的产品生产转变为更加个性化、多样化的生产方式。这种转变不仅涉及产品本身，还包括生产过程的各个环节，消费者的需求、企业的生产过程以及供应链上下游的相关数据都可以在数字网络中自由流动和高效应用。这种模式不仅重塑了传统的价值创造体系和过程，塑造了需求驱动的生产模式，还允许消费者通过 3D 打印等技术直接参与到商品的生产中，实现了从原材料采购到产品设计、生产、销售和售后服务的全链条整合。

数字经济还推动了社会治理和公共服务的变革。各级政府可以通过电子政务、数字政府和一站式服务等方式，更广泛、更有效地收集民意，及时了解和分析相关的经济和社会数据，从而实现更加科学和精准的决策。此外，公众可以通过社交网络和政府的数字平台更容易地参与到社会事务中，这不仅改变了政府管理和公共服务的方式，也提高了政府的透明度和公信力。

在全球层面，数字技术促进了不同地区间的经济交流和文化交融，推动了不同文化之间的互动和理解。数字技术和产品在经济、政治、教育、文化和生态等领域的应用，正在推动着全球化进程，深化了跨地域、跨国界的联系，为世界各地带来深远的影响。

8. 数字经济推动了经济的普惠性发展

在数字经济 2.0 的环境下，每个人都有平等的机会，无论是在科技、金融还是贸易的领域内。人们的社会地位、财富、身份或健康状况不会影响他们传递信息、进行交流、发表意见或是创办企业的能力。这个时代让每一个人都能公平地享受到数字经济发展带来的益处，体现了数字经济的普惠特性，即"人人可参与，共同建设与分享"。在科技普惠方面，代表性的宽带服务、大数据和云计算等按需服务，使得个人和各种规模的企业都能以极低的成本获得必要的搜索、计算和存储功能。在金融普惠方面，基于互联网信用的新型信用评分机制利用大数据进行精确的风险评估，让不同规模的主体能更快地获得匹配其风险状况的金融信贷服务。在贸易普惠方面，数字经济使得国际贸易信息更加丰富，贸易流程变得更加便捷和透明，各种规模的企业乃至个人都能轻松参与跨境电子商务，全球的消费者能够便捷地购买全球任何地方的商品，享受全球交易的便利。而在共享经济的领域，数据的自由流动和信息传输速度的提升让经济和社会的各个层面互联互通，推动资源的重新组合、聚合和有效流动，从而将交易成本和资源优化配置的成本降至最低。公众几乎不需要成本就能聚集大量社会闲置资源，创造更大的价值，提高资源利用效率至最优。数字技术还促成了资源在全球范围内的重新组合和优化配置，这不仅为全球节约了资源，提升了资源配置效率，还让全球消费者享受到了更低廉的服务价格，服务提供者也能获得更多的收益。供给端和需求端以及整个社会都从中受益，全球福利水平随之提升。

（三）数字经济的框架

数字经济最初界定为信息与数字产业的领域，随着概念的扩展，涵盖数字产业化和产业数字化两大部分，其核心是技术基础上的生产力提升。这种提升促进了以平台化为特点的资源优化配置和合作机制，进而不断提高产业规模和效率的提升空间。在平台化的发展模式下，数字经济中的生产关系创新变革，为各参与主体提供了更多合作与竞争的可能性，新的业态和模式层出不穷，创新的生产力和生产关系的基础设施成为关键投资领域。随着生产力和生产关系变革的成效显现，数字经济的核心被认为是生产要素的变革，主要体现为数据要素化的数字价值化。此外，生产要素、生产力、生产关系的变革推动了数字技术和数字经济产业的持续升级，海量数据的急剧增加和新业态、新模式的数字化连接，促使面对管理和控制复杂系统的挑战成为必然，从而使数字治理成为数字经济的高级目标。

数字经济的框架划分方法多样。第一种按照经济活动的基本步骤，分为数字化基础设施、数字媒体、数字交易及数字交易产品。第二种方法侧重生产力和生产关系，将数字经济分为七个部分：数字资产、数字治理、数字产业化、产业数字化、数据要素、数字基础设施及数字经济保障体系。第三种基于"技术基础—经济发展—综合治理"的逻辑，把数字经济分为支撑层、数据层、商业层和治理层。第四种依据生产要素、生产力、生产关系三个维度，分为数据价值化、数字产业化、产业数字化和数字化治理四部分。

结合这些划分方法及数字经济扩展和改进的路径，并考虑到数字经济当前的发展状况，本书构建了一个数字经济的框架图，如图1-1所示。

图1-1　数字经济框架图

图1-1展示的框架视数字经济为在数字经济保障体系的支持下，通过数据要素化及其价值化改造生产要素，从而革新生产力的过程。这一过程促进了数字产业化与产业的数字化发展，并在生产关系方面，以数据要素为核心推动了治理上的多方面变革。

1. 数字产业化

在该框架下，数字产业化被认为是推动数字经济发展的关键领域，其动力来源于数据要素化对数字产品生产的影响以及数字技术的创新。数字产业化，即信息通信产业，向数字经济的发展贡献了技术、产品、服务及解决方案。数字产业化涵盖了基础电信服务、电子信息制造、软件与信息技术服务以及互联网及其相关服务等领域。电子信息制造业涉及通信和导航设备、电脑制造、雷达制造、电子行业专用设备、电子元件以及电子信息专用设备、广播电视设备的制造等业务。互联网及相关服务领域则包含电子商务、互联网信息服务和互联网平台服务。软件与信息技术服务业覆盖了软件产品、信息技术服务、嵌入式系统软件、数据产品和服务等。

2. 产业数字化

产业数字化代表了传统产业通过应用数字技术实现生产数量和效率的显著提升，逐渐成为数字经济发展的核心。这一部分在数字经济中的比重持续上升，涉及农业、工业与服务业的数字化转型以及数字经济下的新业态和新模式，如智能工厂、自动驾驶、工业互联网、云经济、在线教育、互联网医疗、线上办公等。农业数字化涵盖数字养殖、农业加工的数字化、农业商业服务的数字化等；工业数字化包括工业互联网、智能制造以及数字技术与传统产业融合应用；服务业数字化包括平台经济和在线服务等。产业数字化和数字产业化一样，均由数据要素化的影响力和数字技术的创新驱动。其中，工业数字化成为产业数字化的竞争焦点。

从图 1-2 所示的现代工业数字化的发展历程看，工业数字化始于 20 世纪 50 至 60 年代的设备自动化进程，从单个设备的自动化扩展到生产线的自动化，进一步发展到工业设计的软件化和企业管理的信息化，直至 2010 年前后迈向智能化阶段。现代工业数字化的关键转变点出现在 2010 年左右，标志着工业从自动化、信息化向智能化的转型。2000 年至 2010 年间正值互联网普及的十年，互联网的广泛应用为工业互联网的发展奠定了基础，使得工业能够从信息化向智能化转变成为现实。

层级	单元级	车间级	部门级	企业级	产业级
阶段	设备数控化	产线柔性化	数字自动化	管理先进化	生产智能化
标志	数控机床、PLC	柔性制造系统	CAD/CAE/CAPP 集成制造	ERP/MES/PLM 应用，敏捷制造，精益制造	智能制造工业4.0先进制造
特征	数字自动化取代电器自动化，使加工精度、加工速度大幅提高	生产系统与流水线可动态调整，使设备利用率、产品质量上升	设备制造实现计算机集成，实现精准设计和精准生产快速联动	企业生产管控和组织管理全面信息化，企业实现高效管理	个性化、网络化、服务化、智能化成为生产新特征，制造业形态和理念出现转变
时间	20世纪50—60年代	20世纪60—70年代	20世纪70—80年代	20世纪90年代—2000年左右	2010年左右

图1-2　现代工业数字化的发展历程概括

3. 数据要素

数据作为数字经济中的核心生产资料和关键生产要素，穿插在数据产品和数字化生产的整个周期之中。数据要素化是数字经济的一个主要特性，发生在数据对数据产品及数字化生产过程的每一个环节产生作用的时刻。评估数据是否属于数据要素，核心在于评判数据是否促进了生产效率和产品价值的增长以及数据本身是否实现了价值的提升。这种数据要素化的体现，亦即数据价值化的过程。从本质上看，数据要素化不仅仅关乎价值的提升，也涉及资源的优化配置、模式的创新、技术的进步、制度的改革等方面，它与数据价值化虽为两个不同的概念，但由于二者密切相关，相互支撑，且通常同时发生，因此容易被混淆。根据目前的普遍看法，数据价值化的过程被视为与数据要素化相等同且将数据价值化细分为数据采集、标记、确权、交易、安全、共享、跨境传输以及数据资产化等阶段。

若进一步明确区分数据要素化与数据价值化，数据要素化指的是数据作为核心生产要素参与生产过程，与其他生产要素一同发挥作用，利用其流通性、创新性和渗透性，优化资源配置、提升生产效率、形成新的业态和模式、促进技术进步、支持制度革新。在这一过程中，数据必须展现其作为生产要素的功能，才能称之为生产要素。数据要素的具体作用，体现为在生产过程中的角色——数据、信息、知识或智慧。数据要素不仅需要发挥作用，还需不断提升自身及其带来的效益，实现从数据到智慧的增值。这一增值过程要求数据通过采集、标记、确权、交易、安全、共享、跨境传输等阶段。为达成这一目标，除了构建技术和网络基础外，还必须实现数据的资产化（包括数字货币、数据类资产、数字权益类资产）乃至资本化（如数据投资、质押贷款、上市），确保数据要素价值增值过程具有动力和可核算性。这些基础保障了数据要素价值增值，即为数据价值化。

4. 数字治理

在数字经济时代，数据要素将全球紧密相连，引发了数据量的急剧增长，并推动了各行各业以及生活方式的全方位变革。生产和社会关系从过往的资源和要素之间的竞争合作演变为资源和要素的协同与融合发展。为适应这一发展趋势，数字治理成为数字经济中的新增领域。数字治理涵盖智慧城市、数字政府、公共安全管理、环境生态管理及数字社会管理等方面。智慧城市的范畴包括智慧交通、智慧安全、智慧社区、智慧城市管理等，而数字社会管理主要关注信用管理。数据和数字技术的应用将使数字治理成为一种普惠且优化的治理手段。随着未来在治理主体、治理模式、治理技术与理论、治理规则等方面的创新和变革，数字治理的能力预期将实现全面增强。

5. 数字基础设施

数字基础设施构成了数字经济正常运作与发展的根本，涉及信息基础设施、融合基础设施、创新基础设施以及传统信息基础设施等方面。信息基础设施涵盖了通信网络、新技术和算力三大领域。通信网络基础设施主要包括 5G 网络、物联网、工业互联网、卫星互联网等。新技术基础设施涵盖人工智能、区块链、云计算、量子计算、数字孪生、虚拟现实、增强现实、混合现实、3D 打印等技术。算力基础设施则指的是数据中心和智能计算中心。融合基础设施包含了智能交通和智慧能源基础设施。创新基础设施涉及产业技术创新基础设施、科教基础设施以及重大科技基础设施。而传统信息基础设施则包括移动宽带、固定宽带和无线局域网等。

6. 数字经济保障体系

数字经济保障体系主要涉及统筹协调机制、统计与评估监测体系、保障政策及核算体系。统筹协调机制主要指的是数字经济的战略规划和各行业的发展规划。统计与评估监测体系涵盖数字经济的指标体系、规模测算、法律架构以及评估监控。保障政策关注社会保障、就业机会及财政和金融支持。核算体系则围绕数字技术的技术标准、应用标准以及行业标准。

总体来说，数字产业化与产业的数字化转型构成了数字经济生产力变化的关键，形成了推动数字经济发展的主要力量。数字产业化代表了新一代信息技术的进展和成就，而产业的数字化转型促使实体经济经历了深刻变革。数字化治理作为生产和社会关系变革的核心，围绕数字技术和治理理念的创新，将对人们的工作和生活产生广泛而深远的影响。数据的要素化和价值化转变了生产要素的结构，提高了生产要素的效率和价值，奠定了智能化发展的基础，也成为数字经济的标志特征。数字基础设施和数字经济的保障体系构成了保证数字经济顺畅运行与发展的根本。

第二节 数字经济的历史演进

一、初级阶段

在数字化的初期阶段，世界各国对数字经济的定义主要集中在信息技术产业和电子商务这两个宏观经济层面上。1999年10月，美国统计局提出了一个包含四个主要部分的数字经济内涵框架，涵盖了电子化企业的基础设施、电子化企业本身、电子商务活动以及计算机网络的使用。[1]

随着时间的推移和数字化程度的加深，人们对数字经济的理解和定义也随之发展和扩展。在美国，数字经济的内涵已经扩展到包括虚拟货币（如比特币）、数字商品和服务的提供（如数字广告和在线音乐等产品）以及互联网在商业交易中的作用（如顾客匹配和分享经济等）。这一变化反映了数字经济领域的发展重点从最初的技术和电商基础逐步转移到更加多元化和综合性的应用与服务上。

英国政府的做法也体现了数字经济定义的演变。在2010年颁布的《数字经济法》中，英国将音乐、游戏、电视广播、移动通信以及电子出版物等列为数字经济的一部分，重点放在保护文化产业的数字版权上。[2]

---

[1] 何枭吟：《美国数字经济研究》，博士学位论文，吉林大学世界经济学系，2024。

[2] 逄健、朱欣民：《国外数字经济发展趋势与数字经济国家发展战略》，《科技进步与对策》2013年第8期。

而 2017 年的《数字经济法》，英国政府进一步加强了对数字服务方面的管理，不仅注重推动数字服务的发展，还包括规范数字文化产业中的犯罪行为、强调知识产权保护以及构建数字化政府的重要性。

二、发展阶段

数字经济正在经历一个快速增长和变革的时期，这主要得益于数字科技的不断进步和数字化融合程度的加深。这种发展不仅更新了数字经济的内涵和范畴，还促进了互联网、云计算、大数据、物联网、金融科技等新兴数字技术在信息采集、存储、分析和共享方面的广泛应用。这些技术的应用彻底改变了社会互动的方式，使得现代经济活动变得更加灵活、敏捷和智能化。[1]信息通信技术的数字化、网络化和智能化不仅促进了经济活动的高效运行，也为经济增长和社会发展带来了新的可能。

在众多对数字经济的定义中，2016 年，G20 杭州峰会发布的《二十国集团数字经济发展合作倡议》提供了一个极具代表性的定义。该倡议将数字经济描述为一系列经济活动，其特点是以数字化的知识和信息作为核心生产要素，以现代信息网络为重要载体，以信息通信技术的有效利用为推动经济效率提升和经济结构优化的关键力量。[2]G20 杭州峰会提出的数字经济定义受到了广泛的赞同，而数字经济的概念持续发展，没有停滞。在《数字经济及其核心产业统计分类（2021）》中，数字经济被定义为一连串的经济活动，这些活动以数据资源为关键的生产要素，现代信息网络为重要的支撑平台，并依靠信息通信技术来提升效率和优化经济结构。[3]

---

[1]　胡滨：《数字普惠金融的价值》，《中国金融》2016 年第 22 期。

[2]　林梅、周漱瑜：《印尼数字经济发展及中国与印尼的数字经济投资合作》，《亚太经济》2020 年第 3 期。

[3]　魏兰雅：《我国数字经济发展水平评价与研究》，硕士学位论文，首都经济贸易大学应用统计学系，2023 年。

对比《数字经济及其核心产业统计分类（2021）》与 G20 杭州峰会对数字经济的定义，显著的不同之处在于关键生产要素从"数字化的知识和信息"转变为"数据资源"。这一变化象征着数字经济从信息化的升级转向真正的数字化，数据的要素化让数字化深入生产的每一个环节，数据作为一种要素资源开始流动。历史上，经济发展的本质在于生产要素流动性的持续增强，流动的要素范围的扩大以及新要素带来的效率提升和结构优化。数据要素是第四次工业革命中的新生产要素，数据要素化的出现将以指数级速度提高生产效率，优化经济结构，显著加快经济增长速度，这是数字经济受到高度关注的主要原因。

在数字经济的理念上，普遍认同的是信息网络和信息技术的关键作用。在数字经济体系内，现代信息网络和数字平台的功能远超过互联网和宽带。云计算、大数据、物联网、人工智能、区块链等信息通信技术和数字技术将成为支持数字经济发展的关键技术。正因为对这些技术的共识广泛，投资这些相关技术更容易获得支持和鼓励。

有关数字经济，广为人知的观点是"数字经济是一次产业革命和技术变革"。从技术和应用角度出发，有学者视数字经济为以数字技术创新为核心，通过与传统产业的融合与渗透，推动传统产业的数字化、自动化和智能化，加速经济的升级和社会的转型。有些学者认为数字经济包括以数字技术为核心的一系列经济活动，这些活动不仅涵盖了由数字化元素驱动的新技术、新产品、新模式、新业态，还包括数字化元素与传统产业深度融合带来的经济增长。[1]

数字经济的层次可按其渗透程度划分为四个层级。第一层级为软件和硬件的电子交易基础设施，第二层级基于网络基础设施的数字化商务

---

[1]　汪娇、黎娜：《数字经济背景下新创企业如何提升公司治理水平促进企业发展》，《宜宾学院学报》2023 年第 8 期。

网络与组织交易，第三层级涉及原材料到成品销售整个过程的数字化交易产品，第四层级为纯数字物品的网络社交和互联网搜索，加上近年新出现的共享经济、众筹众包、短视频直播等虚拟商品和服务平台。随着数字经济的深入发展，其渗透的层次将不断扩展。

学界之前对数字经济的定义未达成一致，导致了对其范围和基本组成的认识难以统一，使得测量和核算数字经济的标准设定变得困难。目前，国内较为权威的分类方法如表 1-1 所示，将数字经济产业界定为五个主要类别：一是数字产品制造业，二是数字产品服务业，三是数字技术应用业，四是数字要素驱动业，五是数字化效率提升业。所谓数字经济的核心产业，指的是那些为产业的数字化进程提供技术、产品、服务、基础架构及解决方案，并且完全依赖数字技术与数据要素进行各种经济活动的行业。[1] 在这个分类体系中，前四个类别构成了数字经济的核心产业。

表 1-1　数字经济及其核心产业统计分类[2]

大类	中类	内容
数字产品制造业	计算机制造	计算机整机制造、计算机零部件制造、计算机外围设备制造、工业控制计算机及系统制造、信息安全设备制造、其他计算机制造
	智能设备制造	工业机器人制造、特殊作业机器人制造、智能照明器具制造、可穿戴智能设备制造、智能车载设备制造、智能无人飞行器制造、服务消费机器人制造、其他智能消费设备制造

① 鲜祖德、王天琪：《中国数字经济核心产业规模测算与预测》，《统计研究》2022年第 1 期。

② 杨晓娟：《中国数字贸易统计测度框架的构建及应用》，博士学位论文，云南财经大学统计学系，2023。

续　表

大类	中类	内容
数字产品 制造业	电子元器件及设备制造	半导体器件专用设备制造、电子元器件与机电组件设备制造、电力电子元器件制造、光伏设备及元器件制造、电气信号设备装置制造、电子真空器件制造、半导体分立器件制造、集成电路制造、显示器件制造、半导体照明器件制造、光电子器件制造、电阻电容电感元件制造、电子电路制造、敏感元件及传感器制造、电声器件及零件制造、电子专用材料制造、其他元器件及设备制造
	其他数字产品制造业	记录媒介复制，电子游戏游艺设备制造，信息化学品制造，计算器及货币专用设备制造，增材制造装备制造，专用电线、电缆制造，光纤制造，光缆制造，工业自动控制系统装置制造
数字产品 服务业	数字产品批发	计算机、软件及辅助设备批发，通信设备批发，广播影视设备批发
	数字产品零售	计算机、软件及辅助设备零售，通信设备零售，音像制品、电子和数字出版物零售
	数字产品租赁	计算机及通信设备经营租赁、音像制品出租
	数字产品维修	计算机和辅助设备修理、通信设备修理
	其他数字产品服务业	—
数字技术 应用业	软件开发	基础软件开发、支撑软件开发、应用软件开发、其他软件开发
	电信、广播电视和卫星传输服务	电信、广播电视传输服务和卫星传输服务
	互联网相关服务	互联网接入及相关服务、互联网搜索服务、互联网游戏服务、互联网资讯服务、互联网安全服务、互联网数据服务及其他互联网相关服务

大类	中类	内容
数字技术应用业	信息技术服务	集成电路设计、信息系统集成服务，物联网技术服务，运行维护服务，信息处理和存储支持服务，信息技术咨询服务，地理遥感信息及测绘地理信息服务，动漫、游戏及其他数字内容服务，其他信息技术服务业
	其他数字技术应用业	3D打印技术推广服务、其他未列明数字技术应用业
数字要素驱动业	互联网平台	互联网生产服务平台、互联网生活服务平台、互联网科技创新平台、互联网公共服务平台、其他互联网平台
	互联网批发零售	互联网批发、互联网零售
	互联网金融	网络借贷服务、非金融机构支付服务、金融信息服务
	数字内容与媒体	广播、电视、影视节目制作，广播电视集成播控，电影和广播电视节目发行，电影放映，录音制作，数字内容出版，数字广告
	信息基础设施建设	网络基础设施建设、新技术基础设施建设、算力基础设施建设、其他信息基础设施建设
	数据资源与产权交易	—
	其他数字要素驱动业	供应链管理服务、安全系统监控服务、数字技术研究和试验发展
数字化效率提升业	智慧农业	数字化设施种植、数字林业、自动化养殖、新技术育种、其他智慧农业
	智能制造	数字化通用、专用设备制造，数字化运输设备制造，数字化电气机械、器材和仪器仪表制造，其他智能制造
	智能交通	智能铁路运输、智能道路运输、智能水上运输、智能航空运输、其他智能交通
	智慧物流	智慧仓储、智慧配送

续 表

大类	中类	内容
数字化效率提升业	数字金融	银行金融服务、数字资本市场服务、互联网保险、其他数字金融
	数字商贸	数字化批发、数字化零售、数字化住宿、数字化餐饮、数字化租赁、数字化商务服务
	数字社会	智慧教育、智慧医疗、数字化社会工作
	数字政府	行政办公自动化、网上税务办理、互联网海关服务、网上社会保障服务、其他数字政府
	其他数字化效率提升业	数字采矿，智能化电力、热力、燃气及水生产和供应，数字化建筑业，互联网房地产业，专业技术服务业数字化，数字化水利、环境和市政设施管理，互联网居民生活服务，互联网文体娱乐业

为了深入理解数字经济，必须掌握数字经济与其他相关概念（如知识经济、数据经济、互联网经济、网络经济或信息经济）之间的联系。互联网经济、网络经济或信息经济主要突出了用户对信息丰富性的利用和通过互联网将信息快速传递的特点。而知识经济则强调了信息和知识对用户的重要性。有观点将数字经济视为互联网经济、网络经济或信息经济的进阶，认为数字经济是信息经济向数字化及其结构转变的过程，两者的基础和本质保持一致，认为数字经济是信息经济的进化路径。然而，更普遍的看法是互联网经济、网络经济或信息经济仅仅构成数字经济的初期或早期阶段，在领域、深度、效能、影响力等多个方面，它们与数字经济相比有明显的不足。这种看法一度被认可，但随着数字经济的持续发展，人们对它的理解发生了显著变化。目前，许多人赞同数字经济作为继农业经济、工业经济之后的新经济社会发展形态的观点，认为数字经济与第三次工业革命存在本质的不同，特别是在新生产要

素——数据要素与第三次工业革命中的信息要素之间存在根本差异。笔者认为，互联网经济、网络经济或信息经济与实体经济的结合构成了数字经济的初期阶段，而目前数据要素化所处的阶段是数字技术渗透实体经济的时期，预示着随着数字经济进一步发展，融合虚拟与现实的智能经济阶段的来临。

第三节　发展数字经济的意义

随信息和通信技术进步，数字经济作为全球经济及社会进步的关键驱动力量迅速崛起。这一领域的迅猛扩展及由此产生的巨大活力已使各国政府认识到，数字经济对于促进各自国家和地区的经济社会发展具有重大的作用与价值。因此，各国开始加强对数字经济的关注，视其为经济增长的新源泉和动力。对我国来说，数字经济在新常态下成为经济增长的新动力，发展数字经济不仅具有独特的重要性，还是国家创新战略实施的关键。我国在推进数字经济发展方面拥有独特优势，如庞大的网民基础孕育了巨大的潜能，而后发优势为其提供了快速发展的特殊机会。数字经济已成为创新战略的核心力量，表现在高速泛在的信息基础设施的建立，成为国家经济增长的主要推动力。它在生产和生活的各个方面实现了全面渗透，推动了新业态和新模式的持续涌现。总体来说，我国数字经济的发展前景十分光明。数字经济的飞速发展深刻地改变了人们的生活、工作和学习方式，同时在传统媒体、商务、公共关系、电影电视、出版、娱乐等多个领域引发了深远的变革。在信息时代，发展数字经济已成为一种强劲的趋势，对我国而言，这一点尤为显著。

一、世界经历数字经济的转型

计算机、网络和通信技术等现代信息革命的成果促进了数字经济的发展。虽然数字经济似乎未直接创造任何有形产品，但其在辅助设计、库存管理、销售完成、信贷执行、设备控制、计算设计、顾客计费、飞机导航、远程医疗等方面发挥着关键作用。

（一）数字经济推进经济全球化的速度

数字经济的兴起标志着人类社会经历了一次划时代的变革，这场变革不仅推动了全球经济的深层次融合，也重新定义了全球化的含义和范围。随着数字网络技术的快速发展和"赛博空间"的出现，全球化的概念已经远远超出了传统的商品和生产要素跨国界流动的概念。现在，全球化从根本上改变了时空的概念，重新塑造了世界市场和国际分工的格局。

在这个新的时代，经济数字化不仅扩大了贸易的空间，还极大地缩短了贸易的时间和距离。这种变化使得全球贸易的规模达到了前所未有的水平，突破了传统贸易模式的局限性，为各国提供了更多的交易机会和经济增长的可能性。

数字网络技术的应用还为跨国公司带来了前所未有的便利，使得远程管理的成本大幅度降低。这不仅使得企业能够更有效地运营，还进一步推动了企业活动的全球化趋势。随着企业跨国运作的便利性增加，全球生产网络和供应链的效率和灵活性也得到了显著提升。此外，数字经济加速了信息、商品与生产要素的全球流动，推动了全球经济一体化的进程。这种加速不仅使得全球市场更加紧密相连，还促进了知识、技术和创新的全球共享，从而推动了全球经济的整体发展。

（二）数字经济使全球产业结构更加灵活

在数字经济的浪潮中，数字网络技术的创新与普及引领了全球产业结构朝着更加以知识和高科技为主导的方向转型。此时，"软要素"如知识与技术渐成为决定产业竞争力的核心，逐步超越了传统的资本与劳动力。这一变化反映了全球产业结构正变得更加柔性和强适应性。

这种全球产业结构向柔性转变的趋势在几个层面得到体现。一个显著的方面是，随着信息技术的蓬勃发展，知识驱动的经济增长模式开始占据主导地位。信息通信技术企业通过加快市场扩展和产品创新的步伐，推动了各国信息技术产业的发展，朝着经济增长的知识驱动方向迈进。

此外，传统产业与信息产业之间的紧密结合也显著加强。得益于计算机和数字技术的应用，企业提高了生产效率，使得传统产业能够通过与信息产业的紧密合作，无论是供应链的前端还是后端，均能增强产业竞争力，创造更高的价值。同时，随着信息技术的广泛应用和创新，新型服务业如计算机和软件服务、互联网信息服务等迅猛发展。电子商务、网络金融、远程教育等领域的新兴服务业展现出强劲的生命力，标志着全球服务业的发展方向正向知识化、信息化、智能化倾斜。

这些转变共同促进了全球产业结构的适应性和灵活性提升，不仅增强了全球经济的竞争力，也为产业的未来发展开拓了新的路径。随着数字技术的不断进步，全球产业结构的柔性化趋势预计将持续深化，进一步促进经济增长和创新。

（三）新兴数字技术加速数字经济和社会进步

移动技术、云计算、社交网络、传感器网络以及大数据分析构成了当今数字经济最关键的技术动向。这些技术趋势共同塑造出一个全面"智能化"的景观，其中网络和数字化技术正在深入连接着家庭生活、医疗保健系统、交通网络、商业流程、能源管理乃至政府运作和社会治理等各个领域。这样的智能化进程依托固定和无线的宽带网络以及大量连接到互联网上的设备，它们共同满足了经济和社会不断扩大的需求。

在这个过程中，收集到的数据通过机器对机器的方式被送往"云"

中进行大规模的数据处理。这种云计算服务能够搜集、处理并分析庞大数量级的数据，极大地优化了信息处理的速度和规模，因而被广泛称为"大数据"技术。这些技术不仅仅是现代智能网络的基础构建模块，它们的集体应用和发展也大力推动了整个社会的发展。

（四）移动宽带技术推动数字产品广泛普及

互联网普及率的显著提高得益于移动基础设施的发展与资费的降低。移动宽带连接的广泛提供导致了互联网接入率的大幅提升。这不仅体现在接入数量的增长上，宽带连接速度的提升也是一个重要方面。移动宽带质量的持续改进，加上固定网络 Wi-Fi 的广泛普及，极大扩展了移动设备的应用范围，从而深刻影响了亿万用户的工作和日常生活。

随着技术进步，移动宽带不仅仅面临提高连接速度和降低成本的问题，它还关乎于如何通过更广泛的覆盖和更高的数据传输效率，为用户提供更为丰富和便捷的网络服务。这一进步使得从在线教育、远程工作到娱乐消费等各个方面都得到了显著的改善和创新。除此之外，移动宽带的普及和速度的提升，也为数字产品的广泛应用提供了坚实的基础。现在，用户可以在任何时间、任何地点享受到高速的互联网服务，无论是视频通话、在线游戏、流媒体播放还是即时信息交换，移动宽带都确保了用户能获得流畅和高效的体验。

二、在新常态之下，数字经济成为我国经济增长的新引擎

数字经济对我国具有独特的重要性。在新常态下，诸如互联网、云计算、大数据等数字经济领域成为供给侧结构性改革的重点培养和发展对象。数字化可以揭示新的生产要素和经济增长潜力，促进传统产业的转型升级。

（一）新常态下寻求新的增长动力

经过多年的迅猛增长，我国经济已经步入了一个全新的阶段，主要

特征是增长速度的放缓、结构的不断优化和升级以及发展动力的转变。这个阶段广泛被认为是经济发展的新常态。对这一新常态的认识、适应和引领，已经成为指导国家经济发展战略的核心思想。

在新常态下，经济增长模式的转变是不可避免的，旨在从依赖投资和出口驱动转向更多依靠消费和服务业，同时注重将创新和技术进步作为长期增长的动力。这意味着经济结构的调整和优化成为当务之急，以适应并引领新的发展需求。

适应新常态，要求经济政策和企业战略进行调整。政府在推动供给侧结构性改革、优化经济结构、提高产业的整体效率和竞争力方面发挥着重要作用。企业则需要加快创新步伐，利用新技术、新业态、新模式，寻找增长的新空间。

引领新常态，则意味着要主动作为，通过深化改革开放，促进经济高质量发展。这包括加强环境保护、推动绿色发展、实现社会和谐以及可持续发展。此外，强化教育和培训、提高劳动力的技能和创新能力，也是适应和引领新常态不可忽视的方面。

（二）信息技术革命带来了重大机遇

探究经济发展的新动力源泉长久以来是众多国家面临的复杂问题。然而，随着人类先后经历了农业革命和工业革命，现正处于信息革命的浪潮之中，情况开始出现转变。

从社会发展的历史进程来看，农业革命标志着人类生存方式的根本转变，人类由依赖采集和狩猎转向农耕和畜牧，从而步入了文明社会。随后，工业革命进一步扩展了人类的物理能力，大规模的工厂生产模式取代了小规模的手工作坊，使得工业经济能够满足日益增长的生产和消费需求，彻底扭转了生产力不足和供应不足的局面。

如今，信息革命正以其对人类智力能力的增强作为标志，通过数字化工具、生产方式和产品，开创了数字经济的新时代。这场以数字化、网络化、智能化为核心特征的革命,不仅孕育了数字经济,也为经济发展注入了新的活力。信息革命通过促进技术创新和优化资源配置,为提高效率和促进经济增长提供了强大的支持。同时,它推动了新产业的形成和旧产业的转型,为经济结构的升级提供了动力。在这一过程中,数字经济成为推动全球经济增长的关键力量。它通过改变传统的生产和消费模式,为企业和消费者创造了新的价值。此外,信息革命还加速了全球化进程,使得信息、资本、商品和服务能够在全球范围内更加自由地流动,从而促进了全球经济的一体化发展。

(三)数字经济潜力正逐渐显现

数字经济正在深刻改变传统的生产和经济活动方式,不仅促进了生产力的解放,更关键的是它正在创造前所未有的新生产力。通过数字技术的广泛应用,现代经济活动变得更加高效,经济结构的转变也在加速进行,这一切共同推动了全球经济复苏的进程。云计算、物联网、移动互联网、大数据、智能机器人、3D打印、无人驾驶车辆、虚拟现实等前沿信息技术不断演进,为各行各业带来创新的应用方案,社会中每天都有新的技术应用和创意涌现。这些技术的快速发展和应用推动了新产业、新业态、新模式的持续涌现,为经济发展注入了新的活力。

更为激动人心的是,这种变革和创新只是开始。随着技术的不断进步和创新能力的持续增强,数字经济的潜力将得到进一步释放。在未来,数字经济将以更加强大的力量,推动社会生产力的全面升级,促进经济结构的优化升级,为全球经济增长开辟新的路径。

数字经济的发展,不仅促进了资源的更高效配置和利用,也加速了新兴产业的诞生和成长,如电子商务、在线教育、远程医疗等,这些都是数字技术应用带来的直接成果。同时,它促进了传统产业的数字化转型,通过引入智能制造、网络营销、在线服务等新元素,使这些产业焕发新的生机。

（四）发展数字经济是我国的战略选择

我国各地区均展现出对数字新经济兴起的强烈期待，看到了在此过程中抓住发展机遇的重要性。为了顺应这一趋势，我国政府依托于国内具体的国情和所处的发展阶段，积极落实"网络强国"战略，致力推动"数字中国"的建设，大力实施一系列旨在促进数字经济发展的战略。

这些举措的目的在于通过数字技术的创新和应用，进一步提升国家在全球数字经济领域的竞争力。实施"网络强国"战略不仅涉及信息基础设施的全面升级和扩展，也包括对数字技术如云计算、大数据、人工智能等领域的深度开发和应用，旨在打造安全、高效、开放和创新的网络环境。同样，推进"数字中国"建设意味着不仅要在经济领域实现数字化转型，更要在政府治理、社会管理和公共服务等方面深化应用数字技术，以此提高治理效率和服务水平，促进社会的整体数字化进程。此外，大力推行数字经济发展战略，旨在激发经济增长的新动能，促进传统产业的升级改造，同时培育新兴产业和业态，如电子商务、智能制造、网络金融等，以推动经济结构的优化和升级。

三、数字经济是国家创新战略推进的关键驱动力

发展数字经济在促进我国转型发展和实现中华民族伟大复兴的中国梦方面，具有极其重要的实际意义和显著的推动效果。这一进程在贯彻新发展理念、孕育新的经济增长点、通过创新驱动进行供给侧改革、建立网络强国以及在信息时代为国家构建新的竞争优势方面，都将带来深刻的影响。

（一）发展数字经济体现了新发展理念的核心

数字经济作为新技术革命的直接产物，代表了经济发展的新形态、资源配置的新方式和发展观念的新理念。它不仅反映了创新的根本需求，而且是我国"创新、协调、绿色、开放、共享"的新发展理念的典型体

现。数字经济通过减少信息流动的障碍，不仅加速了资源和要素的流动，还提升了供需匹配的效率，促进了经济与社会、物质与精神、城乡以及不同区域之间的协调发展。在推动绿色发展方面，数字经济通过提高资源利用率，推动了绿色发展理念的落实。它利用先进的信息技术，优化生产和消费模式，降低了对自然资源的依赖和环境的影响，为可持续发展提供了强有力的支撑。

此外，数字经济的核心特征之一是其开放共享的本质，这一特性源自其互联网基础。互联网天然的开放性和共享性为数字经济的发展提供了无限可能，促进了信息的自由流动和知识的广泛共享，进一步加强了经济体之间的联系和互动。数字经济还为包括落后地区和低收入人群在内的广泛群体创造了参与经济活动和共享发展成果的新机会。通过提供更为平等的信息获取和资源利用途径，数字经济助力缩小地区差异、提升公平性，使得更多人能够享受到经济增长和技术进步带来的福祉。

（二）推动供给侧结构性改革，发展数字经济成为关键举措

新一代信息技术与制造技术的深度融合标志着智能制造模式的兴起，这一模式正推动着制造业经历一场前所未有的变革。在这一背景下，数字化、虚拟化、智能化技术的应用将遍及产品全生命周期，从设计、生产到维护阶段，无不体现出这些技术的影响力。随着柔性化生产方式的兴起，制造业能够更加灵活地应对市场需求变化，而网络化、个性化生产则满足了消费者对产品定制化的需求，这些都是制造模式正在面临的新挑战。此外，全球化、服务化、平台化逐渐成为产业组织的新常态，这些新方式促进了资源的有效配置和利用，提高了产业的整体效率和竞争力。

在农业领域，数字经济的推动作用同样显著。通过实现数字农业和智慧农业等新模式的应用，农业生产更加智能化、精准化，大大提高了农业生产的效率和效益，推动了农业现代化的步伐。利用信息技术，从

土壤分析到作物监控，再到产品销售的每一个环节，都能实现数据的精确管理和高效运用，信息技术为传统农业带来了创新的生命力。

服务业领域更是数字经济影响的重要体现方面。电子商务、互联网金融、网络教育、远程医疗、网约车、在线娱乐等服务形态，不仅极大丰富了人们的生活，也提高了服务效率和质量。这些新兴的服务模式通过互联网平台，使得服务的提供和获取更为便捷，跨越了地理和时间的限制，为人们提供了更加个性化、多样化的选择，极大地改变了人们的生产和生活方式。

从工业领域来看，数字经济已成为推动工业领域现代化与升级的关键力量，尤其是工业互联网的发展，这不仅是技术革新的产物，更是国民经济增长的新引擎。通过深度融合 5G、大数据等前沿技术，工业互联网正在逐步实现生产流程的数字化、网络化和智能化，从而为中国制造业的转型升级提供动力和支撑。

在当前的 5G 时代背景下，技术革新对工业互联网的推动作用愈发明显。众多行业观察者均看好工业互联网的长期发展前景。例如：国家层面对工业互联网的大力支持，可从工业和信息化部发布的《工业互联网专项工作组 2022 年工作计划》中得以窥见。该计划提出了一系列具体的发展措施，旨在通过完善基础设施和提升技术应用水平，加快工业互联网的全面发展。具体而言，加快 5G 全连接工厂的建设是提升工业互联网基础能力的重要举措。通过建立模范工厂，展示 5G 技术在生产线和车间的典型应用场景，不仅可以加速 5G 技术在工业领域的普及，还能够使更多企业认识到数字化改造的重要性。构建工业互联网大数据中心体系，是完善数据处理与分析能力的关键步骤。重点区域如重庆、山东、浙江等地的分中心建设，不仅能够提升区域内工业数据的处理效率，也为地方工业发展提供精准的数据支持和服务。这种区域与行业的双轨并进，有助于形成更加完善和高效的工业互联网生态系统。此外，发展多层次的工业互联网平台也是推动行业发展的一大举措。跨行业跨领域的综合型平台，可以为不同行业提供标准化、定制化的服务，而特定区域和技术领域的公共服务平台和专业型平台，则能够满足更加具体和专业的需求。通过这些平台的建设与培育，可以有效地促进资源共享、技术交流与协同创新。

在推动融合应用、技术创新和产业生态建设的同时，安全和要素保障同样是工业互联网发展中不可或缺的部分。《工业互联网专项工作组2022年工作计划》中提出的支持条件良好的工业互联网企业上市融资以及加强安全措施的建设，不仅有助于提升企业的市场竞争力，也为整个工业互联网的健康发展提供了资金和政策上的保障。工业互联网的发展已经成为连接数字化技术和工业的桥梁，通过促进物与物的连接，极大地推动了制造业的智能升级。通过实际成果，可以看到工业互联网在国民经济重点行业中的应用不断深化，其对经济结构的优化和增长动力的转换发挥着越来越重要的作用。

（三）数字经济成为促进"大众创业、万众创新"的理想平台

在当前阶段，数字经济成为信息技术创新、商业模式创新及制度创新的集中体现。随着数字经济的快速发展，社会中涌现出众多具有巨大发展潜力的互联网企业，它们正成为推动创新和创业活动的关键动力。这些企业不仅推出了一系列创新的技术和服务，还通过新颖的商业模式，改变了传统行业的运作方式，激发了市场的活力。分享经济模式，如众创、众包、众扶、众筹等，正是数字经济中的重要组成部分。这些模式通过利用数字平台，汇聚广泛的社会资源和个体智慧，实现了资源的高效分配和利用。它们不仅拉低了创业的门槛，提高了创业的成功率，还促进了社会资源的优化配置和创新能力的集中爆发。

众创空间和众包平台提供了一个开放的创新环境，鼓励每个人参与创新过程，无论是技术开发、设计、市场调研还是资金筹集，每个人都可以在这个平台上找到合适的角色，贡献自己的力量。众扶和众筹模式则通过集合小额资金支持具有创意的项目和企业，降低了创新活动的资金门槛，使得更多优秀的想法能够实现商业化。

（四）数字经济是信息时代国家新竞争优势形成的关键引领力

数字经济的崛起对于信息革命驱动下世界经济版图的重构具有决定性的影响。在信息时代，核心竞争力的衡量标准正日益转向各国和地区在数字化、信息化及网络化方面的能力。这种能力的高低直接关系到一个国家或地区在全球经济中的地位和影响力。我国在推进数字经济发展方面具有明显的独特优势和有利条件。这得益于我国政府对数字经济重要性的高度重视以及在政策支持、技术创新、人才培养等方面的积极举措。因此，我国的数字经济发展速度快，势头强劲，在众多领域已开始展现出与全球先进国家竞争甚至领跑的能力。

这一趋势尤其显著地体现在互联网、电子商务、云计算、大数据、人工智能等关键技术领域。通过这些技术的广泛应用和创新，我国不仅提升了自身的产业竞争力，还推动了传统产业的数字化转型和升级，为经济持续健康发展注入了新动力。未来，随着技术的不断进步和应用场景的持续拓展，我国在数字经济领域领先发展的潜力将进一步释放。特别是在推动全球治理体系变革、参与国际数字经济规则的制定等方面，我国将发挥更加积极和重要的作用。通过深化国际合作，共享数字经济发展成果，我国将在构建人类命运共同体的进程中发挥更大的影响力。

第二章　金融产业概念解读

金融业，这个历史悠久的领域，随着商品货币经济的诞生而兴起，与商品货币经济的演进同步成长。在推动实体经济发展的同时，金融业本身也实现了跨越式的发展，逐渐成了一个独立的行业，并在国家经济体系中占据了举足轻重的地位。这个行业不仅充满了奇特的魅力，还对其他行业的发展起到了关键和主导的作用。寻求金融产业发展之谜，希望通过掌握金融的力量来实现战略上的胜利，成为众多人士的共同追求。金融产业到底是什么？它为何能够实现如此显著的转变？要深入理解金融产业的这种变革，关键在于对金融产业本质及其发展历程有一个全面且精确的认识。本章将着重解析金融产业的内在含义及其演变历程，旨在揭示其发展的规律。

第一节　金融产业的内涵

要把握金融产业的本质，必须从一个客观和全面的角度理解金融。

一、金融和产业

（一）金融的概念解读

"金融"这一概念源自英文单词"finance"，本质上指的是货币资金的流通与融合。这一定义从活动或行为的角度出发，反映了大众对金融的基本理解。随着时间的推移，"金融"已经成为日常生活中不可或缺的术语，涉及个人和社会经济活动的方方面面，金融活动的重要性在社会经济发展中愈发显著。

学术领域对金融的定义则更加专业和深入。例如：《新帕尔格雷夫货币金融大辞典》中由斯蒂芬·罗斯撰写的"Finance"词条，将金融定义为经济学的一个分支，核心关注点为资本市场的运作、资本资产的供应与定价等。罗斯强调，金融的研究方法是通过类比法为金融契约和金融工具定价，尤其适用于具有时间序列特征和收益不确定性的价值工具。罗斯将金融的核心内容总结为市场效率、收益与风险、期权定价、公司财务等四大方面，从本质上看，是将金融视为一种涉及资产定价与风险管理的活动。

兹维·博迪和罗伯特·C.莫顿在《金融学》一书中，从不同角度解读了金融学。他们认为金融学主要研究如何在不确定条件下对稀缺资源进行跨时期的分配，包括跨时期最优化、资产估值、风险管理等分析方法。这种理解突出了金融决策在时间分布上的成本与收益以及决策过程中围绕资产估值、通过投资组合进行风险管理的重要性。

西方国家对金融的解读更侧重金融市场的微观活动，强调金融作为资源分配工具在风险管理中的功能。而在中国，由于历史上长期的计划经济体制影响，金融被较为狭义地定义为以银行为中心的货币资金分配活动，主要被视为宏观经济的一部分。经过 1978 年以来的经济金融改革，中国对金融的认识出现了显著的变化。国内学者通过深入研究，提出金融不仅涉及货币流通、银行系统，还包括资本市场、保险系统、国际金融等广泛领域。金融被认为是一个包含资金流动的工具、机构、市场和制度的有机系统，是经济系统的组成部分。

《中国金融百科全书》中对金融的定义为"货币流通和信用活动以

及相关的经济活动总称"，这一定义体现了金融活动的广泛性和综合性。无论是国内还是国外，对金融的认识，都强调了金融作为一种活动的本质，涵盖了交易主体、客体、中介以及交易规则和管理等多个方面。这种对金融的全面认识，不仅促进了金融理论的发展，也指导了金融实践活动。

（二）产业的内涵

金融既是一种活动，也演化成为一个产业。产业的形成与发展是社会分工日益精细的产物。在人类早期社会，生活方式以狩猎和采集为主，这种活动虽然是生产活动的一种形式，但并未形成真正意义上的产业。随着人类社会的发展，尤其是进入农业社会之后，生产力的提高和生产资料的增加催生了社会分工。畜牧业的产生、手工业的发展以及商业的兴起，标志着社会大分工的开始，社会中逐步形成了农业、畜牧业、手工业和商业等多个不同的产业部门。

产业的概念在传统经济学理论中主要指创造社会物质财富的部门。随着产业经济学的发展，产业被进一步定义为具有某种共同属性的企业集合。根据不同学者的观点，产业不仅是具有同类属性的企业经济活动的集合，还包括承担一定社会经济功能的生产单元构成的组织架构体系，具有相当的规模和社会影响力。产业的特征可以从需求和供给两个角度来界定，既包括同类或密切竞争关系的产品或服务，也指具有相似生产技术、过程和经济性质的活动。

在国际上，产业的界定有两种主流观点。欧美国家的研究者将产业组织视为产业的核心，而东亚国家如日本和韩国的观点认为产业应当包括产业组织、产业结构和产业关联等多层面内涵。产业分类的目的是更好地理解和研究不同的经济活动，包括三次产业分类法、国家标准分类法和国际标准产业分类法等方法。其中，三次产业分类法由费歇尔首创，并由克拉克进行了进一步的实证分析和总结。国家标准分类法是各国政府为了统一的统计和分析口径而制定的国家标准。国际标准产业分类法则是联合国为了统一全球产业分类而制定的标准，旨在将全球的经济活动进行详细的分类。

从国内外对金融的理解来看，金融不仅是一种将资金进行有效分配和管理的活动，也已经发展成为一个包含了银行、资本市场、保险以及国际金融等多个领域的广泛产业。金融作为一种活动，体现了交易性质，涵盖了交易的主体、客体、中介及相应的规则制度和管理。这种对金融的全面理解，不仅促进了金融理论的深入发展，也指导了金融实践活动的有效开展。

二、金融产业和金融服务业

（一）金融产业的概念

金融活动自古就存在，但其作为一个迅速发展的产业是现代现象。将金融产业作为理论研究的对象是较新的探索领域，尽管在进行产业分析时，金融业往往不被视为一个产业。一些国内外学者已经开始探索这一研究领域，通常采取五个不同的视角：采用产业经济学方法研究金融产业的结构、行为和绩效；基于产业结构理论，主要探讨其对国民经济的贡献；从产业的一般属性分析金融产业的各个方面；探讨金融资源配置效率与金融产业发展的关系；依据戈德史密斯的金融结构理论进行的研究。

对金融业的了解通常限于金融机构，理论研究更倾向于分析金融结构而非作为产业的分析。分析金融结构时，通常受到戈德·史密斯金融结构理论的影响，这一理论于 1969 年由戈德·史密斯通过其作品《金融结构与金融发展》提出，描述和分析了金融发展的过程和规律。

金融业作为一个独特的产业，其界定尚无共识。理论上将金融视作产业的研究始于 20 世纪 90 年代中期。金融产业被视为由金融企业组成，利用社会金融资源，提供具有特定功能和规模的金融产品，通过市场交易为社会和自身创造净收益的企业群体。它基于物质生产规模和水平而发展，成熟后成为独立产业，对国民经济产生重要影响。金融产业需要适当的政策支持。

现代金融业已经成为一个完全独立的产业，是国家产业链的重要组成部分。它具有产业的基本属性和特征，在商品货币经济的发展中发挥着日益重要的作用。专门提供金融服务的机构，发展出了各种金融工具和专业服务，以促进金融活动的高效、安全进行。金融产业包含了管理资产和资源配置的经济活动，组织之间既合作又竞争，提供的产品和服务具有强替代性，这些服务的技术和流程具有高度相似性。因此，金融产业可以定义为以利用社会金融资源为核心、为完成金融交易活动而形成的相关企业集合。

（二）金融产业的特点

金融产业区别于其他产业，成为国家经济中的一个关键部分，扮演着资金流通的核心角色，充当着经济活动中的枢纽和桥梁。其特殊性由金融行业的本质决定，展现在独有的产品与服务、定价方法及交易模式等方面。

国家的金融体系主要构成包括中央银行、商业银行、政策性银行及非银行金融机构。其中，中央银行占据核心地位，负责国家金融管理及金融政策的制定，是国家宏观经济调节的关键部门。中央银行通常不直接为企业和公众提供服务，而商业银行则承担了社会大部分资金融通、资源配置及风险管理的职能，并与经济各界建立了广泛的联系。几乎所有的经济活动都需通过商业银行来进行。商业银行的业务活动能够直接影响到社会信用的收缩与扩张以及货币供应量，因此，中央银行的货币政策主要通过商业银行（非银行金融机构和金融市场）来实施，使得商业银行成为中央银行货币政策的关键传递者。在现代经济体系中，中央银行依靠各种货币政策工具来实现其政策目标，而这些工具的应用直接影响商业银行的运营。商业银行是资源配置不可或缺的一环，中央银行对宏观经济的调控也需依赖商业银行来执行，从而凸显了商业银行在金融体系中的核心地位。

在一些市场经济高度发展的国家，如英国和美国，尽管中央银行等国家金融管理机构在宏观调控中扮演重要角色，商业银行有信贷配置的关键功能，但金融市场对整体社会经济及资源配置的影响更为显著，投资银行的角色更加凸显。与银行信贷市场相比，股票、债券等直接融资工具的交易份额更大。

观察金融产业的发展及其在国家经济中的作用，金融产业有若干基本特征：

1. 实体性与虚拟性

周小川提出，服务业大体上是实体经济的一部分，除了少数例外。金融产业，作为金融服务业的一个领域，同样是构成实体经济的重要部分。[①]金融产业的角色不限于将储蓄动员起来服务于实体经济，其中的某些活动直接涉及生产和经营，因此它自身也属于实体经济的范畴。例如：钞票和硬币的印刷与铸造、银行卡的设计与生产、各类金融设备和票据的制造等活动，这些都展示了其实体经济的明显特点。然而，金融产业的主要特性依然是其虚拟性。金融交易涉及的货币资金、债权债务证明及由此衍生的产品大多以符号的方式存在，其交易对象和交易模式通常具有虚拟性特征，并可能导致金融机构间的交易和交易对象形成闭环，从而脱离实体经济独立运作。这表明，对金融产业的管理需要采用与管理实体经济不同的特殊方法。

---

① 周小川：《金融受益于对外开放》，《中国金融家》2017 年第 7 期。

2. 脆弱性与稳健性

金融产业的核心业务涉及货币资金、各式债权债务证明以及基于这些的衍生产品的交易和相关服务，旨在为客户提供期间资源配置和风险管理服务。在特定的时间范围内，众多不确定的风险因素存在，市场微风波动（例如：市场利率和汇率的变动、资金期限的不匹配、客户的违约行为、经济低迷甚至流言蜚语等）可能会引发金融机构乃至整个金融体系的混乱，展现出其脆弱性。然而，从另一角度看，金融产业也是众多产业中稳健性最强的产业之一。金融产业的发展史证明，基于相互信任的纽带将其紧密团结起来，即便面对金融危机、战争、自然灾害等不可预测事件，部分金融机构退出市场时，金融产业的框架依旧稳固，继续服务于实体经济，确保人们的基本金融需求得以持续满足。因此，现实中存在许多历史悠久的金融机构，如花旗银行。这表明，在管理金融产业时，既不能仅因其脆弱性而过度谨慎，也不能因其稳健性而忽视监管，而应在尊重市场规律的基础上，采取避免风险和追求利益的平衡策略，理性管理，发挥金融产业在调节自身及对国家经济贡献中的独特作用。

3. 基础产业与支柱产业

通俗观点认为，基础产业在一个国家的国民经济中占据着基础地位，对其他产业具有制约和决定性作用，是影响其他产业发展水平的关键产业。评价基础产业的主要标准包括是否能为全社会提供公共产品和服务、对国民经济增长的基础性贡献率、该产业在解决就业和提供劳动力出路方面的比重、产业对国民经济各部门的影响和关联程度以及产业的不可替代性。农业、能源、交通、运输等通常被视为基础产业。而支柱产业通常指的是在国民经济中快速发展，对经济有引导和推动作用的先导产业。评估支柱产业的标准包括产业增加值在国内生产总值中的占比、就业人数占比、行业关联度、产业集中度、经济效益等。根据这些标准，我国的支柱产业包括钢铁产业、汽车产业、电子信息产业等。

金融产业无疑是基础产业和支柱产业的典型代表。通常情况下，金融产业被纳入第三产业中，但如果将金融产业作为一个独立产业来审视，会发现它实质上是国家的基础产业和支柱产业，这一点在国内外均得到体现。特别是在一些国际金融中心城市中，金融产业已经成为社会财富增长的重要来源，金融业的产值在 GDP 中的比重通常超过 10%，并且是国家或地区财税的主要贡献者。同时，金融产业在促进就业方面发挥着重要作用，其从业人员都占据着显著的位置。在现代市场经济环境下，金融产业的重要性日益凸显，其在资金配置、利率调整、信息交易等方面对国民经济具有显著的导向作用。此外，金融产业还是国家宏观经济调控政策的重要执行平台，因此将其视为战略性产业并不夸张。"掌握金融，掌握世界"反映了世界强国发展的基本规律。这启示人们在市场经济发展过程中，应充分认识到金融产业的基础和支柱性质，赋予金融产业以足够的重视，并将其发展置于优先位置。

4. 传统产业与信息化产业

传统产业通常被定义为那些发展历程较长、生产技术相对成熟、经历了快速增长阶段后增速放缓、对国家经济贡献度逐渐降低、资源效率和环保表现通常不太理想的行业。与此相对，信息化产业则是指在产业结构内部广泛采纳现代信息技术工具，将信息和知识作为运营核心，通过优化资源配置和业务流程重组来显著提升劳动生产率、降低运营成本和风险，确保组织稳健持续地向前发展。

金融产业独特地结合了传统产业和信息化产业的特征。金融行业有深远的发展历史，其交易技术和规则相对完善，为大量劳动力提供就业机会，运营场所和客户交流相对固定，并且在经济发展的过程中有过明显的快速增长期。随着信息技术的发展，金融产业成为首批全面深入应用信息技术的行业之一。信息技术的应用范围远超过传统金融服务，广泛渗透到业务流程改造、金融交易模式与技术刷新、金融产品开发、金融交易价格监控、风险管理、客户数据分析与目标客户定位、支付方式及渠道的创新变革等领域。因此，金融产业的成长既需要维持作为传统产业的稳定基础，为社会经济提供广泛的基础金融服务，又需关注信息技术的最新发展动向，持续进行创新，以保障金融产业的持续进步。

5. 独立性与高关联性

金融产业展现了高度的自主性和与其他行业的紧密关联性。关于其自主性，金融产业构建了一个完善且独立的体系。观察金融业的几个主要分支，包括银行、保险和证券等，它们在业务交易的客户群、交易对象、定价机制、交易技术和资金结算等方面都已发展出一个完备的系统，允许金融交易在系统内部独立循环完成。而在关联性方面，金融产业展现了几个显著的特点：首先，金融产业内部各分支的交叉整合日益加深，形成所谓的混合经营模式。随着信息技术在金融行业的广泛应用以及金融产品数字化和符号化的推进，各种金融产品之间的界限变得模糊，使得产品的流动性、交易性和转换性更强，进而推动了金融创新，使不同金融部门的产品结构趋于一致，为金融产业的整合创造了条件。其次，金融产业的细化和扩展带来了围绕传统金融机构的新型金融机构和专业服务机构的出现，如基金公司、期货公司、汽车金融公司、资产管理公司以及提供金融交易服务的会计师事务所、律师事务所等。第三，金融产业与其他行业之间的融合趋势明显。信息技术和互联网的快速发展推动了产业界限的逐渐模糊，促进了金融产业与其他产业的融合发展，如物流金融、汽车金融等，形成新的产业形态。

（三）金融服务业

金融产业，以其服务属性为核心特征，常被称作金融服务业。实际上，这两个概念在本质上相同，只是在涵盖范围上存在差异。

金融服务业的增加值占 GDP 比重正逐渐增长。以美国、日本和英国为例，这一比重分别在不同年代呈现上升趋势，英国的金融服务业发展尤为显著，不仅占 GDP 比重高，还为社会提供了大量就业机会，并贡献了显著的贸易盈余。英国金融服务业的发展已经形成了一个完整的产业体系，涵盖多个领域和子类别，表明金融业已经超越了传统金融机构的范畴，向现代服务业方向发展。与此同时，中国对金融业的认识通过改革开放和市场经济的发展进行了全方位的改革，金融服务业经历了根本性变革。

中国金融业的发展包括金融组织体系和市场体系的完善、金融要素市场的完备、金融产品创新的丰富、金融交易方式的国际接轨以及金融交易安全性的提高。这些改变使金融业成为独立的产业，被正式纳入产业分类和国民经济统计中。根据中国的产业分类，金融业被划分为第三产业。近年来，金融业在 GDP 中的占比和在第三产业中的比重均有所上升。

三、金融产业与实体经济的关系

探究金融产业，必须考虑与实体经济的互动关系，这种关系可从两个主要方面进行分析。

一方面，金融产业与实体经济之间存在着相互依赖和促进的健康关系。金融产业的成长深植于实体经济，缺乏实体经济的基础，金融产业难以取得显著成就。这是由于实体经济的扩展对金融产业提出了强烈且多样化的需求。无需求则供给动力不足，进而限制供给方的发展。反过来，金融产业的进步也极大地促进了实体经济的发展，通过提供金融产品和服务、便捷低成本的融资方式、有效的风险管理及高效的资源配置，满足实体经济的需求。若缺少金融产业的支撑，实体经济可能会运转不畅、效率低下，甚至瘫痪。反之，金融产业若未能跟上实体经济的步伐或产业风险出现，则可能对实体经济造成负面影响。

另一方面，金融产业有时可能独立于实体经济而发展。金融产业中的许多工具和活动属于虚拟资本，其在流动过程中易于膨胀，相对于实体经济，参与金融交易的门槛较低，因此吸引了大量参与者。金融交易的属性可能导致金融机构间的资金循环，形成一种与实体经济脱钩的封闭交易系统，进而导致金融泡沫。一旦泡沫破裂，便会引发金融危机，对实体经济产生深远影响。历次金融危机均证明了这一点，如2008年的全球金融危机就是由金融产业的过度膨胀引发，最终严重拖累了实体经济。

　　曾任中国人民银行行长的周小川曾精练地描述了金融业与实体经济之间的联系。他强调，实体经济不仅包括农业和制造业的实物生产，还包括服务业。金融服务中的许多业务直接促进实体经济融资，如银行贷款和企业发行债券或股票等。这些金融活动能动员储蓄，直接支持实体经济的经营，包括流动资金供给、研发投资等。但某些金融衍生产品的发展可能与服务实体经济的目标背道而驰。因此，无论是传统金融工具还是衍生产品，都应主要服务于实体经济，以促进其健康发展。

第二节　金融产业的发展历程

　　金融产业紧密依托于实体经济，并随着实体经济的成长而进步。因此，金融产业的演进呈现出从初级向高级、从简单到复杂的持续发展和完善过程。

　　观察历史轨迹，金融产业的演变大致可划分为四个时期：最初是以实物货币交易为特征的初级金融时期；随后进入以银行作为核心的单一金融服务时期；接着是银行与其他金融市场协同成长的多元化金融产业时期；最终发展为以金融市场引领的现代化金融产业时期。

一、以实物货币交易为特征的初级金融时期

金融作为一种贯穿历史的概念，在人类文明的进步中，随着私有财产制度的确立和劳动分工的精细化而孕育出了商品交易。这种交易最早采用的是以物换物的简单形式，这不仅促进了更加精细的社会分工，还促使生产力得到了显著提升。然而，以物换物的交易模式依赖于一个固有的前提，即交换双方必须在需求和时间上同时找到匹配点，这一点无法做到时，交易便无法成功。这种交换方式在效率上较低、成本上较高，并且仅限于交换一些简单的商品，以满足基本的生活需求。

随着社会经济的持续发展和人类需求的日益复杂化，物物交换的局限性开始变得明显无比。为了消除这些局限，提升商品交换的效率，减少交换过程的成本，货币应运而生，作为一种商品价值的衡量标准和交换的媒介。货币的引入显著提高了交易的效率，降低了交易成本，从而促进了交换活动和生产规模的扩大。

基于劳动价值论的观点，马克思将货币视为一种充当普遍等价物角色的特殊商品，它是从偶然性、特殊性到普遍性价值形态的逐渐演变中发展而来。货币作为一种交换媒介，拥有了与所有其他商品交换的能力。最初扮演这一角色的是实物货币和金属货币。实物货币指的是那些其作为一种商品的使用价值与其作为货币的价值相等的情况。[1] 历史上，许多商品，如牛、羊、布、米等，都曾经作为货币。中国最初的货币形式为贝壳，起源大约在公元前 2000 年。实物货币因其体积庞大、稳定性差、不易保存价值、难以分割、携带不便等缺点，随着商品交换的扩大和商品经济的进一步发展，最终被金属货币所取代。[2] 金自先秦时期起被用作

---

[1] 饶余庆：《现代货币银行学》，中国社会科学出版社，1983。
[2] 刘正茹、张蕊、杨戈宇：《票交所上线对票据市场发展的影响及展望》，《现代金融》2018 年第 2 期。

货币，而银直到宋代才逐渐成为主要的货币材料。公元 13 世纪起，金币在西欧地区逐渐增多，到了 20 世纪初，黄金已在全球主要工业化国家中成为主要的币值材料。[①]货币的普及促进了金匠业的发展，标志着金融产业最初形式的出现——货币铸造业。货币的广泛使用以及在交易过程中的必要性，为金融活动的开展奠定了基础。特别是随着不同货币间兑换成为商品交易不可或缺的一环，专门从事货币兑换的行业——货币兑换业随之诞生。[②]虽然在这一阶段，这些行业尚未展现出典型产业的所有特征，但可以将货币铸造业和货币兑换业视作金融产业的早期形态。

二、以银行作为核心的单一金融服务时期

随着商品经济的逐步发展，社会劳动分工变得更为精细，并且生产规模不断扩展，这导致货币在不同所有者之间的分布呈现出明显的不均衡状态。这种不均衡导致了货币的获取与使用在时间维度上出现了分离情况，形成了一个有货币却不需要立即进行消费或投资以扩大生产的群体以及一个迫切需要货币来满足当前消费或扩大生产却手头紧缺的群体。为了解决这一分配不均问题，充分发挥货币的作用，满足不同群体的需求，并推动经济的进一步发展，信用的概念及以货币交易为专业的信用中介机构——银行应运而生，这标志着金融业作为一个独立的行业的兴起。[③]金融业被定义为一个专门经营金融商品的行业，覆盖银行业、保险业、证券业等多个领域。金融业的起源可以追溯到公元前 2000 年巴比伦的寺庙和公元前 6 世纪希腊寺庙中的货币保管及利息收取放款业务。[④]

银行业作为金融业中最早出现且最具代表性的机构，是伴随商品经

---

① 黄达：《金融学》，中国人民大学出版社，2004。
② 张勇华：《云南金融发展对农村居民收入水平影响的实证分析》，硕士学位论文，云南师范大学金融学系，2020。
③ 戴小平：《金融理论、金融产业与金融人才培养》，《浙江金融》2007 年第 12 期。
④ 李兴建：《金融创新"倒逼"社会发展》，《中国证券期货》2013 年第 7 期。

济的发展而诞生并成长的。早在公元前 5 世纪晚期，银行已开始接受存款和提供贷款服务。这一时期的银行业具有高利贷的特点，不完全适应资本主义经济的发展需求。近代银行体系的确立发生在中世纪的欧洲，其中最早的公共银行诞生于意大利威尼斯，1694 年英格兰银行的成立则象征着新的、适应资本主义生产模式的信用体系的建立，也是现代商业银行体系的起点。

到了 18 世纪，伦敦的私人银行得到了扩展，并逐步专业化。早期银行业与金匠业的混合模式在 18 世纪 20 年代开始解耦，私人银行越来越专注于银行业务。这一时期，私人银行的数量显著增加，从 1725 年的 24 家增长至 1785 年的 52 家。随后，银行业的其他组成部分也经历了快速发展，银行成为资金和社会资源配置的核心。这个时期银行的各种机构和业务迅速壮大，银行信用达到了新的高度，推动了金融业向更加成熟和复杂的方向发展。

三、银行与其他金融市场协同成长的多元化金融产业时期

随着银行业和银行信用的显著发展，拥有信用创造功能的银行机构在货币发行领域获得了重大的影响力。这种影响力使得银行在追求自身利益时，导致了货币发行的部分失控现象，进而引发了经济发展需求之外的货币泛滥现象，造成了通货膨胀，这对经济发展构成了严重的威胁。在经济和金融活动不断扩张的背景下，对于货币统一性、银行体系的稳定性以及良好的金融环境成为迫切的需求。同时，为了使政府融资活动更加便捷，一些国家的大型商业银行的业务逐渐转变，演化成了负责管理国家金融事务的中央银行。例如：1688 年，瑞典政府对瑞典银行进行了接管，标志着世界上第一家中央银行的诞生。英格兰银行通过扩大其政府业务而发展壮大，成为现代中央银行制度的典范。中央银行作为银行中的银行，在保障银行体系稳健性方面发挥了至关重要的作用。

社会生产方式和组织的变革引导了信用形式以及资源配置方式的重大变化。18世纪初，金融市场变得更为正规化，政府通过中央银行等金融机构，开始更深入地介入金融市场。政府通过发行国债来筹集用于建设项目和战争的资金，这一举措直接推动了债券市场和交易市场的成长。同时，大型投资项目，如铁路和运河的建设，也开始采用发行股票或债券的方式来集资。随着17世纪以降证券业务量的增长，专业中介和有组织的市场开始涌现。世界上第一个官方股票交易所阿姆斯特丹证券交易所，在17世纪初期建立，成为金融市场重要的制度性创新。紧随其后，1773年伦敦证券交易所成立，而1792年签订的《梧桐树协议》则标志着纽约证券商组织的起始。这之后，多个发达国家相继成立了证券交易所，有效地促进了以直接融资为特征的金融市场的发展。

四、以金融市场引领的现代化金融产业阶段

随着社会对金融服务需求的持续增长和多样化，资本市场展现出对各类投资者的极大吸引力，促使金融市场上出现了一系列创新活动，包括机构创新、产品创新、交易技术创新及营销服务创新。这些创新活动推动了以金融市场为主导的现代金融产业的飞速发展。金融机构的种类繁多且数量急剧增加，涵盖了信托投资公司、共同基金、养老基金、财务公司等多种形式。同时，可交易的金融产品数量急剧增加，特别是自20世纪80年代以来，新业务和新产品如雨后春笋般涌现，包括但不限于票据发行便利、利率与货币互换、期权期货交易、远期利率协议等。金融交易的市值远远超过了实物产品交易的总量，金融市场在社会经济中以及对整个金融体系的影响力显著提升。

更加关键的变化在于，金融功能得到了不断的强化和扩展。在传统金融产业的基础上，社会中涌现出了更多直接或间接服务于金融交易的行业和中介机构。这些机构被一些人统一称呼为金融专业服务机构，包

括征信公司、信用评级公司、担保公司、投资咨询公司、会计师事务所、货币经纪公司、证券经纪公司、保险公估公司、保险经纪公司等。随着信息技术在金融行业的广泛应用，金融信息技术公司、软件开发公司、银行卡生产制造商等直接服务于金融机构和金融交易的新型企业也应运而生。这些新兴的机构和产品极大地拓展了金融产业的范围，将金融产业推向了国民经济的核心和支柱地位，在促进经济发展中发挥着不可替代的重要作用。

第三章 数字经济下金融产业创新发展的必要性

第一节 传统金融产业的发展模式与时代发展不符

　　数字化时代的迅速更迭促使了互联网技术的快速发展，该技术以其独有的能力融合虚拟世界与现实世界，对传统金融产业构成了巨大冲击。金融创新服务，如支付宝、比特币、移动支付等，展现了互联网与现实金融领域融合的成果，通过直接对接金融服务的供需，推动了金融服务供求之间的无缝连接，并实现了金融服务的全时空交互。这种互联网金融不仅颠覆了传统金融模式，创建了与传统金融业不同的金融产业链，还通过金融脱媒现象调过了银行的中介角色，吸走了大量银行业务和客户。此外，互联网金融的兴起改变了传统商业银行的生态和竞争模式，对传统金融机构，特别是银行的中间业务、理财服务等产生了显著影响。本节旨在通过分析互联网金融对传统金融机构信贷业务、支付业务、第三方理财服务以及传统保险业的影响，以数据对比的方式探讨互联网金融对中国传统金融业产生的深远影响，进而得出传统金融产业的发展模式与当前时代发展的不匹配结论。

一、传统存贷业务经受互联网金融的冲击

互联网金融的概念在广泛意义上涵盖了多种业务形式，包括互联网第三方支付、理财服务、网络借贷、众筹以及在线信用评估等。在更具体的定义中，互联网金融主要指通过互联网实现货币和信用的流通，亦即一个依托互联网平台的金融投资与融资体系。

这种基于互联网的金融投融资体系，实际上是信贷服务的一次创新，打破了传统银行信贷服务的限制。这使得一些规模较小、信用等级不符合传统银行标准的小微企业也能够轻松、迅速地获取融资服务。此外，互联网金融的在线服务特点非常显著，提供的放款速度快，资金流转速度也随之提高，从而增强了对小微企业的服务效率。互联网金融显著提升了资金使用的效率，为个体创业者和中小型企业带来了更便捷的金融服务渠道，同时对传统存贷业务形成了一定的冲击。[①]

以 Z 农商银行为例，在 2012 年至 2015 年期间，中国的互联网金融行业经历了快速的增长和变革。这一时期标志着金融科技创新的高速发展阶段，伴随着第三方支付和网络理财等新兴金融服务的兴起。相关研究报告，如艾瑞咨询的《2020 年中国第三方支付行业研究报告》《2019 年中国商业银行 APP 渠道运营报告》这段时间内非传统金融机构的业务和传统银行的数字化升级共同推动了互联网金融的繁荣。

在这个大背景下，商业银行对金融科技的投资显著增加，从营业收入的 1% 提升至 3%。此外，商业银行的手机应用程序在替代传统柜台业务方面取得了显著成就，从 2013 年的 80% 增长至 2015 年的 90% 以上。这一时期，中国居民的可投资资金规模也呈现出迅速增长的趋势。然而，在这波创新和调整的浪潮中，某些金融机构出现了适应速度较慢的情况。特别是 Z 农商行，这家银行在此期间几乎未对金融科技进行任何投

[①] 官晓林：《互联网金融模式及对传统银行业的影响》，《南方金融》2013 第 5 期。

资，其存贷款业务的发展仍然依赖于传统的线下渠道。尽管在 2012 年引进了网上银行服务，但该服务的成效并不显著。网上银行的手续费收入在 2012 年仅为 200 余元，交易笔数不足 1000 笔，到了 2015 年，其手续费收入也未能突破 7000 元的大关。此外，直至 2015 年，Z 农商行在银行制度和业务发展方式上仍然并未实现任何突破性的改变。在互联网金融快速演进的环境中，Z 农商行的这种保守姿态让它面临着巨大的挑战。由于缺乏创新的金融科技投入和对新兴互联网金融工具的适应，Z 农商行在竞争中显得尤为脆弱。

互联网金融的发展不仅改变了消费者的金融服务消费习惯，也推动了金融产品和服务的创新。第三方支付和网络理财的普及，为消费者提供了更多元化、便捷的服务选择，这对传统银行业务构成了直接的挑战。面对这种情况，那些能够及时调整战略、积极拥抱金融科技的银行，如通过提高手机 APP 的功能性和用户体验，成功地提高了其市场竞争力。

（一）传统信贷与互联网金融下的信贷

信贷业务对商业银行来说，既是关键的资产业务，也是主要的利润来源，对其具有至关重要的价值。市场失灵理论指出，信贷领域存在一定程度的信息不对称，即商业银行和借贷方之间的信息存在差异。这种状况使得商业银行在放贷时表现出极端的谨慎态度。为了降低坏账率，银行通常要求借款企业具备充分的信用资格，并能够提供相应的抵押品或有第三方担保，导致传统的信贷申请流程较为复杂，如图 3-1 所示。

从另一方面考虑，这种传统的信贷模式难免会存在一些不可避免的缺陷：商业银行倾向于向资金雄厚的大客户提供贷款服务，而那些急需资金援助的中小微企业，则因银行严格的审查制度和风险规避策略，难以获得银行的资金支持。结果是中小微企业往往更加容易遇到融资难题。

图 3-1　传统信贷申请流程

互联网金融作为现代金融体系的一个重要组成部分，有效地解决了传统信贷业务中长期存在的信息不对称问题。这种创新利用了互联网大数据的优势，通过深入分析和挖掘借款人的信用记录，创新了信用评估的方法。传统的信贷过程中，银行和其他金融机构往往难以获得足够的借款人信息，这导致了信贷决策的不确定性和高风险。互联网金融通过技术手段，显著提高了信息的透明度和获取效率，从而减少了信贷过程中的信息成本和交易成本。

此外，互联网金融在资金供需配对方面展现出了传统银行难以比拟的能力。通过灵活运用互联网技术，它能够更快速地将资金供需双方有效对接，尤其是在满足短期、紧急、小额贷款需求方面表现突出。这一特性使得互联网金融能够覆盖传统商业银行所忽略或未能有效服务的客户群体和地区，填补了市场的空白。

当前，互联网金融的发展呈现多样化趋势，网络贷款作为其代表之一，通常具有"短期、紧急、小额"的特点，专注于服务那些传统银行体系较少涉及的领域。然而，互联网金融的快速发展也带来了一系列挑战，特别是在监管不足和市场准入门槛较低的背景下。网络贷款面临着金融监管趋严和传统银行体系竞争或整合的双重压力。为了应对这些挑战，多家传统商业银行，如招商银行、中信银行和民生银行，已经开始推出针对性的网络贷款服务，采用了中介服务、平台运营以及P2P+O2O等多种模式。

（二）互联网信贷对传统信贷业务的影响

互联网信贷以其审批流程的简化、放款速度的加快和产品种类的丰富而闻名，逐步成为传统商业银行在个人贷款和小微企业贷款领域的有力竞争者。新兴的P2P、众筹等互联网金融平台已开始在这些领域从传统商业银行夺取相当大的市场份额。随着市场利率自由化程度的提高，互联网金融开始向传统商业银行的主要客户群体——大型企业——渗透，这一趋势一旦加深，将直接冲击商业银行的核心业务基础。

在互联网金融与商业银行信贷业务的比较分析中，可以看到互联网金融对传统信贷业务的影响主要集中在两个关键方面。

1. 削减银行收入增长

随着互联网金融机构的崛起，许多借款人发现，与传统信贷机构相比，这些新兴平台提供了一种更为便捷、成本更低的融资渠道。传统银行在贷款审批过程中往往要求烦琐的手续和较高的成本，这使得借款人转向互联网金融机构寻求资金支持成为一种趋势。这种转变对传统银行的利差收入模式构成了明显的打击，影响了它们收入增长的潜力。

网络信贷因其审批的便捷性、放款的快速性和较低的申请门槛，对于有小额贷款需求的借款人特别有吸引力。即便这意味着相比银行贷款，他们需要支付更高的利率，许多人仍然选择了网络贷款方式，因为它能够更快速地满足他们的资金需求。此外，随着越来越多的网络贷款平台通过线上和线下渠道吸引社会上闲散的流动性资金，银行的存款业务也遭遇到了挑战。这些平台往往能提供更高的收益率来吸引存款，从而削弱了银行吸引和保持存款的能力。

在当前金融市场普遍面临流动性短缺的背景下，商业银行发现自己需要支付更高的成本来吸引和保持资金。同时，随着国内资本市场的快速发展，直接融资成为越来越多企业的首选，这进一步减轻了企业对银行间接融资的依赖。这一趋势不仅减少了银行的贷款业务量，还增加了银行资金成本，从而压缩了银行的利润空间。

2. 金融脱媒

互联网信贷凭借其固有的优势，为金融市场带来了前所未有的变革，这是传统银行难以匹敌的。这种变革促使传统金融机构开始失去其在市场上的主导地位，并引发了金融去中介化的进程。传统商业银行之所以诞生，是因为社会分工的发展和信息不对称导致的融资匹配困难。银行能够成为有效的金融中介，既得益于其规模化经营和支付中介地位带来的资金成本降低，也依赖银行长期累积的专业信息处理和风险管理能力，这些都有助于降低因信息不对称造成的潜在风险。

然而，互联网信贷的出现，通过其供需双方直接在线交易的典型特征，颠覆了传统的贷款模式。在互联网金融盛行之前，个人贷款通常依赖于金融中介，即储户将资金存入商业银行，由银行统一贷出。互联网金融的发展改变了这一过程，使得出借人能够通过借贷平台直接选择借款人，实现资金的直接配对，而平台则主要负责建立交易制度，确保交易的顺利进行。

在这个新模式下，资金供需双方在数量和期限上的匹配显然优于传统的金融中介模式。资金的支付大多由第三方支付平台处理，虽然在效率上可能略逊于银行，但跨行资金管理的成本更低。此外，互联网信贷领域的风险管理，虽然不如传统银行那样专业，但借贷双方可以利用搜索引擎、社交网络、第三方交易平台等工具进行信息收集和分析。通过将贷款人的资金分散投向多个借款人，降低单一投资的风险。

这样的变化导致了传统银行业的专业性在某种程度上被淡化，而面向客户的信贷交易流程变得更加便捷、顺畅和透明。互联网信贷的兴起不仅挑战了传统银行的业务模式，也促进了金融服务的创新，提高了市场的效率。

二、传统支付方式受第三方支付平台的影响分析

网络金融的兴起对传统金融行业造成了深远的冲击，这种冲击不止局限于银行的基本存贷款业务，支付和结算等中间业务同样面临来自互联网支付模式的强大挑战。目前，随着我国利率市场化的逐步推进，传统商业银行依赖的利差收入开始收窄，使得中间业务的重要性日益显著。与此同时，互联网金融通过持续的创新，将业务范围拓展到了传统商业银行的中间业务领域，大力削减传统银行在这一领域的市场份额。因此，本节在讨论互联网金融的支付手段时，将重点分析第三方支付的发展及其对传统金融行业造成的影响，突出传统金融行业创新发展的必要性。

（一）第三方支付概况

1. 第三方支付的定义

第三方支付由具备高信誉和一定能力的非金融机构提供，通过与银行签订合约并接入其支付结算系统，作为中介为支付双方提供便捷的金融服务，其基本流程如图3-2所示。[①]这类支付机构被称为"第三方"是因为它们并不具备资金的所有权，而是担任资金转移的角色。

---

① 高婉莹：《第三方支付对我国商业银行中间业务的影响研究》，硕士学位论文，山西财经大学金融学系，2023。

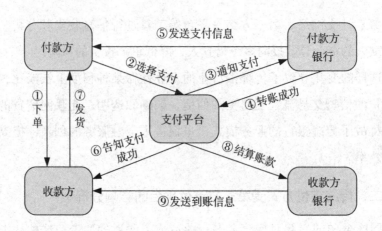

图 3-2　第三方支付基本流程

第三方支付相较于传统金融机构具有明显的三大优势。其技术优势使得消费者可以实时与卖家保持沟通联系，确保交易过程中的即时反馈和问题解决。此外，这些支付平台通常具有较高的信誉度，能够为客户资金提供有效担保，保障购买方的权益不受侵害。同时，第三方支付还提供了一个平台，有助于消除买卖双方在信息方面的不对等，这个平台不仅使双方的信息透明，还负责资金的管理与安全转移，确保交易的顺利进行。随着近年来第三方支付技术的快速发展，支付方式日益多样化，这不仅降低了使用现金的风险，也推动了国家经济的持续增长。第三方支付促进了支付服务体系向市场化、多层次的方向发展，提高了整个支付环境的效率与安全性。随着这些支付方式的成熟与完善，银行和其他传统金融机构对第三方支付的信任和认可度不断提高，从而促成了其在多个领域内的广泛合作。

这些合作不仅扩展了第三方支付的应用场景，也增强了金融市场的综合服务能力，使消费者和商家都能享受到更便捷、更安全的支付体验。

2. 第三方支付的分类

第三方支付在广义上包含了多种服务，如网络支付、预付卡的发行与接受以及银行卡收单等。本节将重点放在网络支付这一较为狭窄的范畴上，特别是互联网支付和移动支付这两个主要部分。

互联网支付是一种基于互联网的交易方式。在互联网支付普及之前，银行的在线支付方式面临着诸多挑战，如地理限制、资金安全无保障以及交易双方信息的不透明，这些因素常常导致欺诈等问题。为了解决这些问题，互联网支付技术被开发出来，并迅速普及。它不仅突破了地理和信息的限制，还提供了一种简洁、迅速且效率高的操作方式，极大地方便了人们进行在线交易。此外，它还增加了交易的安全性，为用户资金提供了保障，如财付通等服务都是这种支付方式的典型代表。

移动支付则是以手机等移动设备为交易工具，使用户能够进行支付交易。随着我国进入 5G 时代，通信范围的扩大使得只要有网络覆盖，用户就能通过第三方支付平台使用密码、生物识别技术（包括面部、声音、指纹识别）等方法快速完成支付，这极大地吸引了用户对第三方支付的使用。[①] 由于操作便捷和成本低，移动支付的规模迅速扩大。支付宝和微信支付等成了移动支付领域的主要平台。至 2021 年底，移动支付在第三方支付市场中占据了 90% 的比例，成为主流支付手段。移动支付已普遍渗透到日常生活的各个方面，无论是在城市的商场、餐馆、便利店，还是在农村的集市，收款二维码随处可见。此外，移动支付平台如支付宝极大地简化了公交出行和日常缴费的过程。在安全验证方面，生物识别技术，包括指纹和面部识别，因其便捷性和安全性，成了许多用户的首选。同时，数字密码仍然被一部分用户采用，以保障交易的安全性。这些技术的应用提高了支付过程的效率和安全，使得移动支付成为现代生活的一个重要组成部分。

---

① 高婉莹：《第三方支付对我国商业银行中间业务的影响研究》，硕士学位论文，山西财经大学金融学系，2023。

3. 第三方支付的特点

（1）高效性。第三方支付的高效性主要得益于坚实的技术基础。通过整合互联网和人工智能等先进技术，这种支付方式使得通过电脑和手机等设备在线处理业务成为可能。与传统金融机构相比，第三方支付平台突破了时间和空间的限制，用户无论何时何地都能进行交易和支付等金融操作。这种技术的运用不仅显著提升了办理各类业务的效率，还为用户和平台节约了时间和成本。用户可以迅速完成交易，无须等待银行营业时间或前往实体地点。此外，第三方支付减少了处理过程中的物理文件，降低了因手动错误而产生的风险，进一步提高了交易的安全性和可靠性。第三方支付平台的数据处理能力极大增强了其服务的个性化。通过分析用户的消费习惯和偏好，这些平台能够提供更为精准的个性化推荐和服务，从而提升用户体验和满意度。同时，人工智能技术在防欺诈方面的应用增强了交易的安全性，通过实时监控和分析交易模式，能有效地识别和预防潜在的欺诈行为。

（2）普惠性。一方面，第三方支付的普惠特性主要表现在服务对象的广泛性和对各个行业的普遍覆盖，特别是在增强对中小微企业的支持方面，有效激活了市场的活力。中小微企业通常有多样化的需求，但由于资质限制，往往不容易获得传统银行的关注与支持。在这种背景下，第三方支付平台发挥了关键作用，特别是对于个体农业、零售等行业，它们提供了门槛低、成本低的信贷产品。这些产品设计考虑了这些行业和企业的特殊需求和现实困境，使它们能够以较低的成本获取资金，从而解决了资金短缺的问题。通过这种方式，第三方支付平台不仅帮助这些企业解决了流动资金的难题，还促进了其业务的发展和市场的扩展。

从另一方面来说，第三方支付的灵活性和便捷性使其成为特别适合中小微企业的金融工具。这些企业借助第三方支付能够更快地响应市场变化，提高交易效率，避免因金融服务不足而错失商业机会的情况。第三方支付的普及还促进了金融服务的创新，使得更多的非传统金融产品和服务能够进入市场，进一步丰富了金融生态系统。

（3）去金融中介化。在传统金融市场中，资金流动效率往往因商业银行等金融中介的介入而变得低下且成本高昂。第三方支付机构通过提供电子商务小额贷款和消费贷款等服务，极大地简化了投融资流程。这种方式使资金需求方与供给方能够快速且高效地实现对接，有效减少了中介的环节。通过直接对接，第三方支付不仅实现了资金的直接流通，还显著提升了资金的使用效率。这一改变规避了传统模式下的多个弊端，如处理时间长、手续烦琐及成本高等问题，使得资金能够更流畅地在需求与供应之间流动。第三方支付利用这一优势不仅提高了整体金融效率，还为资金使用方和提供方带来了便利。对于小额贷款和消费贷款的用户而言，他们可以通过简化的流程快速获得所需资金，而资金提供者也能够通过这一平台高效地分配资源，达到其投资的最优化。在强大的技术支持背景下，第三方支付平台还通过技术手段如在线平台和移动应用等，提供更透明、更快捷的服务，使得所有交易参与者都能在一个更开放、更便捷的环境中操作。这种方式不仅优化了用户体验，也推动了整个金融行业的现代化和技术革新。

（4）解决交易纠纷。相较于传统的网上银行交易，第三方支付平台通过提供详尽的交易记录，有效地解决了买卖双方在信息不对称方面的问题。这些详细的记录不仅包括交易的金额和时间，还涵盖了参与方的具体信息和交易条件，使得双方在交易过程中的透明度大幅提高。在交易过程中，无论出现任何纠纷，第三方支付平台都能够迅速利用这些详尽的交易记录进行调解。这种迅速的响应机制大大降低了交易过程中可能出现的风险，并有效保护了客户的权益。例如：当一方声称交易未按约定执行时，平台可以迅速查阅相关的交易细节，判断情况的真实性，从而作出公正的判断和处理。第三方支付凭借这种能力，显著增强了客户对平台的信心。交易的每一个细节都被记录并且在需要时能够被公正地审查，客户更加愿意通过这些平台进行交易，从而减少了担忧。这种信任是第三方支付平台的重要资产，它不仅吸引了更多的用户，也促进了更多的交易活动。因此，第三方支付平台的详尽交易记录不仅提供了一个更安全和透明的交易环境，也通过减少信息不对称的情况和提供有效的纠纷调解，促进了交易的顺利完成。

4. 第三方支付发展的现实状况

（1）萌芽期（1995—2002 年）。中国自 1995 年开始探索第三方支付领域，当时邮局担当起了这一角色的初步尝试。随着电子商务平台的迅速发展以及在线交易数量的增加，确保交易双方能够顺利完成交易成了一个日益突出的挑战。为应对这一需求，第三方支付服务开始逐步发展起来。特别是在 1998 年，随着首都电子商务工程的启动，中国的第三方支付领域见证了更多创新服务的出现。第三方支付服务提供商开始出现，它们主要为电子商务网站提供支付网关服务，帮助处理在线交易。这一时期的服务主要解决了网上支付的技术和安全问题，为电子商务的交易提供了便捷和保障。

在这一阶段的早期发展中，第三方支付行业由于规模相对较小，并未受到监管机构的重点关注。这导致该行业在较长时间内处于一种相对自由发展且缺乏监管的状态。这种状态为行业的初步探索和创新提供了空间，但也带来了一定的风险和挑战，尤其是在交易安全和消费者保护方面。

（2）发展成长期（2003—2009 年）。随着网络通信技术的持续进步和智能手机的普及，公众对在线支付的需求不断增长。特别是在 2003 年，支付宝推出了"担保交易"服务，这项创新有效解决了在线交易中的信用问题，保证了交易双方的利益，从而确保交易的顺畅进行。此举不仅增强了消费者的信心，也极大地推动了电子商务的发展和扩展。随着市场对在线支付的需求上升，大量互联网支付公司相继涌现，这加剧了市场内的竞争。在这种竞争环境下，各支付公司都开始利用自身的技术和市场优势进行深入的市场分析，不断开辟新的业务领域。这些公司的业务扩展已不局限于传统的 B2C 市场，也不局限于淘宝等电子商务平台的交易处理。

在此背景下，第三方支付逐渐成为电子商务中的优选支付解决方案。其用户基数和交易量的持续增长显著，盈利模式也开始多样化。除了传统的服务费用，第三方支付公司还开始探索通过管理用户资金沉淀获利的商业模式，如提供短期理财产品等。然而，随着业务范围的扩大，第三方支付所引入的某些新业务也带来了一定的金融风险。这些风险不仅关乎个别公司的操作安全，更涉及整个金融市场的稳定性。因此，这一情况引起了国家监管部门的高度关注。为了避免由第三方支付业务扩展带来的风险，国家开始加强对该领域的监管。监管措施包括但不限于增强资金流的透明度、强化反洗钱和反欺诈法规的执行力度以及确保消费者利益得到充分保护。

（3）成熟规范期（2010 年至今）。随着智能手机和网络通信技术的广泛应用，第三方支付行业见证了交易量的迅速增长和支付方式的多样化。最初，互联网支付占据了市场主流，但随后移动支付的兴起迅速改变了支付行业的格局。代表性的移动支付平台如支付宝、微信支付、百度钱包、云闪付和京东金融等，成为市场的主要参与者。随着越来越多的移动支付公司进入市场，第三方支付行业的竞争日益加剧。为了占据更大的市场份额，各公司不断进行技术创新，并拓展其业务范围，以吸引更多的用户和满足不断变化的消费者需求。在这种竞争激烈的市场环境中，公司之间争相提供更便捷、更安全的支付解决方案以及更丰富的金融产品服务。

在监管方面，2010 年《非金融机构支付服务管理办法》及其实施细则的发布，标志着中国央行开始正式将第三方支付机构纳入监管体系。这一政策的实施意味着第三方支付机构必须满足一定的条件，并获得相应的牌照，才能合法提供支付服务。2011年，央行授予了第一批第三方支付牌照，这不仅是对行业规范的一种强化，也是对市场秩序的一种保障。这些监管措施确保了支付市场的健康发展，强调了合法运营的重要性。第三方支付机构在运营过程中必须遵守国家的相关法规。如若存在违法行为，这些机构将面临监管部门的处罚，严重者可能吊销牌照。这样的监管措施不仅保护了消费者的利益，也维护了支付市场的稳定和透明。

（二）第三方支付对银行支付的冲击

1. 对支付业务办理渠道所产生的影响分析

在现代支付系统中，传统银行支付方式如网银、手机银行和POS机等，尽管覆盖广泛，但在操作上不免存在一些不便。例如：用户在使用这些服务时，常常需要亲自前往银行柜台或ATM机，或是在进行交易时输入烦琐的密保口令。这不仅耗费用户的时间，也增强了操作的复杂性。与此同时，第三方支付平台的崛起为支付市场带来了革新。这些平台如支付宝、微信支付和Apple Pay等，提供了更加灵活和多样化的支付选项，如扫码支付、在线转账及信用卡还款等。用户可以根据个人需求选择最合适的支付方式，享受快捷和便利的支付体验。更重要的是，第三方支付平台还推出了多种增值服务，如积分奖励、折扣优惠等，这些服务不仅丰富了用户的支付选择，也显著提升了支付过程中的用户体验，因而吸引了大量消费者。

这种支付方式的便捷性和增值服务的吸引力，减少了消费者对传统商业银行的依赖，对银行的传统支付渠道造成了明显的冲击。例如：通过第三方支付平台，消费者可以轻松管理多张信用卡和还款，无须亲自前往银行进行还款操作，也无须担心信用卡逾期的问题。据统计，2017年至2019年间，第三方支付的线下收单业务显示出显著的增长趋势，这对银行的传统支付业务形成了较大的竞争压力，具体情况如表 3-1 所示。然而，进入 2020 年，受全球疫情的影响，线下消费和实体经济普遍受到重创。据 2022 年第二季度的数据显示，全国联网 POS 机具的数量比前一季度下降了 66.38 万台，非银行支付机构的银行卡收单业务交易笔数同比下降了 0.97%，交易金额同比下降了 4.02%。这一数据反映出第三方支付的线下收单业务也遭受了严重冲击，这在一定程度上减缓了其对银行传统支付业务的竞争压力。

表 3-1　2017—2019 年第三方支付平台的线下收单业务规模

年份	线下收单规模（万亿元）	行业规模增速
2016	32	/
2017	44	38%
2018	55	25%
2019	64	16%

数据来源：华安证券研究报告

尽管如此，第三方支付平台的灵活性和增值服务仍然持续吸引着广大用户。未来，随着技术的不断进步和用户需求的多样化，这些平台可能会继续扩展其业务范围和服务深度，为用户提供更全面、更便捷的支付解决方案。对此，传统银行需要适时调整策略，通过技术创新和服务优化，提高自身竞争力，以应对不断变化的市场环境和消费者需求。

2. 对支付业务客户数量所产生的影响分析

第三方支付平台借助电子商务平台和各类网站积累了大量客户群体，这些客户对平台的忠诚度较高。相较于传统银行支付方式，第三方支付提供了更优质的用户体验，其信息公开透明、服务费用较低，且经营策略始终以满足用户需求为核心。这种以用户为中心的服务模式使得第三方支付平台在日常生活中获得了广泛的青睐。

第三方支付与商业银行的主要业务在支付和收款服务方面存在一定的重叠。在这些领域内，第三方支付通过提供更为便捷的服务对商业银行的支付业务造成了明显的分流效应。例如：支付宝这样的第三方支付机构，不仅可以用于个人付款、信用卡还款、转账，还涵盖了保险购买、生活费用支付及企业结算服务等多种功能。尽管这些支付机构没有设立实体账户的资质，但它们通过跨行结算账户机制与国内几乎所有银行接口对接，使得商户可以自由选择服务，从而提供了比传统商业银行更为灵活多样的服务。商业银行在提供服务时往往缺乏个性化，其中间业务收入因第三方支付机构的分散而受到冲击，手机银行的用户数量也相应减少。在手机银行领域，第三方支付机构由于其简单灵活的操作方式和广泛的服务类型，成为许多用户的首选。进一步来看，在银行卡业务领域，随着移动支付的广泛应用，线下扫码支付已逐渐成为小额高频交易的主流方式。这种支付方式的兴起直接影响了商业银行的借记卡发卡交易规模，越来越多的支付结算交易流向了第三方支付平台。此外，随着第三方支付的普及，银行卡取现及消费的交易增速也显示出逐年下降的趋势，具体情况如表3-2所示。

表3-2 2016—2021年中国支付业务交易规模统计

年份	非现金支付业务（万亿元）	银行卡交易规模（万亿元）	电子支付业务（万亿元）	移动支付业务（万亿元）
2016	3687	742	2494	157.55
2017	3760	762	2419	202.93
2018	3769	862	2540	277.39

续　表

年份	非现金支付业务（万亿元）	银行卡交易规模（万亿元）	电子支付业务（万亿元）	移动支付业务（万亿元）
2019	3779	886	2607	347.11
2020	4013	888	2712	432.16
2021	4416	1002	2976	526.98

数据来源：东方证券行研报告

这些变化显示，第三方支付平台不仅在技术上提供了更为先进的解决方案，还在服务模式上更加符合现代消费者的需求。商业银行面临的挑战在于创新和适应这种变化，提供能与第三方支付平台竞争的服务。银行可以考虑提高自身服务的便捷性和个性化，或者在某些服务领域与第三方支付平台合作，以利用各自的优势。

3. 对支付业务交易量和收入所产生的影响分析

2015 年，《非银行支付机构网络支付管理办法》的颁布为第三方支付机构提供了正式的政策支持，使得这些机构得以在更加规范的环境中迅速发展。此后，这些机构的发展势头持续加快，2021 年，中国第三方支付交易数量已突破 1 万亿笔，较前一年增长了 24.3%。如表 3-3 所示，第三方支付的交易金额从 2016 年的 131.2 万亿元飙升至 2022 年的 487.1万亿元，显示出惊人的增长速度。

表 3-3　2016—2022 年中国第三方综合支付交易规模及结构

年份	第三方综合支付交易规模（万亿元）	第三方综合支付交易规模增速（％）	第三方企业支付交易规模占比（％）
2016	131.2	/	/

年份	第三方综合支付交易规模（万亿元）	第三方综合支付交易规模增速（%）	第三方企业支付交易规模占比（%）
2017	212.1	61.7%	40.4%
2018	270.8	27.7%	39.1%
2019	323.2	19.3%	37.8%
2020	373.4	15.5%	37.5%
2021	449.0	20.3%	37.4%
2022	487.1	8.5%	35.3%

数据来源：艾瑞咨询

第三方支付平台的兴起为支付方式带来了更多的多样性和便捷性，使得消费者能够根据个人需求选择最合适的支付工具，这不仅提升了用户体验，也显著增加了市场交易的总量。这种支付方式的普及对商业银行的传统支付业务构成了直接的冲击，因为越来越多的消费者开始偏好使用快捷、简便的第三方支付方法。尽管如此，第三方支付平台的技术简便性和交易流程的易用性也为小微企业、个体户和小商家提供了更易接入市场的机会。这一变化使得支付市场的规模得以进一步扩大，也为商业银行开辟了新的业务增长点和合作机会。商业银行虽然在传统支付领域受到挤压，但也获得了通过新技术和新服务进入新市场领域的机会。从收入角度来看，第三方支付平台的崛起确实减少了商业银行在借记卡等传统支付工具的业务量，这直接影响了银行的手续费收入。随着支付市场的整体扩张，虽然商业银行的总支付业务量有所上升，但其在支付市场中的份额因第三方支付的竞争而有所下降，进而影响了银行收入增长的幅度。此外，随着线上支付的便捷性日益增强，部分传统的线下支付方式，如使用 ATM 机进行的取现和转账操作的业务量有了明显的下降。例如：中国建设银行的 ATM 设备在处理跨行交易时，受到了显著影响，反映出消费者行为的变化和市场需求的转移。

由此可知，第三方支付的兴起及其快速发展在多方面对商业银行的业务模式和收入结构产生了深远的影响。一方面，它们通过提供多样化和便捷化的支付解决方案，满足了消费者对效率和便捷性的需求，促进了支付行业的整体进步。另一方面，这些支付平台的流行也促使商业银行必须重新调整其业务策略，以适应数字化支付的趋势和市场变化。商业银行应对策略包括提升自身技术能力，开发更符合现代消费者需求的支付产品，如移动支付解决方案和个性化金融服务。同时，银行可以探索与第三方支付平台的合作，共同开发新的市场机会，利用各自的优势来提升市场竞争力。

4. 对支付业务线上模式所产生的影响分析

第三方支付公司通过创新的服务模式和先进的技术手段，已经逐渐形成了自身的竞争优势和独特特色。这些公司不仅重新设计了支付流程，也影响了传统的银行业务模式，带来了业务量和客户的分流。更重要的是，第三方支付的快速发展引发了新的安全与监管挑战，这些挑战需要银行和监管机构共同面对。

在操作层面上，随着第三方支付平台市场的持续扩张，相关的操作风险也随之增加。第三方支付平台每天需要处理数以亿计的支付交易，这就要求它们必须具备强大的操作控制和高级的安全管理能力。如果这些平台在安全防护措施上存在缺陷，就可能导致数据泄露、支付事故等各种问题。这类问题不仅直接影响到消费者的支付体验，还可能对合作的商业银行造成间接影响，如支付业务中断或信誉受损。

在监管层面，随着第三方支付业务的蓬勃发展，监管机构也越来越重视对这些非传统金融实体的规范和监管。若第三方支付平台出现如违规收取费用、非法转移客户资金等行为，不仅会受到监管部门的严厉处罚，还可能影响到它们与商业银行之间的合作关系。此外，监管风险还可能损害银行的声誉，降低消费者对银行的信任度，进一步提升声誉风险。

在信息安全层面，由于第三方支付用户普遍选择将银行卡绑定到支付平台，这就使得用户的支付行为与银行的支付系统分离。在支付过程中，资金首先从用户的银行卡转移到第三方支付机构的平台，然后再由平台转给相应的商户。这一流程涉及用户的支付信息、个人账户信息以及银行卡信息等多个敏感数据点。资金和信息的多点流动增加了监管难度，也容易导致信息泄露或其他安全隐患，最终可能对合作的商业银行产生不利影响。

面对这些挑战，银行和监管机构需要采取多种措施确保支付生态的健康发展。首先，加强监管框架，确保所有支付平台都能遵循严格的安全标准和操作规范。同时，监管机构应加大对第三方支付平台的审查力度，确保它们在业务扩展的同时，能够严格遵守法律法规，防止违规操作。其次，商业银行需要与第三方支付平台建立更紧密的合作关系，共同开发更安全的支付技术。通过技术合作，可以提高支付系统的整体安全性，减少潜在的风险。此外，银行自身也应该加强内部的风险管理和监控系统，以更好地应对外部风险的可能性。最后，为了应对信息安全的挑战，银行和第三方支付平台应采用最新的加密技术和数据保护措施，确保所有支付交易的数据安全。此外，增强消费者对数据保护意识的教育也是减少风险的重要一环。

三、第三方理财市场及商业银行受互联网理财的影响分析

通过建立一个开放、透明且独立的平台，采用以客户为中心的思维

模式并力求减少信息不对称的情况，第三方理财平台确保了客户利益的最大化，并成功从银行那里获得了大量资源，促进了第三方理财市场的兴盛。[①]随着时间的推移，国内第三方理财行业已迅速发展成为理财市场上一个不可忽视的行业。伴随互联网金融的快速增长，第三方理财的网络化给金融行业带来了更大的冲击。互联网金融在短时间内对传统的现金管理理财产品造成了巨大冲击。

（一）互联网理财的发展

为了进一步提升用户体验，第三方支付平台不断创新，引入了一系列有趣的活动。例如：支付宝定期举办的"摇红包"和"组队领红包"活动，这些不仅增加了用户对平台的使用频次，还通过鼓励用户参与的方式，有效扩大了平台的宣传范围，并成功增加了用户群体。此外，支付宝还将小程序与公益活动相结合，推出了"喂小鸡""种树""捐鸡蛋"等活动，这些不仅增加了用户的黏性，也对公益事业作出了贡献。相较于网上银行所提供的服务，第三方支付平台能够以更低的成本实现几乎相同的功能。以支付宝为例，用户使用其进行跨行或异地转账，相比银行营业厅或网上银行高昂的费用和复杂的程序，支付宝可以免费且方便快捷地完成相同的操作。

第三方支付平台的服务不仅限于汇款。这些平台逐步取代了传统商业银行的核心功能，如结算和吸纳存款等。通过提供更加方便、快速和用户友好的服务，第三方支付正在逐渐削弱商业银行作为金融中介的角色。这一变化使得商业银行在金融领域的领导地位面临严峻的挑战。

在分析市场上的互联网理财产品时，研究显示这些产品具有几项明显的优势。显著的一点是，相比传统银行的活期储蓄产品，如宝宝类活期理财产品不仅提供了更高的利率和更佳的收益，还允许资金的灵活提

---

① 王文媛、李宇红：《刍议我国第三方理财的发展》，《会计之友》2011 第 1 期。

取及即时消费，这更符合当代消费者的消费习惯和需求。表3-4汇总了几家国内银行的活期存款利率数据，通过数据可以观察到这些利率通常仅为0.3%左右。这意味着对于活期存款账户的持有者，其从银行存款中获得的收益长期以来都相对有限。在这种背景下，互联网理财产品因其较高的收益率和灵活的资金使用方式，成为一种更加吸引人的财务管理选择。这些产品不仅弥补了传统银行产品在适应现代消费模式方面的不足，还在提供竞争力利率的同时，保持了资金的流动性，使得消费者能够随时根据个人需要进行资金调整和使用。

表3-4　各大银行活期存款利率[1]

银行	活期存款利率	银行	活期存款利率
中国建设银行	0.3%	湖北银行	0.35%
中国邮政储蓄银行	0.3%	重庆三峡银行	0.385%
中国农业银行	0.3%	天津农村商业银行	0.35%
中国工商银行	0.3%	四川银行	0.385%
交通银行	0.3%	海南银行	0.35%
招商银行	0.3%	汉口银行	0.35%
北京银行	0.3%	盛京银行	0.38%
中国民生银行	0.3%	西藏银行	0.35%
上海银行	0.3%	内蒙古银行	0.35%
广州银行	0.3%	贵阳银行	0.38%

注：以2021年1月4日当日公布的利率为参考

2013年，天弘余额宝的推出为众多客户带来了全新的选择，其提供的收益率超过了银行活期存款的利率，并支持实时支付功能，便于客户进行即时消费。网络理财因其较高的收益和灵活的取款条件，开始吸引

---

[1]　肖玉川：《第三方支付与互联网理财对商业银行创新能力的影响研究》，硕士学位论文，武汉科技大学工商管理学系，2021。

银行活期存款的资金流。在余额宝等互联网理财产品的推动下，众多银行类余额理财产品随之问世。然而，如表3-5所示，这些银行类理财产品存在一定限制，包括利率相对较低、吸引力有限以及大多数无法支持实时到账或用于即时消费等局限性，这与用户的常规消费模式不相符。[①]

表3-5 银行与互联网活期理财对比

公司	产品	年化利率	起购金额	资金到账时间
中国银行	中银活期宝	1.638%	0.01元	T+1日（1万以上）
中国工商银行	工银瑞信添益快线货币	1.51%	1元	T+1日
中国农业银行	农银快e宝	1.56%	0.01元	T+1日（1万以上）
中国邮政储蓄银行	邮政财富零钱宝	2.43%	1元	实时到账
腾讯	零钱通	2.05%	0.01元	实时到账（1万以内）、实时支付
天弘基金	天弘余额宝	2.422%	0.01元	实时到账、实时支付

注：以2020年8月15日当日公布的利率为参考

相较于传统银行的定期理财产品，互联网平台提供的定期理财产品具有更低的起投金额和投资门槛，从而能够吸引更广泛的长尾顾客群体。对长尾客户来说，银行的定期理财产品通常设定了较高的门槛，起购金额往往在一万元到两万元不等，有的甚至更高，这让许多个人投资者难以参与。而互联网理财平台提供的产品则大多数从一千元起购，更符合小额资金投资的需求。[②]

---

① 肖玉川：《第三方支付与互联网理财对商业银行创新能力的影响研究》，硕士学位论文，武汉科技大学工商管理学系，2021。
② 同上。

总体来看，互联网理财产品在市场上表现出多个显著优势。首先，这类产品具有较低的门槛和适中的起购金额，使得中低收入群体也能轻松参与投资。其次，服务成本相对较低，这主要得益于数字技术的广泛应用，理财服务无须依赖传统网点进行提供。此外，这种服务模式减少了对投资组合经理的依赖，从而有效降低了人力和运营成本。最后，利用云计算和网络技术，互联网理财能够快速准确地识别用户需求，并根据这些需求提供科学合理的理财建议。这确保了即使是长尾客户也能享受到专业的理财服务，从而进一步体现了金融服务的普惠性。这些技术的应用不仅提高了服务的效率和精准度，也使得个性化理财建议更加普及，满足了不同客户群体的具体需求。

（二）互联网理财对商业银行的影响

1. 消极影响

（1）居民储蓄意愿减弱。众所周知，银行的持续发展和核心业务依赖存款。然而，互联网理财产品由于其较高的收益率、资金支取的灵活性和较短的投资周期，已经开始吸引大量客户将他们的小额闲置资金投资于此，这对银行存款的来源构成了显著的挑战。这种影响在活期存款方面表现明显。以中国工商银行、中国交通银行和中国农业银行的个人活期存款数据为例，从图3-3中可以看出，自2010年起，这些银行的个人活期存款增长速度有了明显的减缓。特别是到了2017年，中国交通银行的个人活期存款增长甚至出现了负增长，这清楚地显示出用户对于传统活期存款的兴趣正在逐渐减退。

互联网理财产品之所以能够对银行存款构成这样的挑战，主要是因为它们提供了比传统银行产品更有吸引力的条件。这些产品不仅具备更高的回报率，还允许用户随时取用他们的资金，且通常不受长期锁定的限制。这种灵活性对于希望能够灵活管理自己资金的客户尤其重要。因此，传统银行的活期存款受到了明显的冲击，越来越多的客户转而寻求互联网理财产品作为更佳的资金管理方式。这种趋势不仅影响了银行资金的稳定性，也迫使银行必须重新思考和调整其产品和服务策略，以保持其市场竞争力。

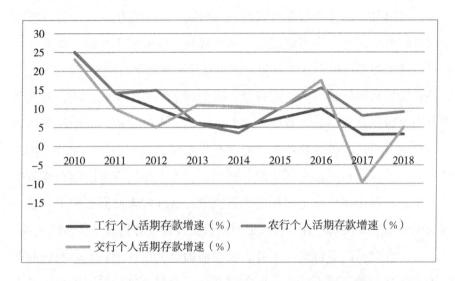

图 3-3　工行、农行、交行个人活期存款增速

（2）投资咨询服务受创。理财平台可以分为几种类型，其中包括整合了社交网络应用的社交投资平台。传统上，投资顾问服务往往仅面向少数高净值个体，使得大多数低净值投资者感觉到这种服务既陌生又难以接近。然而，社交投资平台的出现改变了这一局面，它们通过结合社交功能和投资功能，为用户创建了一个互动性强的投资环境。这类平台通常通过奖励机制吸引交易高手参与，进而吸引更广泛的投资者群体，并在此过程中收取管理费。这不仅为广大投资者提供了一个便捷的投资平台，还促进了他们与专业投资顾问之间的直接交流。另一种类型的平台是利用大数据技术的智能投资分析平台，这类平台能够根据投资者的财务状况和具体需求，运用先进的分析技术提供个性化的投资决策建议。

其主要特点包括智能化、个性化和效率化，旨在通过技术手段提升投资决策的质量和速度。

相比之下，传统银行的投资咨询服务主要依赖银行员工的财经知识和个人理财经验。这种服务方式的成本较高，服务范围受限，且分析效率相对较低。因此，当考虑到平台的权威性、咨询成本和服务效率等因素时，越来越多的用户开始偏向于使用互联网理财平台的投资咨询服务。这种转变导致传统银行的咨询投顾业务受到了明显的影响。互联网理财平台通过提供低成本、高效率的服务，满足了现代投资者对于便捷性和即时性的需求。此外，这些平台通过利用最新的技术创新，如社交媒体整合和大数据分析，不断优化服务模式，使得个体投资者能够在竞争激烈的金融市场中作出更加明智的投资决策。这些因素共同推动了互联网理财平台的快速发展，并对传统银行的投资咨询业务构成了实质性挑战。

（3）理财产品发行费用上升。在当前的金融市场中，互联网理财产品因其较高的收益率而成为一股不容忽视的力量，这种吸引力和竞争力对传统银行理财产品构成了明显的挑战。为了在激烈的理财市场中保持竞争力，银行不得不调整自己理财产品的收益率，努力与互联网理财产品的收益水平接近，目的是防止客户资金大量流失到收益率更高的互联网平台。这种策略虽然在短期内可能有效防止了客户流失，但同时意味着银行自身的利润空间变得更加有限，因为银行需要牺牲部分利润以提供更高的理财产品收益率给客户。

2. 积极影响

（1）培养潜在的理财客户。银行的理财产品通常设置了较高的门槛，因此它们主要服务于拥有较多财富的中高端客户。相比之下，互联网理财产品则以较低的入门门槛和较强的流动性为特点，吸引了那些资本较少但富有理财意识的中青年群体。相关报告显示，在互联网理财用户中，19至30岁的年轻人占了较大比例，大约57%，这一群体通常具有较高的教育水平，其中有本科及以上学历的比例约为77%。这表明，受过良好教育的年轻人特别青睐互联网理财产品，而这些年轻人无疑是未来理财市场的重要力量。通过积极参与互联网理财平台，年轻人不仅可以逐步建立和提升自己的理财观念和能力，还能不断丰富自己的理财需求。这一过程为银行提供了机会：银行可以通过了解年轻理财群体的具体需求和偏好，进而开展针对这一群体的产品创新和服务优化，吸引他们成为银行理财的客户。互联网理财的普及有助于提升中青年群体的理财水平，为银行培养出一批成熟的潜在理财客户，这对于优化和改善银行客户结构具有积极的意义。

因此，互联网理财的兴起不仅改变了理财市场的竞争格局，也为传统银行提供了新的思路和机遇。银行能够挖掘中青年理财群体的价值并进行产品创新，将互联网理财的客户群体转化为自己的客户，进而拓宽服务范围和提升服务质量。这一转化过程不仅有利于银行理财业务的持续发展，也促进了整个金融市场的健康发展。通过对互联网理财市场的不断观察和研究，银行可以洞察新兴市场趋势和客户需求的变化，从而更好地改进自己的服务和产品，以适应市场的新要求。此外，银行可以利用自身的资源和专业知识，为年轻客户提供更为深入和专业的理财咨询服务。通过这些措施，银行不仅能够保持与新兴市场的同步，还能够在竞争日益激烈的金融服务市场中保持领先地位。最终，互联网理财平台和传统银行之间的协同发展可以形成一个更为广泛和多样化的金融服务体系，更好地服务于不同需求和背景的客户群体。这种多元化的服务体系不仅能满足客户的各种需求，还能增强金融市场的稳定性和韧性，促进整个经济体的持续健康发展。

（2）加速利率市场化进程。在过去，银行通过设定较高的理财产品准入条件来稳定其存款规模并控制资金成本，导致大量大众客户的小额资金主要流向储蓄存款。这种做法使得银行能够在一定程度上单方面决定利率水平。然而，随着互联网理财模式的兴起，这一局面开始发生变化。互联网理财通过提供更高的收益率和更低的门槛，直接对银行的存款业务形成冲击，挑战了银行在利率定价上的主导地位。这迫使银行不得不考虑市场的实际情况以及自身的经营状态，在国家规定的利率浮动范围内，更加合理地制定自己的利率政策，以吸引和保留大众存款。

通过这种方式，互联网理财的发展不仅对银行传统的存款和理财业务模式构成了挑战，也促使银行业和整个金融市场向着利率市场化的方向迈进。利率市场化意味着利率的决定更多依赖于市场供求关系，而不是单一机构的政策或者决定。这有助于形成更加合理和公平的资金市场秩序，让市场机制在资源配置中发挥更大的作用，从而提高整个金融市场的效率和活力。因此，互联网理财的出现和普及，可以看作推动利率市场化进程的一个重要因素，它有助于加速这一进程，促进金融市场的健康发展。

（3）扩展银行的销售渠道。传统银行理财产品的营销策略，包括柜台促销、定向促销、营业地推广和电话营销等，展示出多方面的不足。首先，这些传统的营销方法可能因为缺乏精准的市场细分和对潜在客户的深入分析，难以准确把握客户的真实需求，这导致理财产品的营销效果常常不尽如人意。其次，由于银行中间业务的收入空间本身有限，加上较高的营销人员成本，银行理财业务的利润空间被进一步压缩。最后，依赖人际关系的营销模式可能导致某些销售人员为了提升个人业绩而向客户提供回扣，这种基于利益交换的营销策略不仅难以建立与客户间的长期稳定关系，也不利于业务的持续发展。近十年的观察显示，几家大型银行在内地分支机构的数量最初呈增长趋势，但随后逐渐开始下降，近几年甚至出现了负增长。这种变化表明银行已经开始转变其营销策略，不再单纯依赖增加网点数量来进行业务推广。这一现象显著反映出银行营销理念和渠道正在经历一场重大转变，表明银行正在逐步寻求更加有效、成本更低、能够建立长期客户关系的新型营销渠道和方法。

这种转变可能包括更多地依赖数字化和互联网技术，以实现更加个性化、精准化的客户服务。数字化营销不仅可以提供更精准的客户数据分析，从而更好地定位产品和服务，还可以通过各种在线平台直接与客户互动，提高服务的即时性和互动性。例如：通过社交媒体和移动应用程序，银行能够实时响应客户的需求，同时收集重要的客户反馈，以优化产品和服务。此外，数字化营销策略还带来成本效益，减少了传统营销方法中常见的高昂营销和人力成本。通过自动化工具和智能系统，银行可以实现营销活动的自动化，如自动发送定制的营销邮件和推送通知，这些都有助于降低长期的营运成本。通过这些新的策略，银行不仅能提高营销效率，还能增强客户满意度和忠诚度。客户满意度的提升来自向客户提供更符合其需求的定制化服务和产品，而忠诚度的增强则是通过持续的客户关系管理和优质的客户体验实现的。这些都是传统营销方法难以比拟的优势。

随着互联网理财的兴起，银行已经开始利用手机银行、网上银行等线上渠道进行理财业务的数字化转型，一些银行更是尝试了直销银行的新模式。同时，银行在积极探索利用大数据技术进行精准营销，通过建立客户需求和偏好的详细画像，精确地定位潜在的理财客户，从而实现营销活动的精准定向。由此可见，互联网理财的扩展不仅推动了银行营销渠道的多样化，还有助于降低营销成本，提高客户获取信息的效率和准确性。[①]

在当前迅速变化的时代背景下，图3-4展示了互联网金融与银行的竞争关系。互联网金融通过其特有的服务智能化、客户关系社交化、平

---

① 肖玉川：《第三方支付与互联网理财对商业银行创新能力的影响研究》，硕士学位论文，武汉科技大学工商管理学系，2021。

台运营数字化等特征，挑战并逐步颠覆了传统金融的经营思路和模式。这一变化不仅为传统银行业带来了挑战，也促使整个金融行业朝着更加数字化、智能化的方向发展变革。通过深入分析互联网金融的这些影响，可以为未来更深入的实证研究和分析提供坚实的理论基础，从而更好地理解互联网金融是如何改变并重新塑造银行业未来的。

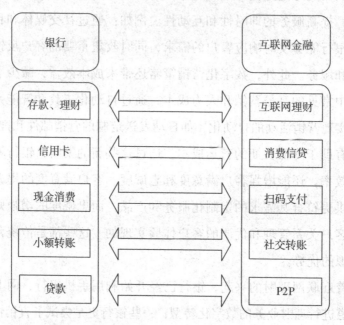

图 3-4 互联网金融与银行的竞争

第二节 金融产业创新发展的政策驱动

一、地方政府的干预与决策

地方政府的干预在金融产业创新发展的路径上扮演了一个复杂角色，如图 3-5 所示，具有潜在的正反两面效应。一方面，此类干预可能会限制该地区金融领域的优质发展。为应对财政挑战，地方政府可能会利用金融机构的贷款决策、财政补助和利率优惠等手段进行干预。这种干预通常以政府的意图或宏观经济调控为中心，干扰了市场在金融资源分配中的自然作用，从而破坏了金融资源分配的效率和金融市场的稳定性。更具体地说，地方政府可能会通过影响当地金融机构的贷款决策来争夺金融资源，目的是刺激经济发展和缓解财政压力，这在以银行为主导的金融体系中尤为常见。[①]此类干预降低了金融资源的配置效率。另外，通过优惠利率来争夺资源的做法削弱了金融市场在资本配置中的效率。政府对金融资源分配的直接干预抑制了金融的宏观功能，进一步减弱了金融发展对实体经济的促进效果。

另一方面，地方政府的介入同样有可能成为推动地区金融高质量发展的重要因素。通过积极的干预措施，地方政府能够激励金融创新，从而有助于整体金融领域的质量提升。这种干预在资源配置不够完善的情况下尤为重要，可以视作一种制度上的补充。地方政府能通过制定和执行各类金融政策，有效地指导资源配置，优化其结构与规模，确保金融资源能更有效地服务于实体经济的需要。此外，地方政府在推动普惠金融、绿色金融、科技金融及政策性金融等特色金融领域的发展中扮演了不可替代的角色。这些领域的发展不仅对实体经济的高质量成长至关重要，还在很大程度上依赖于政府的积极参与和支持。政府不仅是金融发展过程中的推动者和监管者，也是政策的设计者与实施者，展现出其多样化的作用。通过如补贴、优惠利率等有效的行政和政策手段，地方政府为上述金融领域的发展注入动力，提供必要的支持与保障。

以普惠金融的发展为例，考虑到其面临的长周期、高成本、大风险

---

① 封艳红：《金融高质量发展的测度及影响因素研究》，博士学位论文，广州大学统计学系，2021。

和低利润特点，金融机构可能会出于商业和风险考虑，对此类领域持谨慎态度。在这种情况下，政府的干预，如转移支付等行政措施，能够为普惠金融的发展营造一个更加有利的环境。这不仅有助于普惠金融服务的扩展，也促进了整个金融市场的多元化和实体经济的包容性增长。通过这种方式，地方政府的干预不仅补充了市场机制的不足，还通过金融创新和政策支持，促进了地区金融高质量的发展。

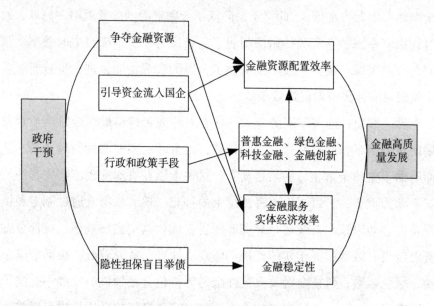

图 3-5　政府干预影响金融高质量发展的路径

二、财政分权的优势

财政分权涉及中央政府向地方政府转移一定的财政自主权，使得地方政府能够独立进行财政收支的管理，包括债务规划和税务管理等活动。这一机制能够通过两种主要方式对金融产业的创新发展产生影响：

（一）灵活化地方政府干预的途径

财政分权体制对地方政府在金融高质量发展中的介入具有复杂的双

重影响。一方面，自 1994 年财政分权改革以来，大部分财政支出职责已转交给地方政府，其有更多的财政资金支配权。这种转变显著增强了地方政府的干预能力及其操作空间，从而对金融高质量的发展产生了直接影响。通过掌握更多的财政资源，地方政府能够根据自身的地区特性和发展需求，进行独立的财政决策，强化了地方利益的独立性。然而，这种体制下的一个关键问题是，虽然责任和支出大多下放到了地方，财源却相对集中在中央，导致地方政府在财税权方面相对较弱。这种结构不利于地方政府的财政收入，可以激励它们寻求其他途径以增加财政收入，如通过干预金融活动来提高财政收入。地方政府的这种行为是出于职权与财权一致的目标，以最大化其产出。此外，财政分权还为地方政府提供了较大的经济资源支配权和较多的自由裁量权，但信息不对称的情况又提高了金融监管的难度，这为政府进行金融干预提供了机遇。

另一方面，财政分权的加深也可能降低政府对金融资源配置的直接干预，从而对金融资源配置的效率产生积极影响。当地方政府有较高的财政自给率时，它们拥有更强的财政实力，可以依赖自身的收入来满足资金需求。在这种情况下，地方政府对金融机构资金运用的直接干预可能会减少，从而为金融发展营造了一个更为宽松的市场环境。这样的环境有利于提升金融资源配置的效率，因为金融机构能够在较少政府干预的情况下，更加灵活地响应市场需求和调整资源配置。

（二）财政分权对地区金融发展的多维影响：结构、资源配置与稳定性

中央与地方政府间金融分权的实践涉及对金融资源的控制权和监督管理权等关键权利的分配，旨在提高国家资源配置的效率和推动国家经济目标的实现。① 这种分权机制能够推动中央和地方之间的权力平衡，以适应各自的经济发展需求，具体影响路径如图3-6所示。

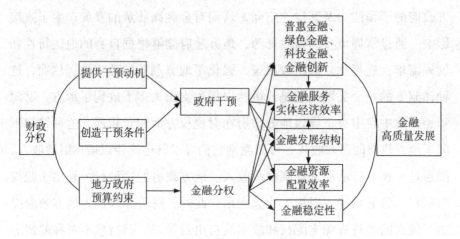

图3-6　财政分权影响金融高质量发展的路径

财政分权对金融分权的影响显著，其中包括市场资金的流动方式及地方政府对金融资源的控制能力。财政分权加强了对地方政府的预算约束，促使它们更积极地干预地区金融分权的实践。这种干预不仅影响金融资源的有效配置，也对金融市场的稳定性和发展质量造成影响。具体来说，金融分权对金融稳定性的影响体现在多个方面。金融机构可能出现违规审批和操作，地方政府可能因缺乏有效监管而盲目增加债务，这些都可能引发金融市场的不稳定和增加金融风险。信贷扩张的加速进一步提高了这种不稳定性，过度的信贷扩张通过降低贷款门槛增加了违约风险，导致金融风险的累积。

金融分权对金融资源配置的效率具有显著影响。它通过解决信息不对称问题，提高金融资源配置的效率，进而促进资源在经济中的有效流

① 文竹：《地方政府债务的金融风险分析与防范研究》，硕士学位论文，首都经济贸易大学财政学系，2020。

动和利用。金融分权还正面影响金融结构的优化和金融服务于实体经济的有效性。具体而言，金融分权通过支持地方企业上市，提高地方股权融资的比例。这不仅优化了金融结构，还增强了金融服务于实体经济的能力，从而促进了经济的均衡与持续发展。通过这种机制，地方政府获得更多自主权，使其能够根据本地经济状况制定更加适合的金融政策。这样的授权不仅增强了地方政府应对经济特定需求的能力，也有利于在全国范围内推动高质量的金融发展。此外，金融分权允许地方政府根据地方经济的具体需求和特点，灵活地调整和实施金融政策，有助于消除传统"一刀切"政策的局限性。这种区域性的策略定制使得金融政策更加精准，有效地支持了地方特定行业或领域的发展，加强了金融资源在这些区域的投入和回报效率。在此基础上，金融分权还促进了金融创新和竞争，因为地方政府在追求吸引和保持资本时，更加注重创新和改进金融服务，以满足市场和企业的需求。这种竞争和创新推动了金融产品和服务的多样化，提升了整体金融市场的活力和竞争力。

第三节　金融产业应用数字技术创新发展的优势

一、科技的进步

在当今金融领域，信息化及科技革新已经成为关键的推动力量。随着信息科技手段的不断涌现与发展，金融资源的配置效率得到了显著优化，也极大地增强了金融服务的经济能力和效率。这种技术进步对投资者而言带来了更有效的投资决策过程。具体来说，信息技术的应用解决了信息不对称的问题，为投资者提供了更丰富的投资选择。此外，技术的应用还帮助金融机构降低了提供服务的成本，并增强了机构与客户之间信息的透明度，从而对投资者的决策效率和金融服务的整体经济效率产生了持续的正面影响。

信息技术和创新，尤其是"互联网＋金融"的模式，在金融行业的高质量发展中扮演着决定性的角色。通过深入的数据分析，这一模式能够准确挖掘客户需求，并为他们定制合适的金融产品和服务。这不仅提高了资源配置的效率，也推动了金融服务与产品的创新。具体而言，"互联网＋金融"主要体现在两个方面：一方面是将互联网技术广泛应用于传统金融业务，如将柜台服务转换为在线操作，提供网络销售理财产品和在线金融服务，另一方面是推动互联网企业进入金融领域，开展网络融资和理财等活动。这些变革不仅帮助金融业实现了转型和升级，提高了金融服务的质量，还有效降低了金融风险。此外，信息化还极大促进了金融行业在其他方面的创新发展。通过这种技术的整合，金融行业能够更好地适应现代经济的需求，提供更为高效、透明且安全的服务。信息化不仅改变了金融产品的销售和服务方式，还通过数据驱动的决策支持系统，使得金融服务更加精准地对接用户需求，增强了用户体验。同时，互联网金融的兴起为传统金融机构带来了新的竞争对手，促使它们不断创新技术和服务模式，以维持在市场中的竞争力。

（一）推动普惠金融的发展

信息化在推动普惠金融发展方面发挥着至关重要的作用。随着移动设备和互联网等现代化工具变得越来越普及，金融机构有了更强的能力来降低交易成本，同时能够推出更多创新的服务、产品和经营模式。这些创新不仅减少了金融服务的成本，也使得普惠金融服务的范围得到了显著扩大，从而使更广泛的社会群体能够享受到金融服务的便利。[1]

---

① 封艳红：《金融高质量发展的测度及影响因素研究》，博士学位论文，广州大学统计学系，2021。

互联网作为信息化的核心工具之一，其固有的多个特性在促进普惠金融发展方面起到了显著作用。互联网的开放性和平等性打破了地理和社会阶层的界限，让来自不同地区、不同社会阶层的人都能接触到金融服务，从而扩大了普惠金融的覆盖面积。这种无处不在的金融服务访问性，极大地提高了金融服务的可获得性，使得每个人都有机会利用金融工具来改善自己的经济状况。

此外，互联网的协作性特征促进了金融机构之间以及金融机构与客户之间的信息流通和资源共享，这不仅提升了金融服务的效率，也优化了金融产品的设计和金融服务的提供方式。金融机构能够通过网络平台收集用户反馈，快速调整服务内容，以更好地满足用户需求。

互联网的共享性也为金融资源的优化配置提供了可能。通过网络平台，金融资源和信息可以在更广阔的范围内被共享，这不仅增强了市场的透明度，还促进了金融产品的多样化和个性化。用户可以通过互联网平台了解不同金融产品的特点和优势，选择最适合自己的服务，金融机构也可以通过数据分析来更准确地识别市场需求，设计出更加符合用户需求的产品和服务。

（二）促进金融创新

信息化对于金融创新起着至关重要的作用。随着信息技术的持续发展，金融活动得以注入更多新元素，从而激发了金融创新的活力。信息科技在金融业的广泛应用，为解决金融产品和服务创新过程中遇到的技术障碍提供了有效的手段，这促使金融创新项目如同雨后春笋般迅速涌现。

随着大数据、人工智能、区块链等先进技术的应用，金融机构能够对大量复杂的金融数据进行有效分析和处理，这不仅提高了金融服务的精准度和个性化程度，也开拓了金融产品创新的新方向。例如：利用大数据分析技术，金融机构可以精确识别客户的需求和偏好，进而设计出更符合用户需求的个性化金融产品。

此外，信息技术还极大地提升了金融服务的效率和安全性。例如：区块链技术在提高交易效率的同时，还能有效降低金融交易的风险，增强金融系统的透明度和安全性。这些技术的应用不仅优化了现有的金融服务流程，也孕育了新型的金融服务模式，如去中心化金融等，进一步推动了金融创新的发展。

信息化还促进了金融市场的全球一体化。借助互联网和移动通信技术，金融服务的时空界限被打破，金融机构能够跨越时空限制，为全球用户提供实时、便捷的金融服务，这不仅扩大了金融服务的市场范围，也为金融创新的全球化提供了平台。

（三）防范金融风险

提高信息化水平对于防范金融风险具有重要意义。技术的发展，尤其是物联网技术在金融领域的应用，为金融行业带来了新的机遇和挑战。物联网技术作为一种基于信息技术的创新应用，通过智能设备的互联互通，能够实时收集、处理和传输数据。当这项技术与供应链金融结合时，它不仅能有效降低金融业务操作的成本，还能在很大程度上帮助金融机构及时识别和预防潜在的风险。

通过物联网技术，金融机构能够获取供应链中各环节的实时数据，包括货物流通、库存水平、交易完成情况等信息。这些数据的透明性和即时性极大提高了金融机构对供应链金融业务的监控能力，使得金融机构能够更准确地评估贷款对象的信用状况和业务风险。此外，通过分析这些数据，金融机构可以更早地发现异常，如供应链中某个环节的延迟或缺货问题，从而及时采取措施，防范因供应链中断等问题引发的信用风险和流动性风险。

物联网技术还能帮助金融机构实现更精细化的风险管理。通过对供应链中大量细节数据的分析，金融机构能够基于更加全面和深入的信息进行决策，实现风险管理的精细化和个性化。例如：针对不同的供应链环节、不同的企业特性，金融机构能够提供更加准确的金融产品和服务，有效降低风险发生的概率。

此外，物联网技术的应用还有助于提高金融业务的透明度和可追溯性，这对于防范欺诈风险尤为重要。通过物联网设备记录的数据，金融机构能够追踪到每一笔交易的详细信息，包括交易的时间、地点、参与方等，这些信息的不可篡改性和易于追溯的特点，为金融机构识别和预防欺诈行为提供了强有力的工具。

二、全球化水平的推动

在当前全球化浪潮下，金融产业正在经历前所未有的变革，其中数字技术创新成为推动这一行业向前发展的核心力量。随着金融开放的不断深入，全球金融市场不断扩大，金融机构数量增加，金融工具不断创新，金融制度逐步完善，这一切都为金融产业应用数字技术提供了肥沃的土壤，而全球化推动金融产业创新的优势也是多方面的。

（一）经济发展水平的推动

全球化在促进经济增长的同时，加速了金融行业的高质量发展。经济全球化不断加深，使得跨境贸易和外资流入日益频繁，这些活动不仅促进了资金的全球流动，也带来了先进的技术与管理经验。特别是在数字技术方面，如区块链、大数据、人工智能等新兴技术的引入，极大地丰富了金融服务的形态，增强了金融机构的服务能力。

这些技术的应用使金融机构能够更加精准地识别和满足市场与个体的金融需求，从而有效地提高了金融服务的供给规模。例如：通过大数据分析，金融机构能够对客户的消费习惯、信用记录和风险偏好进行深入了解，从而提供更加个性化的金融产品和服务。此外，数字技术还使得金融服务的交付变得更为高效，客户无须到访实体分行即可完成多种金融操作，这不仅优化了用户体验，也降低了金融机构的运营成本。

经济全球化和技术革新共同推动了金融资源配置的优化。随着技术的进步，金融机构在进行资产配置和风险管理时能够利用更加先进的工具和模型，提高决策的准确性和效率。这意味着资金可以更有效地流向那些能够产生更高回报的领域，促进了整个经济体的资源使用效率和生产力的提升。

因此，全球化不仅直接推动了经济增长，还通过促进技术革新和优化金融服务，间接地推动了金融行业的高质量发展。这一过程中，数字技术起到了核心作用，不仅提高了金融服务的效率和质量，还优化了金融资源的全球配置，为金融市场的稳定与创新提供了强有力的支撑。

（二）法治水平的完善

随着全球化进程的加深，各国和地区法治水平的提高成为金融产业数字化创新的重要基础。数字技术的快速发展和广泛应用，尤其在金融领域内，要求有一个明确、稳定的法律框架作为依托。这是因为数字技术涉及的数据安全、隐私保护、知识产权等方面的问题，都需要法律来明确规范和保护。全球化的推进促进了各国法律体系向国际标准看齐，实现了法律的国际化和标准化。这不仅为金融科技创新营造了一个更加健康和有序的发展环境，也确保了金融创新活动在一个可预测的法律环境中进行，从而有效降低了金融科技创新中的法律风险。

此外，法律保障的加强还鼓励金融机构更加主动地探索和应用数字技术。当金融机构明确自己的创新活动得到了法律的充分保护，可以合法地进行数据分析、产品开发和技术应用等活动时，它们将更有动力去投资于新技术的研发和应用。这种积极性不仅能加速金融产品和服务的创新，也能提升整个金融产业的技术水平和服务质量。

同时，法治水平的提升还意味着对金融科技领域内不公平竞争和违法行为的有效制裁，保障了市场的公平性和透明度。这对于维护消费者权益、提高金融服务的可靠性以及增强市场参与者的信心都至关重要。随着法律对金融科技创新的规范越来越完善，金融产业将在一个更加稳健的法律环境下持续快速发展。

（三）带动政府干预

全球化对政府政策干预的影响促成了金融产业向数字化转型的重要步骤。在全球经济一体化的大环境下，政府为了提高本国金融行业在国际舞台上的竞争力，需要持续进行金融政策的调整与优化。这些政策旨在激励金融机构积极探索并应用最新的数字技术，如人工智能、大数据、区块链等，以此来提高金融服务的效率和质量。政府的这种积极政策导向，为金融机构在数字化道路上的探索提供了明确的方向和强有力的支持。

随着政府政策的推动，金融机构开始更为重视数字技术在提升服务效率和创新金融产品方面的作用。这不仅包括传统的银行服务的数字化改造，也涉及支付、融资、投资等多个金融服务领域的创新。通过数字化转型，金融机构能够为客户提供更加便捷、安全和个性化的服务，同时，数字技术的应用极大地提升了金融机构对市场动态的响应速度和风险管理的能力。

此外，政府政策的支持不仅限于鼓励金融机构采纳新技术，还包括为金融科技创新创造良好的法律和监管环境。这样的政策环境降低了金融机构进行技术创新的门槛，激发了市场活力，促进了金融产品和服务模式的创新，进而推动了整个金融产业的高质量发展。

因此，在全球化背景下，政府的政策干预对于推动金融产业的数字化转型和高质量发展起到了关键性的作用。通过政策的引导和支持，金融机构能够更好地利用数字技术优化服务流程、创新金融产品，为客户提供更高效、安全的服务，也为金融产业的持续健康发展奠定了坚实的基础。

通过数字技术的创新应用，金融产业不仅能够提供更加高效、便捷的服务，还能够开发出更加多样化和个性化的金融产品，满足不同客户的需求。数字化还助力金融机构更好地进行风险管理和决策分析，提升了金融市场的整体运行效率和稳定性。

第四章 金融产业创新发展的理论依据

第一节 供应链金融基础理论

一、供应链概念及管理

（一）供应链概念

供应链的概念最初受价值链模型启发而发展，这一模型由竞争战略管理学的先驱迈克尔·波特（Michael Porter）提出。波特的价值链模型旨在通过区分企业内部活动为辅助价值活动和基本价值活动两大类，对企业价值创造过程中各项业务活动实施集成化管理。供应链的概念扩展了这一思想，跨越了单一企业的边界，涵盖了产品从原材料加工到最终用户服务全过程中涉及的各个组织实体，形成了一个完整的价值创造和实现链。这一链条涵盖从原材料供应商到零部件供应商、产品制造商、分销商以及零售商等各种相关主体。与仅限于企业内部的传统产品链相比，供应链构成了一个更加复杂的体系。它是基于供需协作机制，将相关企业连接起来形成的一个多主体集合体。在这个集合体中，以核心企业为中心，该企业负责全面监控集合体内部的信息流、物流和资金流的运行状态。

供应链作为跨企业的结构型组织，不仅是将不同性质的主体如供应商、制造商、分销商、零售商乃至最终用户通过网络连接成一个功能完整的组织，还涵盖了从原材料的供应到最终产品的制造、加工、组装、分销等生产的全部环节。[①]这种组织结构实现了对整个生产和销售过程的全程监控和管理，确保了整个价值链中每一个环节的效率和协同工作。供应链管理的核心在于优化和协调这些环节，以最大限度提高整体价值。这包括确保原材料的及时供应、制造过程的高效运行、物流系统的顺畅以及最终产品的成功分销和零售。通过有效的供应链管理，企业能够降低成本、提高生产效率和市场响应速度，从而在竞争激烈的市场中保持优势。此外，现代供应链管理还强调利用先进的信息技术来增强供应链的透明度和灵活性。这包括利用物联网、大数据分析、云计算等技术，以实时追踪和分析供应链中的每一个环节。通过这些技术的应用，企业可以更准确地预测市场需求，调整生产计划，并更有效地管理库存，从而减少浪费并优化资源配置。

在全球化程度日益加深的今天，供应链的复杂性和重要性不断提升。企业不仅需要管理来自世界各地的供应商和客户，还必须应对国际市场上的各种法规和风险。因此，建立一个灵活且高效的供应链已成为企业战略中不可或缺的一部分。

（二）供应链管理

供应链管理涵盖了从原材料采购到最终产品销售的全过程，包括制造、销售、物流配送等各个环节的统一管理。它的主要目标是建立供应链各参与方之间的高效协作关系，以最大化整个供应链的价值创造。此管理实践超越了单个企业的边界，成为一种跨企业的系统性过程管理，

[①] 于海静：《互联网＋下商业银行供应链金融创新发展路径研究》，博士学位论文，武汉理工大学金融学系，2018。

显著提升了涉及企业的资金和商品的利用效率，发挥了成本降低和效益提升的双重优势。供应链管理还有助于构建集体的市场竞争力，占据市场份额，巩固市场优势，并增强对市场风险的防范能力。

　　管理供应链的核心目的是优化链上资源的配置，通过整合协同作用和规模效应来实现。其核心任务是对整个供应链中的物流、信息流和资金流进行有效的规划、协调和控制，以高效对接各方需求。实现这一目标的途径包括加快物流、资金流和信息流的流转速度，提升组织资源的运转效率，并通过这一过程中的价值最大化促进效益增长。随着供应链管理理论的不断发展，现代供应链管理已经整合了先进的管理理念和方法。它强调了系统化的观念，即视整个供应链为一个有机整体进行优化。①这种观念强调通过整合内外部资源和结构来增强整体功能。同时，现代供应链管理注重以用户价值为导向，通过合作伙伴之间的协作，寻求成本与质量之间的最佳性价比。此外，强调形成核心竞争力的重要性不容忽视，通过集体合作形成市场竞争的合力。现代供应链管理倡导主动的管理策略，强调对供应链中生产、销售等各个阶段的同步管理，以实现链上价值。同时，突出了企业间的合作新模式，强调各方应坚持共赢的发展理念，共享资源和信息。

二、供应链金融概述

（一）供应链金融概念

　　供应链金融的发展起源于西方国家，早在19世纪中期就已经开始，初期主要围绕存货质押贷款业务展开。经过200多年的发展和完善，供应链金融的产品变得越来越多样化，其业务管理也日趋成熟，在国际银行业务中占据了极为重要的位置。特别是随着现代信息技术的进步和

---

① 于海静：《互联网＋下商业银行供应链金融创新发展路径研究》，博士学位论文，武汉理工大学金融学系，2018。

物流企业的深度参与，供应链金融形态已经进化为现代供应链金融。在2008年美国次贷危机期间，供应链金融扮演了关键角色，帮助许多企业成功摆脱资金链断裂的困境，由此促进了供应链金融的快速发展。供应链金融的定义被解释为在存在核心企业的供应链系统中，系统性地优化供应链各主体的融资能力与成本。而另外一些学者则从价值链和需求链的结合视角出发，将供应链金融定义为金融机构通过创新金融服务和产品，满足供应链中各成员对金融服务的差异化需求，实现资源有效整合和协同，以达到价值创造目的。[1]

在中国，供应链金融概念由深圳发展银行首次提出。2006年6月，深圳发展银行结合在供应链金融业务实践中的经验，定义供应链金融为向产业供应链中的核心企业及其上下游众多企业提供全面的金融服务，确保资金流在供应链中稳定流转，构建金融资本与实体经济之间、供应链内部主体之间相互协作、共生共存、持续发展的良性互动生态系统。[2]供应链金融的本质在于将物流、资金流、信息流整合，将供应链上的主体捆绑为一体，使金融机构能够为从原材料供应商到最终用户的全链条企业注入资金活力，形成共生关系。

（二）供应链金融的主要参与成员

供应链金融涉及众多参与方，包括处于供应链中心的核心企业、上游和下游的企业、物流公司以及金融机构。这些参与者在供应链金融结构中各自担任独特的角色，通过相互合作与协调，共同推动创新价值的实现、利益的共享以及风险的分散。这种协作关系不仅增强了整个供应链的稳定性，还促进了资源的高效利用，从而提升了整体经济效益。

---

[1] 于海静：《互联网＋下商业银行供应链金融创新发展路径研究》，博士学位论文，武汉理工大学金融学系，2018。

[2] 何彬：《物流企业向供应链金融服务提供商转型的研究》，《时代金融》2011年第10期。

1. 核心企业

在供应链金融体系中，核心企业扮演着至关重要的角色，是供应链金融活动顺利进行的关键。这些企业的存在为商业银行提供了一个重要的窗口，通过这些核心企业，银行可以对整个供应链加以影响和控制，从而有效地扩展业务并集中授信。要成为这样一个处于核心位置的企业，需要满足几个关键条件：首先，这类企业通常有较大的规模和强大的资金及综合实力，享有良好的社会信誉。这使得它们在金融和商业活动中有较高的稳定性和信任度。其次，这些企业的信用等级应当较高。在供应链中，它们对上游供应商和下游客户具有显著的影响力及控制力。这种控制力不仅能够推动供应链中的企业之间形成高效的合作关系，还能够建立起一个利益共享的社区。这表明了它们有强大的组织和协作能力，能够促进供应链内各方面的整合和协同工作。最后，这些企业还应具备为供应链中的中小企业提供融资担保的意愿和能力。这一点尤为重要，因为它关系到企业能否在面对融资过程中可能出现的风险时，共同分摊这些风险，从而维护整个供应链的财务安全和稳定。通过这种方式，核心企业不仅支持了供应链的稳定运作，也帮助链中的小型和中型企业获得了成长和发展的机会。

2. 上游和下游企业

供应链中的上游和下游企业，作为参与产品生产流程的关键环节，是供应链金融服务的主要受众，直接从中受益。这些企业在生产和销售过程中涉及的应收账款、预收账款以及存货等动产或产权，常被作为融资的抵押物。在商业银行开展供应链金融业务时，这种依托核心企业与上下游企业间业务联系所形成的财务关系，为银行提供了一个稳定的融资基础。在评估授信条件时，银行将特别关注这些企业与核心企业之间的业务联系紧密度及信用水平，以此作为区分不同企业授信条件的依据。

这种做法允许银行在考虑贷款时，能够综合评估企业在供应链中的地位和作用，从而制定出更加精准和合理的融资方案。

3. 物流公司

将物流公司融入供应链金融的过程，目的是使物流公司在融资活动中扮演两个核心角色。首先，物流公司能够为商业银行提供关于供应链中企业质押财物的保管、监督以及控制服务。这一服务确保了质押财物的安全性与完整性，减少了银行在融资过程中的潜在风险。其次，由于物流公司掌握着丰富的融资企业物流信息，这些信息能够反映出融资企业的运营状况，从而为银行提供了一种监控授信企业经营情况的手段。通过这种方式，物流公司的参与有效促进了银行与融资企业间信息的均衡，有助于银行作出更为精准的信贷决策，降低信贷风险。这种信息的共享和透明，增加了银行对授信企业的信任，使银行能够更有效地进行风险管理和信贷控制。

4. 银行

在供应链金融中，银行扮演着资金供应方的重要角色，旨在为企业提供必要的金融支持和服务。当商业银行选择提供供应链金融服务时，它们通常首先评估核心企业的信用等级和财务健康状况。这一评估可以帮助银行了解核心企业的财务稳定性和信用可靠性，从而作为是否提供融资的判断依据。此外，银行还需与物流企业建立合作关系，以便更深入地了解供应链中各企业之间的业务往来情况。这种合作关系使银行能够获得关键的业务流信息，帮助其对供应链操作的各个方面进行有效监控。此举尤其重要，因为它使银行能够对可能用于融资的抵押物进行有效监控，增强对资产流向的透明度。

银行还需要考虑供应链中不同环节企业的融资需求。供应链各环节的企业可能面临不同的财务挑战和资金需求，基于这些需求差异，银行设计并实施各种融资模式和产品服务。这包括为上游供应商提供预付款融资、为核心企业提供流动资金贷款，为下游分销商提供应收账款融资等。通过实施这些综合措施，银行能够在供应链金融中有效地预防和控制潜在的风险，确保金融服务的安全与效率。这种策略不仅有助于银行维护自身的利益，也促进了整个供应链的稳定和发展。通过增强供应链中各参与方之间的信任和加强合作，银行的这种金融服务方式有助于构建一个更加稳定和互惠的商业环境。

（三）供应链金融的业务特点

1. 短期性

供应链金融业务在操作期限上通常不会超过六个月。这一时间规定与商业银行的传统信贷业务相比，显得更加紧凑。由于这种短期性质，相关的风险管理变得相对简单，原因在于预测和监控在较短时间内的经济和市场变化要比长期变化来得更为准确和可行。在供应链金融中，贷款或资金支持是基于供应链中各环节的实际交易和流转，这种基于交易的特点使得资金流向更加明确，风险点更容易被识别和控制。

更短的贷款周期意味着资金循环速度快，对资金使用效率要求高，这自然减少了资金闲置的可能性，进一步降低了资金成本。同时，由于供应链金融紧密依赖供应链中的实际交易情况，金融机构可以通过对供应链各环节的深入了解和分析，有效评估和控制贷款风险。这种基于实际业务流程和交易数据的风险控制方式，相较传统信贷业务中可能更多依赖于抵押物价值或借款人信用评分的风险控制方法，展现出了更高的灵活性和针对性。

2. 自偿性

融资机构在提供贷款时，通常会依据企业的贸易活动——无论是已经发生的还是即将发生的——来决定贷款额度。这种方式本质上是以企业通过贸易活动所获得的现金流作为还款的保障。这样的融资策略允许企业利用未来收入作为资金来源，从而支持其当前的经营需求或扩展计划。

此策略的一个显著优势是它允许企业根据实际的业务发展和现金流状况来调整资金使用情况，使资金利用更加高效。企业能够通过这种贷款方式，提前获取必要的运营资金或扩展资金，而不必等到所有的销售收入目标都已实现。这种灵活性对于那些处在快速成长期或者需要预先投入大量资金的企业来说尤为宝贵。同时，这种融资模式对融资机构而言是一种风险控制的手段。将贷款额度与企业的贸易活动直接挂钩，融资机构能够较为准确地评估贷款的安全性。因为这些贷款是基于实际的或预期的销售收入，融资机构可以通过对企业的订单数、合同以及客户的信用状况进行分析，来评估企业还款的可能性和风险。此外，这种依赖于交易的融资方式也促进了企业在进行贸易活动时更加注重订单的质量和客户的选择，因为这些因素直接影响到贷款的获批及其还款能力。这不仅是一个额外的风险控制机制，也激励企业自身提高运营效率和客户服务水平。

3. 风险特异性

在传统的信贷业务模式中，商业银行主要依据固定资产抵押来提供金融服务。这种方式着重考量借款方所拥有的物理资产，如房产、土地或机器设备等，作为贷款的保障。固定资产的价值成为评估贷款额度和风险的关键因素。这种模式在很大程度上确保了银行能够在借款人违约时，通过处置抵押物来回收贷款资金，降低了银行的信贷风险。相较之下，供应链金融的操作逻辑与传统信贷有所不同。它更多地基于企业间的业务往来和交易活动，重点关注企业的流动资产，包括应收账款、存货等，并将其作为金融服务的依托。在供应链金融模式中，金融机构评估企业的贷款条件时，会考虑到企业在供应链中的地位、交易记录、客户及供应商的质量等因素。这种模式表明企业的实际运营活动和其产生的现金流，是支持贷款的重要保障。

供应链金融通过这种方式，为那些拥有稳定交易记录和良好商业关系的企业提供了新的融资渠道。这种融资方式使企业能够利用自身在供应链中的活动，而不是仅仅依赖于传统的抵押资产，来获得必要的资金支持。它特别适用于那些固定资产较少但在供应链中有稳定交易的中小企业，帮助它们解决融资难的问题。供应链金融的另一个优点是它增加了资金的流动性，并且能够更精确地对接企业的实际资金需求。由于融资与企业的日常运营和交易紧密相关，金融机构能够提供更为灵活的贷款产品，以适应不同企业在供应链中的具体需求。

4. 资金流动真实性

供应链金融的核心原则之一是其业务必须建立在真实的贸易活动基础之上。这意味着，融资所得的资金需要严格按照供应链的流程进行使用，即资金的流动方向应与供应链中的商品或服务流动方向一致，而不得挪作他用。这种机制的设置，确保了供应链金融的本质目的——支持和促进实体经济中的贸易活动，同时降低了金融风险。

遵循这一原则，供应链金融能够更精确地满足企业在生产、销售及配送等环节的资金需求。例如：制造企业可以通过供应链金融获取原材料采购的资金，而零售商可以获得将商品从仓库运至店面的物流资金。通过将资金使用限定在供应链的特定环节，金融机构能够减少资金被误用的风险，确保贷款目的和使用的一致性。此外，将融资资金限定于供应链流程中，也有助于增强供应链的透明度和效率。金融机构通过审查和监控贸易合同、发票和运输单据等，可以确保资金确实用于支持实体经济的活动。这种做法不仅有利于金融机构对贷款用途和风险的控制，也促使企业更加注重其贸易活动的规范性和合法性，从而整体提升供应链管理的水平。进一步来说，供应链金融模式中对资金使用的这种限定，通过确保资金在供应链中的有序流动，可以有效降低企业的运营成本，缩短货款回收周期，增强企业的市场竞争力。同时，这为金融机构提供了一种相对安全的融资模式，因为资金使用的限定和监控降低了资金流向不明导致的风险。

三、供应链金融的运作模式

供应链金融通过整合链上的信息资源，由商业银行、电子商务平台和物流企业担纲主导，实现对整个链条的精细管理，目的在于降低交易风险。这一机制使中小企业能够以较低的成本和较短的时间获得更多的资金支持。清晰界定供应链金融的操作流程对于构建及分析行业吸引力评价指标具有重要意义。

（一）以贷款方为基础

1.商业银行供应链金融运作模式

推行供应链金融业务有助于银行与企业之间建立互利共赢的关系。通过这种金融服务，企业能够降低融资成本并提升财务的灵活性，从而提高其业务运作的效率。为了具体说明这一点，表4-1选择了平安银行、中信银行和民生银行作为案例，讨论这些银行在供应链金融方面的发展模式与其独特性。这些实例显示了供应链金融如何帮助企业优化资金流动，同时展示了银行如何通过这些服务增强客户关系和业务增长。

表4-1　商业银行供应链金融服务的发展特性[①]

银行	特点1	特点2	特点3
平安银行	服务理念由专注于核心客户转向以中小企业为核心，实现从"1+N"到"N+N"的转变。	供应链金融业务实现了从线下向线上的升级。	业务重心从以融资为主转向以交易为主，构建服务于中小企业的平台，优化资金流和信息流的构建。

---

① 于海静：《互联网＋下商业银行供应链金融创新发展路径研究》，博士学位论文，武汉理工大学金融学系，2018。

续　表

银行	特点 1	特点 2	特点 3
中信银行	通过核心企业覆盖整个供应链提供服务。	中信银行的主要布局集中于企业行业，涵盖了从生产商、供应商到经销商以及汽车消费者等各类客户群体。	中信银行不仅为供应链中的核心企业及其上下游企业提供信贷服务，同时还推出了支付结算、现金管理、咨询等附加中间业务，以此增加收益来源。通过供应链金融服务，增强了客户的依赖度，对于加强银行与企业之间的关系起到了显著的正面效果。
民生银行	主要为中小企业提供授信额度不超过 100 万的贷款服务，亦称作"小微贷款"。	供应链金融的基本原则涵盖了"商圈模式"、产品的标准化、集群授信以及商户之间的联合担保。	—

2. 电子商务供应链金融运作模式

电子商务平台的运作和结构为供应链金融服务的细分奠定了基础，允许这些服务被清晰地分为三大主要类别。这种细分反映了电商模式的多样性及其对金融服务需求的特定性。

在 B2B（企业对企业）电商供应链金融中，其关注的焦点是企业间的交易。这一类别涵盖了电子仓单融资、电子订单融资以及买方和卖方融资等服务。电子仓单融资允许企业通过其在仓库中存储的货物作为担保来获得融资，而电子订单融资则是基于企业之间已确认的采购订单来提供贷款。买方融资和卖方融资分别支持交易的两端，确保资金流在供应链中顺畅流动，助力企业优化其运营资本和扩大业务规模。

对于 B2C（企业对消费者）电商供应链金融，服务主要针对平台与最终消费者之间的交易。这包括平台式和商城式金融服务以及买家订单融资和卖家订单融资。平台式和商城式服务通常依托于大型电商平台，为消费者和小型商家提供融资支持，从而促进销售和增加平台交易量。买家订单融资主要针对消费者的购买行为，提供前期资金支持，而供应商应收账款融资则专注于帮助卖家提前收回货款，提高资金周转率。

C2C（消费者对消费者）电商供应链金融服务则聚焦于个人之间的交易融资。这种模式支持买家和卖家在个人交易过程中获得必要的贷款服务，如订单融资，以满足个人的即时资金需求，促进个人间交易的顺畅进行。

3.供应链金融模式在第三方物流企业中的应用

第三方物流企业已经有效地利用其在业务上的优势以及对大数据技术的深入应用，在信息整合这一关键领域中扮演了至关重要的角色。这种角色使得这些企业不仅能显著提升服务效率，还能扩大其供应链融资服务的范围。因此，第三方物流企业在某些条件下能够将自身转化为集物品、资金和信息流于一体的集散中心。这种转变主要是通过挖掘大量实时数据来实现的。这些数据的分析和应用使得物流企业能够整合和分析借贷企业的信用评级和征信情况，从而有效降低金融交易的风险，并为这些企业带来竞争优势。通过这样的数据整合，物流企业不仅优化了自身的服务流程，还增强了其在供应链金融市场中的地位。此外，随着物流企业逐渐完成向互联网的转型，它们在处理企业信贷申请方面的业务处理变得更加高效和便捷。这种转型使得企业在申请信贷时不再受时间和地点的限制，极大地加速了申请流程，提高了整体工作效率。这一变化不仅使得企业操作更为灵活，也为客户提供了更加高效、便捷的服务体验。

（二）以融资方式为基础

1.应收账款方式

融资机构通过评估企业在供应链中产生的应收账款价值，为这些企业提供一定额度的贷款。[①] 这种融资方式使企业能够在将来收到款项后再偿还贷款，对小微企业尤其关键，因为这些企业通常面临资金有限的挑战。由于资产规模较小，它们可能缺乏足够的流动资金支持日常运营和生产。因此，通过应收账款融资，小微企业能获得必要的资金支持，确保运营和生产活动的持续。此外，对于初创企业而言，这种供应链金融服务是一种宝贵的资金来源，使它们能够在资金短缺的情况下继续发展和扩张。这种融资模式不仅帮助企业缓解资金压力，还增强了它们应对市场变动和抓住机会的灵活性，从而帮助它们在激烈的市场竞争中保持竞争力。

应收账款融资解决了小微和初创企业面临的资金筹集问题，为它们的成长和扩展提供了推动力。这种方式允许企业在账款未到期时就能获得运营资金，大大减轻了企业的资金流转压力，使它们能够更有效地规划和实施长远的发展策略。同时，这种融资方式为融资机构提供了与企业合作的机会，通过支持企业发展，融资机构也能从中获得稳定回报。

2. 存货方式

存货质押作为一种金融安全措施，有效降低了当银行面对企业违约风险时的信用风险。这是因为银行能够准确地掌握存货的相关信息，这样的信息掌握让银行有能力在融资合同的有效期内，根据存货的具体状况来对融资条件进行适时的调整。这种灵活性不仅降低了银行的风险，也为企业提供了一定程度的操作空间。

存货融资模式的成功取决于几个关键因素，包括企业存货的流动性和稳定性、银行与企业之间的相互信任以及物流企业对存货管理的能力。存货的流动性和稳定性是评价其作为抵押品价值的基础，这一点确保了

---

① 于海静：《互联网＋下商业银行供应链金融创新发展路径研究》，博士学位论文，武汉理工大学金融学系，2018。

在企业可能违约的情况下，银行能够依赖这些可靠的资产进行回收。此外，银行与企业之间的信任关系是该融资模式顺利进行的核心。这种信任建立在双方对融资协议条款的严格遵守以及对对方权益的尊重基础之上。此外，物流企业在存货管理方面的能力也极为关键。一个高效的存货管理系统能够保证存货信息的准确性，并在市场环境发生变化时快速调整存货策略。这不仅帮助企业适应了市场的变动，还确保了银行能够在需要时迅速准确地评估和处理抵押品。因此，存货融资模式要求参与各方在流动性管理、信任维护以及存货处理方面具备高度协同和专业能力。这些因素共同作用，不仅增强了融资模式的可操作性，也提升了其安全性和效率，使得该模式能够在不确定的市场环境中稳健运行。

3. 预付账款方式

在这种融资模式中，企业通过预付账款的方式获得了从其上游供应商处提取货物的权利。随后，这些企业将这种提货权作为担保，向银行申请授信。在这个过程中，如果贷款的企业不能履行其还款义务，即出现违约情况，上游的供应商通常会承诺将货物回购，以此来降低银行面临的风险。因此，银行在批准贷款前，会详细审查上游企业的信用状况和经营状况，以确保其有能力履行回购承诺。

尽管在这种融资安排中质押的资产主要是预付账款，但是当贷款企业和上游供应商同时遇到信用问题时，银行可能需要依赖实际的货物来挽回其损失。这就意味着，银行对于货物的准确评估和有效管理变得至关重要。正确评估货物的价值不仅涉及对市场情况的深刻理解，还需要对相关行业的动态有充分的认知。此外，银行还需要有能力对这些货物进行管理，以确保在需要时能够顺利地将它们转化为现金，减少因违约而可能出现的损失。

第二节 交易成本理论

一、交易成本的组成

在供应链金融的交易过程中，涉及几种主要的成本，包括谈判成本、监督成本、搜集成本和签订成本。核心企业的强大实力和良好信誉使得中小企业能够借助其信用背书简化银行审批流程，有效降低谈判成本。此外，构建在线供应链金融平台有助于减少信息不对称的问题，允许核心企业实时监控中小企业的生产与销售情况，同时使银行能够通过该平台掌握企业间的交易与物流信息，进而降低监督成本。对商业银行来说，向中小企业发放贷款前需要进行大量调查和跟踪以应对企业相关信息不完全的挑战。供应链金融的出现极大简化了这一流程。银行可以仅通过在线交易平台来监控供应链中的交易活动，尤其关注核心企业与中小企业之间的交易真实性和合法性，从而有效减少搜集成本。随着互联网技术的发展，无纸化交易日益普及，供应链金融业务逐步向无纸化操作转型。这种变革不仅有益于环境保护，也大幅度降低了签订成本。

在 1937 年，经济学家罗纳德·哈里·科斯（Ronald H. Coase）首次引入了"交易费用"的概念，并在其后续作品中对交易成本进行了详细分类，将其细分为搜寻成本、谈判成本、签约成本和监督成本。继科斯之后，学者约翰·威廉姆斯（John Williamson）进一步扩展了这一理论，强调了监督、控制和管理交易成本的重要性，并提出这些成本会受到环境和信息不对称等因素的影响而发生变化。在中国，有学者对交易成本进行了进一步的阐述，将其视为一种制度成本。他认为，交易成本不仅包括信息搜集、谈判、签订和执行合同的成本，还涵盖了产权和监督成本等方面。

二、影响交易成本的主要因素

1985 年，威廉姆森提出了决定交易成本的三个关键因素，包括交易的频率、交易的不确定性以及资产的专用性。对于商业银行而言，当它们开展供应链金融业务时，采取集成化及准集成化的策略来构建围绕供应链核心企业及其上下游企业的金融服务关系，这样做能够有效规避由环境不确定性引起的风险，并显著降低交易成本。下面是对威廉姆森所指出影响交易成本的三个主要因素的具体解析。[①]

（一）交易发生的频率

在供应链金融业务的实践中，银行与企业之间的互动不是一次性的金融交易，而是形成了一种长期且稳定的合作伙伴关系。这种关系的建立基于双方对未来合作的共同期待以及银行在初期选择合作伙伴时对供应链稳定性的重视。在这样的前提条件下，随着时间的推移，供应链金融服务活动自然促使银行与企业之间的合作关系进一步加深，通信渠道变得更加畅通无阻，相互之间的信任度得到显著加强。

随着信任的建立和沟通的顺畅，双方在金融合作中的互动变得更加频繁。这种频繁的交易不仅提高了交易的效率，还促进了交易规模的扩大，进一步提高了规模经济的效益。规模经济效益在此背景下表现为成本的降低和效率的提高，因为银行能够更精确地理解企业的财务需求，企业也能更快地获得所需的金融支持。此外，这种长期稳定的合作关系还有利于银行更深入地了解企业的经营状况和财务健康状况，使银行能够提供更为精准和个性化的金融产品和服务，进一步提升服务质量和客户满意度。同时，企业通过这种合作模式获得的稳定金融支持，能够有效降低运营风险，提高市场竞争力。

---

① 于海静：《互联网＋下商业银行供应链金融创新发展路径研究》，博士学位论文，武汉理工大学金融学系，2018。

因此，供应链金融业务不仅促进了银行与企业之间关系的深化和发展，还为双方带来了实质性的经济效益，这种互惠互利的合作模式为现代金融业务提供了一个范例。

（二）交易中的不确定因素

金融活动固有的不确定性源于交易双方存在的信息不对称问题，这种不对称性提高了各种风险的发生可能性。在供应链金融的架构中，引入核心企业或物流企业等第三方机构作为信息中介，可以显著提高供应链上业务往来信息的透明度。在当前互联网技术广泛应用的环境下，企业间的交易活动常在网络平台上进行，因而产生了容易追踪的数字足迹。这些数字记录可以通过大数据分析工具进行有效捕捉，进而显著降低风险发生的可能性。这种信息的透明化不仅降低了不确定性，还增强了交易双方的信任，从而在提高效率的同时，减少了潜在的经济损失。

供应链中企业间的相互依赖性和合作协调性构成了一种内在的约束机制，促使各企业之间形成一种共生发展的格局。在这样的生态系统中，商业银行得以利用供应链整体运作的数据及融资企业与其他相关企业间的经营信息，来验证和观察融资企业的运营状态和业务活动。这种做法大幅降低了因信息不对称导致的融资授信不确定性，有效减轻了交易风险。此外，供应链金融通过加强信息的透明度和可追踪性，不仅优化了信贷资源的分配，还提高了资金使用的效率和安全性。商业银行和其他金融机构能够更精确地评估和管理贷款风险，而企业则能在更有利的条件下获取所需的资金支持。因此，供应链金融不仅是金融创新的产物，也是促进供应链稳定性和增强企业竞争力的有效工具。

（三）资产专用性

供应链金融模式的独特之处在于它对资金用途的专门性要求，确保资金通过供应链上各企业间的交易活动得到归还。这种模式利用供应链上游和下游企业之间建立的相互信任和依赖关系以及信息透明化的实践，为银行的资金专款专用和封闭式运转提供了坚实的保障。这种运作机制显著降低了供应链中的企业交易违约风险，从而在减少企业间的交易成本的同时，减轻了银行在业务开展过程中的成本负担。供应链金融与企业之间的关系的核心，在于建立一个双方都能从中获益的稳定合作基础。随着合作的不断深入，双方的信任度逐步增强，这种信任促进了交易频率的提升，并带来了规模效应。这种规模效应显著降低了交易成本，使得整个供应链的运作更为高效和经济。

供应链金融的实施不仅帮助商业银行实现了企业盈利的目标，还通过为企业提供资金支持，帮助他们解决了资金短缺的问题，从而促进了企业的发展和增长。这种资金支持使得企业能够扩大生产、改善服务或创新产品，这些活动最终将提升企业的市场竞争力，帮助其持续发展。供应链金融中的资金流动性和风险管理是通过精确的资金追踪和效率高的资金使用来实现的。银行能够通过供应链金融模式精准地监控资金流向，确保资金被用于预定的商业活动，极大地降低了贷款的违约风险。此外，供应链金融还利用先进的信息技术，如区块链和大数据分析技术，来增强交易的透明度和安全性。

整体来看，供应链金融为参与企业提供了一种风险较低、效率较高的融资方式。这种金融模式的成功依赖企业间稳定而互惠的合作关系以及银行和企业之间有效的沟通和管理。通过这种模式，银行不仅能够安全地发放贷款，还能够通过支持供应链中的企业促进经济的整体增长，实现供应链金融的长期可持续发展。这种互利共赢的商业格局是供应链金融业务成功的关键。

第三节 自偿性贸易融资理论

一、自偿性贸易融资的概念

自偿性贸易融资是一种特殊的融资方式，专注于企业资产的短期结构性融资。该融资模式允许企业以预付款、存货或应收账款等资产为基础获取贷款。这种融资方式的一个显著特点是贷款条款赋予贷款人对融资相关资产及其产生的收益有着显著的控制权。这意味着尽管借款实体可能缺乏其他实质性资产或业务活动，但资产所产生的收益成为偿还贷款的主要来源，而企业的整体偿债能力则作为次要支持。[①]在这种融资结构下，涉及的资产成为偿还债务的首要来源。

银行和其他贷款机构在评估这类贷款时，会重点考量业务本身的自我清偿能力以及借款方组织交易的能力。这种做法源自 20 世纪 20 年代至 60 年代提出的商业贷款理论，包括真实票据理论和自动清偿理论。这些理论的核心观点强调，贷款应具有短期自偿特性，通过这种方式，银行能够有效地控制贷款风险。[②]自偿性贸易融资因此被视为一种较为安全的贷款模式，它依赖特定资产的性能，而非借款方的总体财务状况，从而为银行提供了一种相对稳健的风险控制机制。

二、与自偿性贸易融资有关的特征分析

自偿性贸易融资与传统的银行贷款存在显著差异，尤其在满足中小

---

① 肖莹：《基于自偿性贸易融资的 A 银行内部信用评级体系研究》，硕士学位论文，电子科技大学金融学系，2006。

② 同上。

企业特定融资需求方面表现突出。这种融资方式的灵活性和针对性使得银行和企业都能从中受益，其具体特点表现如下。

（一）融资标准差异化，中小企业获贷门槛降低

在传统的银行授信模式中，企业的融资能力评估依赖一套较为固定的标准，包括行业地位、企业规模、净资产负债比、盈利能力、现金流状况以及提供的担保方式。[①]这种方法主要针对长期偿还能力的评估，依赖企业通过利润所得的现金流、借新还旧或通过转贷来偿还债务。然而，中小民营企业往往面临规模较小、经营稳定性不足、财务报表可能不完全反映实际情况等问题，这些因素导致它们在传统评估体系下的信用状况较差，且常常缺乏足够的担保物或抵押品，从而使得银行贷款风险难以有效控制。此外，这种基于企业财务状态和行业位置的授信评级标准，不仅增加了中小企业获得融资的难度，也削弱了银行传统的企业财务分析技术在信贷决策中的应用价值。

自偿性贸易融资模式的推出为商业信贷领域带来了显著变革。此模式不仅仅依赖企业的财务状况或行业地位，也不完全基于对企业个别评价来决定信贷，而是更多地关注企业的实际贸易活动和背景。在这种模式下，即便某企业自身的实力和规模可能达不到传统信贷的门槛，但如果该企业在产业链中的合作伙伴实力强大且贸易背景真实可信，同时银行能够有效控制资金流向和物流，该企业就有可能获得银行的信贷支持。这种融资方式通常被称为"傍大款"，意指中小企业可以依托其强大的商业伙伴来获得银行的授信。这一机制打破了传统信贷模式对中小企业的融资限制，使它们能够实现融资，从而促进其商业活动和获得发展机

[①] 江军、许玉贵：《浅析自偿性贸易融资在中小企业融资中的作用》，《农村经济与科技》2005 年第 8 期。

会。这种方法充分利用了强大的商业网络和产业链关系，将企业间的合作转化为融资的便利，从而降低了银行的风险并提高了融资的可行性。

（二）有效控制信贷风险

银行在进行贷款授信时，传统方法往往涉及对企业整体情况的综合评估，这包括企业所处的行业、企业规模、财务状况（如净资产负债率、盈利能力、现金流情况）以及提供的担保方式等多个维度。[①]这种方法旨在通过评估企业的基本情况来控制贷款的风险。然而，自偿性贸易融资的做法则从另一角度出发，它更加关注企业的每一笔实际业务，通过对单一业务的授信以及资金的封闭式管理，确保资金在具体业务完成后能够安全回收。[②]

自偿性贸易融资的这种做法有效地绕过了仅仅依赖企业基本面分析可能带来的风险控制盲区。它将信贷风险管理的重点从企业的固定资产和基本财务状况转移到了企业的流动资产和真实的贸易活动上，这反映了一种更加贴近市场实际、更高效的信贷管理观念。通过这种方式，银行不仅为企业提供了所需的资金支持，还促进了企业参与真实的贸易活动，鼓励了企业沿着规范化、正规化的发展路径前进。这种转变在信贷领域中体现了对风险管理方法的创新，也为银行和企业双方带来了更多的机遇。

（三）金融产品创新，满足中小企业融资需求

自偿性贸易融资在金融领域内，代表了一种针对细分市场的策略，其中银行通过系统化地提供一系列创新性的金融产品和业务模式，旨在

---

① 江军、许玉贵：《浅析自偿性贸易融资在中小企业融资中的作用》，《农村经济与科技》2005 年第 8 期。

② 刘亮：《Z 银行供应链金融业务数字化转型策略研究》，硕士学位论文，重庆工商大学工商管理学系，2023。

满足不同客户群体的个性化需求。[1]这种做法有助于避免金融产品在市场上的同质化竞争，从而减少由此引发的负面影响。特别是对中小民营企业而言，自偿性贸易融资不仅是一种实际上可行的融资途径，还为企业提供了一种通过多样化金融产品组合来满足其融资需求的方法。例如：金融机构可以提供一系列专门为中小民营企业设计的融资解决方案，包括货权或动产的质押授信业务、商业承兑汇票的贴现和免担保业务、国内信用证、应收账款的转让授信业务等。除此之外，还有一些其他的创新型金融产品，如出口退税托管贷款、利用出口信用保险进行融资等，都是根据中小民营企业的特定需求定制的。[2]

通过这样的金融产品组合，银行能够为中小民营企业提供更为精准和有效的融资支持，帮助它们解决资金短缺的问题。这不仅使企业能够获得所需的资金，促进其业务发展和增长，也为银行带来了新的业务机会和收益来源，实现了银行与企业之间的双赢。

（四）克服了信息不对称的难题

在传统信贷体系中，中小企业在融资过程中面临的一个主要问题是信息不对称。这种信息不对称主要是由于中小企业普遍存在的会计体系不完善和财务管理能力较弱，使得银行在评估这些企业的实际经营状况和信用状态时遇到重大挑战。此外，由于部分民营企业法人的品德和诚信存在不确定性，银行在防止道德风险方面需要设定更高的门槛。同时，中小企业倾向于寻求金额较小、周期短且频繁的贷款，这与银行的审查监督成本及其期望的潜在收益之间存在不对等，进一步减弱了银行对于中小企业贷款的意愿。

---

[1] 李晶：《中国银行甘肃分行"信贷工厂"模式运作问题研究》，硕士学位论文，兰州大学工商管理学系，2014。

[2] 江军、许玉贵：《浅析自偿性贸易融资在中小企业融资中的作用》，《农村经济与科技》2005年第8期。

相比之下，自偿性贸易融资采取了不同的方法。它关注的焦点包括：上游企业的生产能力和生产活动是否正常；产品是否有稳定的市场需求；物流过程是否安全可靠；产品在市场上是否畅销。这四个方面的考察相对于传统的信贷评估而言，更加直接和可操作，能够提供关于企业及其业务的真实且具体的信息。只要企业在这四个方面中的任何一个环节表现良好，就足以作为银行放款的依据，从而使企业能够成功获得所需的资金。这种方式有效地缩小了信息不对称的差距，降低了银行的风险，并为中小企业打开了一条更为顺畅的融资通道。

（五）促进中小企业信用提升，便于获取银行贷款

自偿性贸易融资的业务流程明显展示了当大型企业与中小型企业形成信誉联盟时，长期的合作伙伴关系如何促进联盟成员之间的持续互动。这种持续的互动不仅有助于消除金融机构与中小企业之间存在的信息不对称问题，还能通过将大企业的良好信誉融入中小企业的信用评价中，显著提升了中小企业的信用水平。这是通过设计特别的金融产品实现的，结果是中小企业更容易从银行获得融资支持。这种自偿性贸易融资模式，作为一种基于新经营理念设计的金融产品组合，在技术层面上解决了一些影响中小企业融资的核心难题。这些难题包括中小企业自身信用评级不高、与金融机构之间存在的信息不对称问题以及融资存在风险等。通过这种融资模式，不仅为企业带来了资金支持，还为银行提供了风险可控的融资服务，实现了银行与企业之间的双赢。

在当前经济环境下，自偿性贸易融资展现出了强大的实用价值和现实意义。这种模式允许中小企业通过与大企业的信誉联盟，改善其在金融机构眼中的信用状况，使得这些中小企业能够以更低的成本获取必要的资金。此外，银行也能通过这种模式减少信贷风险，因为他们可以利用大企业的信誉作为信贷授信的一部分保障。

第四节　竞争战略理论

一、竞争战略的内涵

竞争战略理论，作为一门重要的商业战略学科，起源于 20 世纪 90 年代，由被誉为"竞争战略之父"的美国学者迈克尔·波特（Michael E. Porter）提出。该理论的基本框架则是由哈佛大学的肯尼斯·安德鲁斯（Kenneth R. Andrews）构想，它构成了企业总体战略中的关键部分。在企业的总体战略指导下，竞争战略具体负责指引和管理各战略业务单元的规划与行动。其核心任务在于优化企业满足顾客需求、与竞争对手的产品关系以及确定企业产品在市场上的位置的方式。

波特的贡献在于将经济学的产业组织理论与企业的竞争战略相结合，创新地提出了五种基本竞争力量的相互作用模型如图 4-1 所示。这包括新进入者的威胁、替代品的威胁、买方的议价能力、卖方的议价能力以及现有竞争者之间的竞争关系。这些力量的相互影响决定了一个行业内的竞争程度及其利润潜力。波特认为，企业能够通过分析这些竞争力量来支撑自己的竞争战略，无论是选择一种或者是多种力量。在决定采取特定的竞争战略之前，企业需要准确评估自己在行业环境中的优势和劣势。这种评估有助于企业决定是采取进攻性战略以利用其优势，还是采取防守性战略来应对潜在的劣势。通过这种战略定位，企业能够更有效地争取到更大的市场份额和利润。这一理论不仅为企业提供了一套清晰的分析和战略制定框架，还为企业如何在激烈的市场竞争中存活和发展提供了实用的指导。

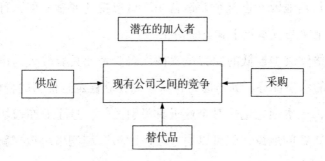

图 4-1　五种竞争动力模式

二、竞争战略的分类

在行业结构分析的基础上，波特提出了三种基本的竞争战略，分别是成本领先战略、差异化战略以及集中化战略。[1] 波特指出，在面对五种竞争力量时，采纳这三种战略中的任意一种都有可能引导企业在市场竞争中脱颖而出。这些战略旨在提高企业在竞争中的地位，有时可能带来较高的收益，在其他情况下，成功实施特定战略可能仅是企业赚取最小利润的基本要求。尽管企业可能希望同时追求多个目标，但实现这种多重目标的可能性较低。实施这些战略通常需要集中全力，并需要相应的组织结构支撑战略实施。

（一）成本领先战略

实施成本领先战略意味着企业必须致力建立高效率的生产规模，利用积累的经验全面降低成本。这不仅包括对生产成本和管理费用的严格控制，而且还涉及尽可能地降低研发、服务、营销和广告等方面的开支。实现这些目标的关键在于管理层必须将成本控制作为重中之重。虽然质

---

[1] 张家瑞：《至驾公司智能汽车业务发展战略研究》，硕士学位论文，吉林大学工商管理学系，2023。

量、服务和其他因素也是企业运营中不可忽视的要素，但这种战略的核心是确保企业的成本低于其竞争对手。

获得整体成本最低的优势位置往往需要企业具有较大的市场份额或其他形式的竞争优势，如与原材料供应商建立稳定且优惠的合作关系。[①]总体来说，成本领先地位对企业极具吸引力。一旦企业在市场上确立了低成本领导者的地位，就可以通过较高的边际利润来再投资新设备，以保持其在成本方面的优势。这种再投资成为维持低成本领先状态的关键先决条件，从而形成良性循环，进一步巩固企业的市场竞争地位。[②]

（二）差异化战略

差异化战略着眼于让企业提供的产品或服务在整个行业内脱颖而出，创造出具有独特性的价值点。这种战略的实施途径多样，包括但不限于树立独特的品牌形象、技术创新、提供独到的性能特征、提升客户服务水平、构建独特的商业网络等。最理想的状态是，企业在上述多个方面同时具备差异化的特色。

当差异化战略得到有效执行时，它能够帮助企业在行业中达到高利润水平，因为该战略创建了一种防御机制来抵御行业中的五大竞争力量，尽管这种防御的方式与成本领先战略不同。波特指出，实行差异化战略有时可能会与扩大市场份额的努力形成对立。这是因为差异化战略要求企业接受其产品或服务的排他性，这种排他性往往与获取市场份额的目标不同步。实施差异化战略通常伴随较高的成本，即使整个行业的消费者都认识到公司提供的独特价值，也不一定所有人都愿意或能够承担相应的高价格。

因此，虽然差异化战略能为企业带来竞争优势，但也要求企业权衡

---

① 习雯：《互联网金融形势下河北省农村信用社发展对策研究》，硕士学位论文，河北地质大学工商管理学系，2019。

② 张帅豪：《MIS在工商管理中的应用研究》，《中小企业管理与科技》2013年第18期。

其与市场份额扩大之间的关系以及准备为此承担较高的成本。在这个过程中，企业需要细致地考量如何在保持独特性的同时，最大限度地吸引广泛的客户群体，确保高额投入能够转化为相应的市场回报。

（三）集中化战略

集中化战略专注服务特定的客户群体、产品线细分市场或特定的地理区域。与低成本战略和差异化战略不同，这两种战略旨在全行业范围内达成其目标，而集中化战略则是建立在为特定目标群体提供优质服务的核心理念基础上。实施此战略时，每项策略的制定都需围绕服务这一特定目标的核心展开。集中化战略的基本出发点是，通过集中资源和注意力，企业能够以更高的效率和更优的成效服务于一个较小的目标市场，从而在这一细分市场中胜过那些目标更广泛的竞争对手。

波特提出，采用集中化战略的企业可能通过两种方式或同时通过两种方式获得竞争优势：一是通过满足特定客户群体的独特需求来实现差异化；二是在服务这些特定客户时实现成本领先。这种方法使得企业有可能获得超过行业平均水平的利润的潜力。这种优势有助于企业抵御行业内的竞争压力。

然而，集中化战略通常意味着企业将自身的市场份额限制在一个较小的范围内，因为它放弃了更广阔市场的直接竞争，专注特定细分市场。因此，集中化战略内在地涉及利润率和销售额之间的权衡关系，企业必须在高利润率和广阔市场份额之间做出选择。这种战略的成功取决于企业能否有效识别并服务于其选定的细分市场，同时保持对成本和差异化的持续关注。

波特强调，企业必须做出明确的战略选择，犹豫不决将会损害其战略定位。这种状况下的企业将面临市场份额和资本投资的不足，这进一步削弱了实施低成本战略所必需的资本基础。企业如果试图在全行业实施差异化战略，就必须放弃追求成本最低的目标。同样，如果企业选择了集中化战略，那么它在一个更有限的领域内建立差异化或低成本优势时，也会面临相似的挑战。企业在战略上的犹豫不决几乎意味着它难以实现高利润。因此，企业需要做出根本的战略决策，一旦企业发现自己处于这种不利的徘徊状态，摆脱它通常需要时间和持续的努力；而企业如果尝试同时采用这三种战略，波特认为这种做法注定会失败，因为这三种战略所需的条件彼此不兼容。

第五节　金融发展理论

金融发展理论随着发展经济学的进步而逐步成型，虽然最初这一理论并未获得广泛重视，直到 20 世纪 60 年代中期，金融产业才开始得到适当的关注并迎来了发展的机遇。到了 1973 年，罗纳德·麦金农（Ronald I. Mckinnon）和 E.S·肖（Shaw E. S.）分别发布了《经济发展中的货币与资本》与《经济发展中的金融深化》两本著作，这两本书的出版标志着金融发展理论的正式确立。[①]麦金农和肖在他们的研究中对发展中国家的金融发展以及金融与经济增长之间的联系进行了深刻的分析，并引入了金融发展理论中两个核心概念：金融抑制和金融深化。他们强调金融发展与经济增长之间存在着相互促进和相互制约的动态关系。

金融机制的建立促进了资金的有效流动和资源配置的效率，进而加快了经济的增长。然而，如果金融机制自身的发展遭遇障碍，如过度的政府干预和管制，则会妨碍经济的进一步发展，导致金融体系的发展与经济结构的需求不匹配，进而引起金融价格的扭曲，影响到整个经济体的运行，这就是所谓的金融抑制现象。相对于金融抑制，金融深化的理

---

① 张立军：《金融发展与收入分配关系研究综述》，《经济学动态》2005 年第 3 期。

论主张减少政府对实际利率的控制，以促进资源的合理分配和提升资金使用的效率。金融抑制与金融深化这两大理念共同构成了金融发展理论的框架。[①]

一、金融抑制

金融抑制是由政府对金融体系的过度干预导致的一种经济现象，这种干预通常表现为行政控制或复杂的税收制度，从而阻碍了金融体系的健康发展，并导致金融发展滞后和扭曲。麦金农和肖在分析中指出，这种干预导致了金融体系与经济发展之间的负面相互作用和恶性循环。在金融抑制的环境下，经济体表现出一种现代化的分割特征，其中大型企业和中小型企业虽然生产相同的产品，但依赖不同的资源和技术。这种分割现象在发展中国家尤为常见，因为这些国家往往对资源实施严格控制，而金融体系的主要运作目标是支持政府的经济发展策略。此外，鉴于在开放经济条件下经济体系的脆弱性，对金融体系进行一定程度的控制和保护似乎是必要的。因此，发展中国家中金融抑制的现象不仅显著，还在一定程度上由其经济发展阶段决定，具有一定的必然性。金融抑制主要有以下几种表现形式。

（一）利率的管制

在探讨金融抑制的广泛研究中，利率管制被认为是至关重要的议题，这主要是由于利率与汇率调节之间存在直接的联系，对于开放经济体系中的经常项目和资本项目产生了重大影响。通过对名义存贷款利率进行管制，目标是减少利率的波动，从而为经济提供一个更加稳定的环境。尽管理想状态下市场应该完全决定利率水平，但实际上，利率作为一种宏观经济调节工具，在经济处于波动期时，对于维持经济平衡起着不可

[①] 王巍：《基于金融发展理论的我国民间金融问题研究》，硕士学位论文，河南大学金融学系，2011。

或缺的作用。特别是在发展中国家，政府往往倾向于维持较低的利率以刺激投资活动，理论上这能够增加具有正净现值的项目数量，从而提升整体的投资比例。然而，这类低于市场平衡水平的利率并不能够准确反映资金的实际供需情况。根据世界银行的数据，很多发展中国家的快速经济增长实际上是建立在非常低乃至负的实际利率基础之上的。[①] 此外，政府对利率进行人为设定和对外汇市场的干预，这些措施大大扭曲了信贷成本和整体价格体系，从而影响了经济的健康发展。

这种对利率和外汇市场的双重控制，虽旨在通过保持低利率来刺激经济增长，却可能导致资源配置效率低下，长期而言可能对经济稳定和增长产生负面影响。因此，控制利率的做法，虽然短期内可能看似有利于经济增长，实际上却可能妨碍了金融市场的正常运作和经济的长期健康发展。

（二）银行存款准备金制度

法定准备金制度作为货币政策的核心组成部分，主要目的是确保银行系统的稳定性并避免因系统性风险而导致银行破产。这一政策在发达国家自20世纪70年代起就维持了相对较低的存款准备金比率。相反，在发展中国家，银行通常被要求保持更高的准备金比率，这既可以通过较低的利率存放于中央银行，也可以通过购入低息的政府债券来实现。这种做法使得商业银行成了政府借贷的一个主要渠道。

较高的准备金比率直接影响了银行可用于放贷的资金量，从而吸收了银行的大量资产。这不仅增加了企业获得贷款的难度，还迫使银行为了维持其盈利水平，不得不采取提高贷款利率或者降低存款利率的措

---

① 王巍：《基于金融发展理论的我国民间金融问题研究》，硕士学位论文，河南大学金融学系，2011。

施。[①]这些做法进一步加剧了金融抑制的情况，限制了经济的增长潜力，因为它降低了资金的流动性和可获得性，影响了企业的扩张和新项目的投资。长期而言，这种制度不仅影响了银行业的健康发展，也抑制了经济的整体活力，特别是在需要资金支持以促进经济增长和创新的发展中国家中。

（三）信贷配给和投资方向的干预

在许多发展中国家，市场上的实际利率通常保持在一个相较均衡水平低的状态，这种现象使得对资金的需求量大大超出了供给量。这一情况下，银行的贷款资源往往不能有效地分配到最需要或最能产生回报的地方。政府通过直接或间接的方式对金融机构进行干预，指令它们以低于市场的利率向某些特定的发展领域或产业提供财务支持，或者利用特定的政策性银行来实现对某些行业的低息贷款。这样的政策虽然可能短期内支持了某些政府认为重要的领域或产业，但长期来看却可能造成资金使用的效率极低，因为资金没有流向那些能够产生最大经济效益的部门。

这种通过政府干预来实现的低效率资金分配模式，实际上阻碍了经济的健康和持续发展。由于资金被导向了可能不是最有效或最需要的领域，不仅减缓了经济增长的速度，还可能导致资源错配，进而阻碍了整个经济体的创新能力和竞争力的提升。此外，这种做法还可能抑制了私人企业的积极性，因为私人企业在面对不公平的贷款条件和市场扭曲时可能会减少投资和创新。因此，这样的金融政策最终不利于实现经济的广泛和均衡发展。

---

① 王巍：《基于金融发展理论的我国民间金融问题研究》，硕士学位论文，河南大学金融学系，2011。

二、金融深化

（一）金融深化的策略

金融深化的策略包含两个主要方面。在信贷领域，政府不应施加过高的存款准备金率、利率上限和信贷配额，而应让利率通过市场作用达到一个统一的、正常的水平。提升利率被视为缓解金融抑制和促进经济增长的关键措施。在宏观政策层面，应当调控物价水平，突出资本的稀缺性，减少不同部门之间投资利率的差异。货币和实物资本在投资中应当是互补的，从而货币积累与实物投资相互依存，利率的提高可以增加货币实际收益，刺激储蓄和投资，这一过程和结果构成所谓的渠道效应。[1]

金融深化改革包含多项措施，涉及六个关键领域：取消利率管制、放宽金融机构监管、建立统一的资本市场、抗击通胀、实施财政改革及调整外贸政策。这些措施共同构成了一套全面的策略，旨在提升金融体系的效率和响应市场的能力。其中，取消利率管制被视为金融深化理论中的核心环节，它的目的是使利率能更真实地反映市场供求状态，从而促进资源的合理配置和金融市场的健康发展。

（二）金融深化的效果

金融深化政策可以引发多种经济效应，包括收入效应、投资效应、储蓄效应和就业效应。随着金融体系的发展，人均货币余额和投资的增加导致收入相应提高。同时，金融体系的发展需要资本和劳动力的投入，这进一步推动了收入效应的形成。接下来是投资效应，这涉及随着收入和储蓄的增加，投资水平的相应提升。更高的利率有助于筛选出效率低下的投资项目，从而提高整体的投资回报。此外，如果储蓄倾向和税率

---

[1] 李朝阳：《我国民间金融对国民经济影响及管理对策研究》，硕士学位论文，国防科学技术大学公共管理学系，2005。

保持不变，收入增加将导致储蓄总额的增加，这种增加又支持了投资的扩大，促进了经济增长，造成储蓄效应。就业效应则体现在金融深化导致的实物资本相对价格上升，使得劳动力成本相对更便宜，这促进了劳动密集型企业的发展，从而带动了就业增长。这些效应共同促进了经济的整体活力和增长。

金融深化理论指出，金融体系的发展与经济增长之间存在着相互促进和相互制约的复杂关系。通过放宽金融领域的管制，健全的金融市场可以通过市场机制的自我调节提高资金使用的效率，确保资金流向更高效率的部门。随着经济的发展，这又反过来促进金融市场的进一步发展和金融体系的完善。因此，金融深化能有效打破金融抑制导致的金融发展与经济增长相互制约的恶性循环，推动经济和金融系统的相互发展。麦金农和肖的研究表明，金融深化通过扩大金融中介的角色，正向地影响实际利率，从而促进储蓄和投资。金融深化的程度与经济增长正相关，即金融发展水平较高的国家经济增长也更为显著。

（三）金融深化理论评价

金融抑制及金融深化理论在分析金融发展对经济增长的影响时，提供了一系列重要的见解，尤其是在针对发展中国家的金融体系方面。麦金农和肖这两位学者挑战了传统的西方金融理论，并认为这些理论在发展中国家的背景下并不完全适用。他们提出了一套专门针对发展中国家的金融体系理论，强调在这些地区，货币和实物资本之间存在互补性关系，而不是西方理论所假设的替代关系。此外，麦金农和肖对凯恩斯主义在通胀影响上的忽视表示批评。他们指出，认为通胀是不可避免的且能促进经济增长的观点，忽略了名义与实际货币量、名义与实际利率之间的重要区别。这种理论的局限性可能导致对发展中国家经济政策的错误指导。

在金融深化理论中，麦金农和肖提出金融和经济发展应该是相互促进的。他们强调，金融体系的健全与否直接影响到经济增长的速度和质量。一个健全的金融体系能够加速经济增长，而金融抑制——即金融市场的不完善和金融资源配置的低效率——则会严重阻碍经济的发展。麦金农和肖进一步指出，金融体系的改革是经济体制改革的关键部分，这一点在传统的经济发展讨论中往往被忽视。他们较早地明确了虚拟经济发展的重要性，打破了仅关注实体经济发展的旧有讨论。他们认为，通过提升金融体系的能力，可以提高资源和资金的使用效率，这对于发展中国家来说是尤为关键的，因为这能够更有效地促进经济增长。因此，麦金农和肖主张将金融发展视为一项关键的经济增长战略，与出口导向等其他发展战略同等重要。他们提倡通过改革和加强金融体系来提高资金配置的效率，从而更好地支持国家的经济发展。[1]

---

[1] 王巍：《基于金融发展理论的我国民间金融问题研究》，硕士学位论文，河南大学金融学系，2011。

第五章 数字技术在金融产业的现实应用

第一节 数字支付革新：构建智能支付体验

近年来，金融服务行业的数字化转型对增强金融机构的市场竞争力以及提升国家综合实力带来了正面效果。这得益于大数据、云计算、区块链和人工智能等先进技术在金融领域的广泛应用，这些技术催生了金融科技这一新兴领域。2018年1月20日，金融科技创新联盟、百度金融和埃森哲在北京共同发布了《与AI共进，智胜未来：智能金融联合报告》，该报告对智能金融的发展战略进行了全面阐释，内容涵盖了发展理念、方法论以及技术与业务的整合等多个方面。报告强调，智能金融作为人工智能等新兴技术与金融服务深度结合的结果，依托庞大且多样化的数据资源和持续进步的计算模型，能够精确地识别并满足客户的金融需求。它将客户需求放在核心位置，对金融价值链以及金融生态系统进行了创新性重构。

一、智能识别，支付更便捷

支付环节作为企业与消费者直接交互的关键点，对企业的盈利能力具有决定性影响。随着科技的快速发展，支付方式的创新和优化已经成为推动金融科技发展的重要方向之一。特别是在智能金融领域，支付场景被视为探索新技术的前沿阵地。随着智能技术的不断进步和成熟，社会正逐步步入一个新的支付时代，这个时代的特点是几乎一切都可以成为支付的媒介，即"万物皆载体"的支付新时代。

在这个新时代中，生物识别技术的应用成为支付领域的一大亮点。人脸识别和指纹识别等生物特征识别技术的出现，不仅大大简化了支付流程，还极大提高了支付的安全性。与传统的密码或签名验证方式相比，生物识别技术能够提供更为直接和个性化的安全保障，因为每个人的生物特征都是独一无二的，这在很大程度上降低了被冒用的风险。目前被广泛应用的生物特征识别支付技术及其代表企业如图 5-1 所示。

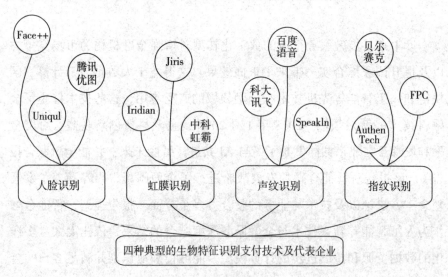

图 5-1　四种典型的生物特征识别支付技术及代表企业

这些技术的应用，不局限于简化支付流程和提高安全性，它们还为企业提供了丰富的用户数据，这些数据能够帮助企业更好地理解消费者的需求和行为模式，进而制定更加精准的市场策略。例如：通过分析消费者在不同场景下的支付行为，企业可以推测消费者的消费习惯和偏好，从而提供更加个性化的产品和服务，增强用户体验，提高用户满意度和忠诚度。

随着技术的不断进步和深入应用，未来的支付方式将更加多样化和智能化。从移动支付到穿戴设备支付，支付技术的创新将不断推动金融服务的发展，也将进一步促进经济的数字化转型。在这一过程中，保障支付安全和提升支付效率仍是技术发展的重要方向，而生物识别等技术的应用将在这一进程中扮演越来越重要的角色。

二、实时监测，提高支付安全性

区块链与人工智能技术的结合为跨境支付领域带来了革命性的进展。这种技术融合不仅使得跨境支付变得更加便捷和高效，还大大增强了支付的安全性。通过减少人工操作的需要，这种技术进步在根本上减少了交易过程中的错误和欺诈的可能性，也降低了因人为因素导致的延误的可能性。

此外，区块链技术的一个核心特点是去中心化，这意味着可以在不依赖传统中介机构如银行和其他金融服务提供商的情况下进行交易。这不仅减少了交易成本，也缩短了交易时间，因为每笔交易都可以直接在买卖双方之间进行，无须经过第三方的审批和处理。

区块链技术还能提供不可篡改的交易记录功能，这为交易的安全性增添了一层重要保障。每笔交易一经确认，其详细信息就会被加密并永久记录在区块链上。这不仅使得交易双方可以随时查询到交易状态，也使得监管机构能够实时监控交易流程，从而有效预防欺诈和洗钱等非法行为。

人工智能技术可以进一步提高跨境支付的效率和安全性。人工智能系统能够快速分析大量的交易数据，识别出潜在的风险和异常模式，并自动采取措施以防止可能的安全威胁。同时，人工智能技术可以优化交易流程,根据历史数据和实时情况自动调整交易路径和方法,以确保资金流动的高效和安全。

三、支付系统的再升级

随着消费环境的日益创新和消费数据的指数级增长,传统的数字支付方式如扫码支付、NFC 近场支付、手环支付等已经难以全面满足现代社会的需求。在这种背景下,基于生物识别技术的智能支付系统迅速崛起,并进入了快速发展的阶段。这些生物识别技术包括人脸识别、指纹识别、声纹识别、虹膜识别等,它们的应用大大增强了支付系统的便捷性和安全性。

技术服务提供商如阿里巴巴、百度等已经为客户开发了多种基于这些先进技术的智能支付场景解决方案。这些解决方案不仅有效促进了企业经营效率的提升,还显著降低了消费者在购物过程中的时间成本,同时确保了支付过程的安全性。智能支付已经成为连接线上和线下交易的重要桥梁,完善了交易系统。

在智能终端、物联网、数据中心等基础设施的支持下,商家能够以多元化的方式向消费者展示场景服务、会员权益、结算支付等多种功能。这种多元化的展示方式不仅丰富了消费者的购物体验,也为商家提供了丰富的消费者行为数据。后台系统能够自动收集并存储消费行为数据和支付数据到数据中心,为商家提供账目核对、经营数据分析、用户精准营销和商业决策等方面的强有力支持。

未来的消费场景,如停车收费、休闲娱乐等生活领域,将进一步利用无感支付等新型技术,为消费者提供一种全新的支付体验。这种支付体验的优化将直接满足人们对于更加美好生活的诉求,通过技术创新不断推动支付方式的演进,使得消费过程更加流畅、安全和便捷,从而达到更高质量的生活标准。

四、智能支付的应用案例

（一）国外智能支付应用案例

2010 年 12 月，印度的 HDFC 银行开创了银行业的新纪元，通过与人工智能公司 NIKI.AI 的合作，推出了行业内首个聊天机器人。这项创新不仅标志着对话式银行的开始，还为处理各种银行业务提供了一种全新的途径。随着时间的推移，HDFC 银行不断扩展其技术的应用范围，涵盖了支付交易、流动性管理以及反洗钱等关键领域。这些技术的引入和应用大大提高了银行操作的效率和安全性。

随着技术的成熟与发展，其他银行也开始探索类似的技术解决方案以增强自身服务的质量和安全。例如，2019 年 7 月，花旗中国推出了"异常付款侦测系统解决方案"。该方案运用先进的机器学习算法，精确地把握并学习企业客户的支付行为特征。通过对历史数据的深入分析，系统能够根据每个客户独有的支付习惯设计并实施专属的监控方案。这不仅增强了对异常交易的监测能力，还能在异常支付发生时提供即时预警，从而有效地保障客户资金的安全。这些技术解决方案的实施，无疑加强了银行业务的自动化和智能化水平，同时也提升了客户体验。通过自动处理日常事务，银行能够更快地响应客户需求，减少了人为错误的可能性，并且优化了业务流程的效率。此外，智能系统对异常模式的快速识别和响应能力，显著提高了防范金融犯罪的能力，增强了整个银行系统的安全性。这些进步不仅限于简化操作和增强安全，还通过数据驱动的洞察帮助银行更好地理解客户需求，从而设计出更符合客户期望的产品和服务。例如：通过分析客户的交易模式和反馈，银行可以推出更符合客户需求的金融产品，提供更个性化的服务。

（二）国内智能支付应用案例

2015 年 3 月，平安银行在银行业内首次引入了通过手机银行实现的

"智能语音"支付功能。该功能能自动识别收款人的相关信息及交易金额，支持如"语音支付"和"语音取现"等操作。这一创新使得银行交易更加便捷，用户通过简单的语音指令即可完成复杂的支付操作。

2016年，中国工商银行推出了智能服务机器人"工小智"，并将其应用于融e联、融e行以及微信等多个服务渠道。该机器人的识别准确率高达98%。通过与大数据、客户画像及自动学习技术的结合，"工小智"不仅能进行产品营销，还能处理业务并进行售后追踪，提供了一站式的全流程服务。这种服务的全面性和高效性极大地提升了客户体验和服务质量。

2018年初，中国工商银行进一步扩展了其技术应用，将机器人流程自动化（robotic process automation, RPA）技术引入本外币跨境外汇查询业务。在此过程中，根据查询内容设定不同场景，机器人通过分析海量数据报文学习，当收到查询报文时能自动进行识别、分析并生成正确率高达98%的查复报文。这一技术的应用不仅提高了响应速度，还增强了查询服务的准确性。

2019年10月，中国银联携手多家银行，推出了创新的智能支付产品——"刷脸付"。该产品利用人工智能和大数据等先进技术，用户只需在手机银行或云闪付客户端一次性注册并关联银联卡，便可以在指定的商超、餐饮或酒店等商户使用面部识别技术完成支付。此种支付方式无需使用手机或银行卡等物理支付工具，用户仅需根据提示完成"刷脸"操作并输入支付口令，即可完成交易。这种支付方式的便捷性和安全性，极大地提高了用户的支付体验。

2020年，中国工商银行将RPA技术的应用范围再次扩大，将其推广至本外币挂账处理业务。该技术能够根据挂账时间和报文状态自动生成跨行、跨境等报表，并自动发送给相关分行。这一应用避免了手工制表的重复劳动，极大地提高了工作效率，也减少了因人为错误可能造成的风险。

第二节 人工智能驱动的投资：基于 AI 的基金量化交易

人工智能技术投资界的应用已经有悠久的历史，其中，人工神经网络技术的运用尤其受到投资专业人士的高度评价。这种技术在应对金融市场的波动和不确定性方面展现了独特的能力，它能够探索和利用数据之间的非线性关系，并利用新的数据持续对模型进行调整和完善，使得投资策略能够灵活适应外部环境的变化。

美国作为全球资产管理行业的领头羊，其注册投资公司管理的资产规模已连续多年保持全球领先地位。美国不仅拥有全球最大的基金市场，在发展程度上也处于全球领先水平。美国在人工智能应用方面的成果，为进一步推动人工智能技术在投资领域的应用提供了宝贵的参考和指导。这不仅有助于促进投资策略的创新和优化，也为全球投资行业的发展贡献了重要的智慧和经验。

一、利用人工智能优化投资模型以实现长期盈利

与传统的量化投资基金相比，人工智能基金呈现出了显著的优势，尤其在减少因人为操作错误所带来的损失方面。它们能够迅速处理大量数据，精确地调整和优化模型中的关键参数，从而为投资者创造持续的盈利可能。在这一领域，由 Y Combinator 孵化器支持的金融科技初创企业 Pit.AI，正通过人工智能技术向客户提供对冲基金交易的解决方案，这标志着对冲基金管理从人力主导向机器主导的重大转变。

在对冲基金行业，人力资源的成本长期以来一直是企业成本支出中的一大块。Pit.AI 通过引入机器来代替传统的人工操作，不仅显著提升了

交易的效率和盈利能力，还大大降低了企业的人力成本。对于投资人而言，与 Pit.AI 的合作模式极具吸引力——他们仅需向 Pit.AI 支付所获利润的一定比例资金，而无须承担常规的基金管理费用。此外，Pit.AI 的费用收取机制也体现了对投资者利益的保护，只有当基金为投资者带来的收益达到一定标准时，Pit.AI 才会要求分享利润，通常是收取盈利的 30%。

为了进一步与投资人的利益保持一致，Pit.AI 计划推出一种弹性的收费制度。这意味着，当基金的收益较低时，Pit.AI 将收取较低的费用，甚至可能不收取费用。相反，当基金收益较高时，Pit.AI 则会收取更高比例的费用。这种灵活的收费机制旨在鼓励更多的投资人信任并使用人工智能技术进行投资，同时保证了 Pit.AI 能够在提高投资收益的同时获得合理的报酬。

二、通过数据驱动的机器学习模型优化实现高效智能量化交易

在传统基金管理模式中，管理公司依赖经验丰富的交易员，并辅以多种交易算法来辅助这些交易员作出交易决策。然而，这种运作方式在风险控制方面存在一定的局限性。原因在于，传统的量化交易模型通常是基于一组特定条件下的静态模型，这些模型很难有效适应市场环境和客户需求的快速变化。此外，多个交易员采用的交易算法往往具有较高的相似性，导致交易策略出现同质化现象，这在一定程度上增加了集中风险，降低了风险分散的可能性。

相对于传统模式，智能量化交易则展示了其在应对上述挑战方面的独特优势。智能量化交易利用海量的数据资源——包括财务数据、市场数据和交易数据等——构建模型，并通过提取关键特征、运用回归分析等算法设计出交易方案。更进一步，智能量化交易方案通过对机器学习算法模型利用这些数据进行训练，并持续进行优化，从而显著提升了交易决策的灵活性和适应性，有效降低了投资风险。

Pit.AI 作为一个基于机器学习算法进行基金管理的典型例子，为解决传统交易方式的问题提供了一条有效途径。一方面，Pit.AI 利用的机器学习算法能够不断自我迭代，持续寻找更为优化的交易策略。另一方面，Pit.AI 所采用的算法引入了随机性元素，使得交易策略更加多元化。这种多元化的策略有助于为投资人进行科学合理的投资，实现风险的有效分散。

三、AI 基金：实时数据驱动的个性化投资解决方案

AI 基金通过人工智能和大数据技术，收集那些经过认证并与客户高度相关的实时数据。这种技术的应用使金融机构能够深入分析客户在不同场景下的即时投资需求，从而提供量身定制的投资建议。这种个性化的服务不仅满足了客户的特定需求，也显著提升了客户的满意度和忠诚度。

在金融机构的经营管理层面，这种实时数据的应用和分析能够为基金公司提供强大的支持。具体来说，它帮助基金公司精确识别市场趋势和客户需求，从而为客户制定更为有效的投资策略和运营计划。此外，通过对客户需求的深入了解，基金公司可以优化产品和服务的匹配度，从而减少不必要的成本支出，提高运营效率。

同时，AI 基金的应用有助于基金公司发掘新的盈利模式和收入来源。除了传统的投资和资产管理业务，基金公司可以利用 AI 技术提供更多增值服务，如财务规划、投资顾问、市场分析等，这些服务不仅能够为客户带来更多的价值，也为基金公司本身创造了额外的收益渠道。

总体来说，AI 基金的实施让金融机构能够以更高的效率和精确度满足客户的投资需求，同时为基金公司本身的经营管理、成本控制和收入增长提供了强大的支撑。这不仅推动了基金公司经营水平的整体提升，也为金融行业的创新和发展开辟了新的道路。

四、AI 驱动基金管理：平衡个性化需求与投资收益

在传统的基金管理模式中，基金经理因其掌握的专业知识和信息优势而占据着决定性地位。这种模式往往导致投资者的个性化和多元化需求难以得到充分满足，主要是因为信息的不对称以及缺乏针对个别投资者需求的定制化服务。投资者往往只能选择那些被设计为适应广泛市场需求的标准化投资产品，而无法根据自己的具体情况作出更为精细化的投资决策。

然而，随着人工智能技术的发展，尤其是机器学习的应用在金融领域的不断深入，这一局面正在发生变化。基金经理现在能够利用 AI 技术，如机器学习算法，来深入分析大量的市场数据和客户信息，从而理解和预测客户的个性化投资需求。这种技术的应用使基金经理不仅能够在宏观层面上制定投资策略，还能根据每个客户的特定需求进行个性化的资产配置和调仓换股。

通过这种方式，基金管理不再是一个静态的、一刀切的过程，而是成了一个动态的、可定制的服务，更好地服务于客户的多样化需求。这对于提高客户满意度、增强客户忠诚度具有显著的作用，也为基金经理提供了更为广阔的操作空间和创新机会。

尽管如此，金融科技公司在应用这些先进技术时还面临着一项重要挑战：在满足客户个性化需求与保障投资收益之间找到一个合理的平衡点。一方面，过度追求个性化服务可能会增加投资组合的管理难度和成本，甚至可能因为缺乏集中化的投资策略而降低整体的投资效率；另一方面，如果无法提供足够的个性化服务，又会失去使用 AI 技术的初衷，影响客户体验和满意度。因此，金融科技公司必须通过不断的技术创新和策略调整，寻找到既能充分利用 AI 技术满足客户个性化需求、又能确保投资组合收益稳健的最佳路径。这可能包括开发更为精准的客户分析工具、设计灵活的投资产品结构以及建立高效的风险管理机制等。通过

这些努力，金融科技公司能够为投资者提供更为优质、高效的服务，也为自身的持续发展和竞争力提升打下坚实的基础。

AI 基金行业虽然还处于发展的初级阶段，但已经展现出巨大的潜力和前景。在当前的实践中，投资机构通常采取将 AI 系统与基金经理相结合的管理模式，这种模式的核心在于利用大量数据对 AI 系统进行持续的训练和优化，从而为基金经理提供决策过程中的有效支持和指导。例如：日本的一个 AI 对冲基金通过对大量历史数据和市场趋势的分析，成功预测了英国脱欧公投的结果，并据此调整了其股指期货的持仓策略。在整个日本股票市场普遍表现不佳的背景下，该基金凭借这一精准的预测获得了非常可观的投资回报。这一案例充分展示了 AI 技术在金融投资领域的巨大应用潜力。

AI 基金的一个显著优势在于其自主学习的能力。随着时间的推移和数据资源的不断积累，AI 系统的分析和预测能力会逐步提高。这不仅能够帮助基金经理更有效地进行资产配置和风险管理，还能为投资者提供规避风险和提高收益的有效途径。与传统的基金管理模式相比，AI 基金通过深度学习和模式识别等技术，可以更加精准地捕捉市场动态和投资机会，从而在复杂多变的金融市场中帮助企业保持竞争优势。然而，AI 基金行业的发展也面临着一些挑战和问题，如数据质量和完整性的问题、模型的透明度和解释能力以及如何平衡机器决策和人类直觉等。为了克服这些挑战，投资机构需要不断探索和优化 AI 系统的应用策略，也需要加强对 AI 技术的研究和开发，以提升系统的稳定性和准确性。

第三节　信贷服务的数字化转型：实现端到端的智能化升级

信贷服务的数字化转型旨在利用人工智能和大数据技术构建的信用评估模型，结合知识图谱，为创建客户的用户画像提供支持，从而协助信贷审批工作人员评估客户的还款能力、还款意向及违约风险，旨在提升信贷决策的效率和科学性。

一、个人信贷：端到端的智能化处理

在传统的个人信用风险评估程序中，个人信用评分法（FICO）是一种广泛应用的方法。此方法通过对客户的 FICO 信用分进行评估（分数介于 325 至 900 之间），主要侧重五个关键指标的分析，如图 5-2 所示。

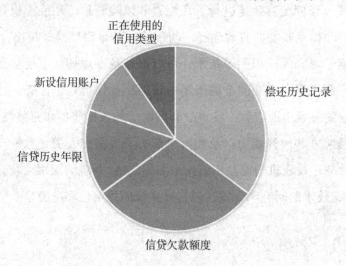

图 5-2　个人信用评级法 FICO 需考虑的五大指标

根据图表，此评分机制高度依赖于客户的信用历史，这引出了几个

问题：一是无法为那些缺乏信用记录的年轻人或移民等群体进行评分；二是评分的精度有限，例如：一个因股市波动而失去房产的客户可能仍拥有高价值汽车，可显示出其充足的偿还能力，但按 FICO 评分标准判断，该客户可能会被赋予较低分数。此外，FICO 数据的滞后性可能导致即使评分较高的客户也会出现逾期支付问题，这对金融机构的风险管理十分不利。因此，近年来，多数金融机构开始降低在信用评分过程中对 FICO 分数的依赖，转而收集客户相关数据并使用经过多轮优化的模型进行评分，有的机构甚至完全不使用 FICO 评估了。金融机构通过将人工智能技术应用于个人信用风险评估，可以利用机器学习算法来完善客户的信用画像。相比于使用传统信用局数据进行评分，采用分类和回归决策树算法处理消费者信用历史与消费数据进行评分能更准确地区分信用状况不佳与良好的消费者，并对信用评分处于中等的消费者行为进行预测。

以深度学习技术在信用评估中的应用为例，过去被视作次要的信息，如消费者在应用程序中的行为或近期的活动记录，现在在深度学习的帮助下成为评估消费者偿还能力和意愿等关键因素的重要数据。例如：美国网络借贷平台 Upgrade 利用人工智能技术对客户信用进行评估，将地理位置数据与宏观经济情况和市场因素结合起来，提高了对客户分析的准确性，并通过搜集用户在网络平台的行为数据来获取关于用户自由现金流、支付习惯、逾期金额及逾期时间的信息。同样，金融科技公司 Random Forest Capital 也应用人工智能技术于信用评估，指出传统的债券承销模式成本高且效率低，难以有效管理风险。通过使用机器学习算法对债券进行定价，该公司能够提高债券销售的效率和准确性，及时发现潜在风险，使投资者和借款者均受益。美国对个人数据和隐私保护的法律法规比较严格，这对金融机构使用人工智能技术评估客户信用构成了挑战。为客户提供满足其个性化需求的定制化金融产品和服务是金融机构转型的关键目标之一。具备智能获客、验证/反欺诈、大数据风控等全方位智能化能力是个人信贷机构实现智能化转型的重要体现。

（一）反欺诈智能化

信贷业务中，团伙欺诈成为一项主要难题，近年来此类事件频繁发生。随着高科技的发展，诈骗团队的隐蔽性增强，内部分工更为精细化，对银行在贷款审批前的反欺诈工作造成了不少挑战。为此，银行收集了大量的欺诈案例数据，通过机器学习算法的训练，总结出欺诈事件的特点和诈骗团队的异常行为，结合地理位置和活动时间等信息，可以有效识别和评估潜在的欺诈风险，增强反欺诈效能。在以人工智能为主导的智能风控环境中，银行能够运用更多样化的反欺诈策略。例如：通过采用生物识别和复杂网络技术，银行能够建立一个多层次、全方位的反欺诈系统。此外，基于人工智能的征信反欺诈解决方案能够利用知识图谱和深度学习技术，整合来自各个渠道的大数据，包括合作伙伴、下游企业、竞争者以及企业内部运营的信息，以发现征信数据中的不一致之处，帮助金融机构迅速识别潜在风险。

（二）信息核验智能化

在客户信息验证阶段，银行需确认客户身份信息的真实与有效性，并对其偿还能力及意愿进行评估。网络信贷业务的迅速扩展对银行的处理能力提出了更高要求。传统的人工客户信息核验方式已不再满足这些需求。智能信贷审核技术的引入被视为解决此问题的关键。通过要求借款人填写调查问卷来搜集信息，智能信审系统能够基于问卷结果进行申请人身份的二次确认，迅速识别出提交的信息与分析数据之间的差异。系统会利用借款人提供的信息与数据库中的数据进行比对验证，并据此生成智能化的信审问卷。每回答完一个问题，系统根据回答即刻生成下一问题。这一过程最终产生一份详尽的客户信息验证报告，为审批人员提供了有效的决策支持。

（三）信用评估智能化

客户的信用评分会直接决定银行信贷产品的额度与利率是否恰当以及坏账率是否处于可管理的水平。因此，完成贷前信用评价对银行执行信贷业务至关重要。在进行贷前信用评估时，智能系统会评估包括个人客户的授信上限、在其他平台的债务比例以及现有的债务比例等多个因素，以决定客户的实际可用授信额度。这里，个人客户的授信上限是通过贷款策略和评分模型共同决定的；其他平台的债务比例是依据系统定期从第三方平台收集的信用报告来确定的；现有的债务比例是基于客户在本银行的长期和短期消费类授信、信用卡透支等已使用的额度来判断的。若客户所申请的授信额度超过智能系统计算出的可用额度，系统将自动拒绝该申请；如果没有超出，则申请将被送入审批流程。

二、企业信贷

贸易融资、企业信用贷款、供应链金融等对公信贷业务展示了金融科技在创造价值方面的关键作用，包括简化放贷机构的单据确权过程、完善企业信用体系和丰富企业经营信息等方面。通过整合大数据、物联网、人工智能等多项技术的智能信用评估系统能够分析客户的交易、社交和行为等多种数据，帮助金融机构构建多维度的信用评估体系，并自动进行客户信用评估。这对于那些缺少信用记录的年轻人群体尤为重要，因为这一群体通常对小额贷款有较高需求，但由于缺乏信用记录而难以通过传统渠道获取贷款。智能信用评估系统的应用能够有效地解决这一挑战。目前，国内已有多个金融企业运用人工智能技术建立了新的信用评估体系，为广大民众提供小额贷款服务。

数字金融消除了金融机构与潜在客户间的信息障碍，让小型和微型企业能够通过正规途径轻松快速地接触到融资资源。由于金融领域的大数据源泉丰富、种类繁多，企业信贷机构在收集数据时必须验证数据的真实性和准确性。此外，这些机构能够通过网络渠道迅速获取企业的实际运营情况及相关信息，基于此为申请贷款的企业设定合理的信用评分和贷款额度。表 5-1 对传统企业信贷风险评估要素与基于大数据的风险评估要素进行了比较分析。

表 5-1　企业信贷传统风险评估要素与基于大数据的风险评估要素对比

分类		传统风险评估要素	基于大数据的风险评估要素
描述类信息	基本信息	证件信息、工商信息、税务信息、荣誉信息、存贷款余额	无
	财务信息	报表信息、审计信息、债务/债权信息、上市信息、资产信息、近3年利润排名	近三年利润排名
行为类信息	经营信息	产品信息、业务流水凭证、市场信息	市场信息、网络营销信息
	历史联络信息	业务咨询、投诉建议、履约历史	业务咨询、投诉建议、履约历史
	评价信息	资本增长率	资本增长率、企业发展前景得分、领导者素质得分、行业发展状况、主要产品寿命周期得分、搜索速度、UGC 语义倾向、社交媒体信息
	风险信息	内部风险评级信息	外部征信报告、监管信息、额度信息、反欺诈信息、黑名单信息、预警信息
关联类信息	业务往来信息	合约信息、账户信息	合约信息、账户信息、上游供应商信息、渠道分销商信息

续　表

分类		传统风险评估要素	基于大数据的风险评估要素
关联类信息	关系族谱	无	关键联络人、高管、外部企业关联情况、外部自然人关联情况、外部集团关联情况、外部监管部门关联情况、周边活跃用户数、法人互联网行为特征

三、信贷服务数字化转型的成果展示——以中国银行为例

在当今经济与金融的快速发展中，数字化转型已成为提升金融服务质量与效率的关键驱动力。例如：中国银行作为国内领先的金融机构，在推动信贷服务数字化转型方面展现出显著的成效。通过在 2023 年度业绩发布会上的详细阐述，中国银行介绍了其在信贷服务领域取得的重大进展及未来的发展策略。

中国银行在信贷服务的数字化转型中，不断优化信贷结构，致力服务实体经济，并通过增强贷款投放的质效，支持国内需求的有效扩大和区域协调发展。在 2023 年，该行的境内人民币贷款新增高达 2.28 万亿元，这一增长速度体现了其在信贷服务上的竞争优势和市场响应力。更值得注意的是，境内人民币中长期贷款的余额比例达到了 74.14%，履行了中国银行对稳定和长期发展的承诺。

在信贷服务的具体应用中，中国银行深入了包括普惠、民营、绿色以及战略性新兴产业在内的多个领域，实现了信贷增速的领先。通过这些措施，该行不仅优化了信贷结构，也为经济的多元化发展提供了坚实的金融支持。例如：对科技创新、民营小微企业、先进制造业、绿色发展等领域的加大信贷支持，旨在推动这些领域的高质量发展。中国银行还特别强调了对消费贷款的增长贡献，通过满足刚性和改善性住房融资

需求，助力扩展新型消费场景。此外，该行通过优化新增贷款投向，支持产业的技术升级和数字化转型，如在高端装备、新能源及智能网联汽车等领域的金融服务。这些措施不仅提升了信贷资源的使用效率，也促进了经济的可持续发展。

中国银行的数字化转型成果在其首席信息官孟茜的陈述中得到了具体展示。2023 年，中国银行加快了"业数技"融合，投入巨大资源于科技创新和数字化基础设施的建设。例如：新建的绿色数据中心在内蒙古和林格尔新区投入运营，极大增强了中国银行的技术架构转型和数据处理能力。此外，中国银行还积极推进了包括精准营销、反洗钱、反欺诈在内的多个领域的数据分析应用，提高了服务的精准性和效率。

数字化服务的提升也表现在全球统一支付平台的支持能力上，中国银行支持 50 多种货币清算，并直连本地清算系统，为全球化服务提供了坚实的技术支持。此外，通过"中银 e 企赢"平台，中国银行为全球近 5 万家企业提供了跨境撮合综合服务，促进了国际合作与经贸发展。

第四节　投资研究的智能化：精确制定投资策略

全球专业服务机构毕马威发布的报告《未来财富管理：全球及中国行业趋势及展望》指出，中国的财富管理行业市场潜力巨大。根据高盛研究报告，截至 2020 年，中国居民个人的可投资资产总额达到了 31 万亿美元，预计在 2021 至 2025 年间将持续实现两位数增长率，预期到 2025 年，这一数字将增至 50 万亿美元。随着国家经济的稳健前行，这个规模预计将持续稳定增长。中国庞大的财富管理市场规模及其日益增长的多样化需求，为投资研究和资产管理等金融服务领域带来了显著的挑战。

一、数据分析与挖掘能力

传统金融业的一大难题在于其数据分析及挖掘能力不足。这些庞大而复杂、形式多样且看似无序的数据集合，实际上存在着深层次的联系和规律，而金融机构的主要任务就是对这些数据进行发掘和利用，目的在于更有效地规避风险，并为客户以及自身创造更大的价值。随着人工智能、大数据技术的发展与应用，金融机构被赋予了强大的数据分析与挖掘能力，这不仅使它们能够挖掘数据资源的潜在价值，还能够充分利用这些资源以驱动价值创造。

金融行业是最早进行信息化转型的行业之一，有大量可供利用的数据资源。值得注意的是，能够为金融行业创造价值的数据资源远不止于传统的金融数据，它还包括社交媒体数据、交通流量数据、电子商务数据等多种形式的数据。这些数据被恰当分析与利用时，能够极大地增强金融服务的效能和范围。

金融业历史上的发展证明，哪怕是微小的技术创新，也有可能带来产值的显著增长。作为一种前沿技术，人工智能的潜力在未来将如同水和电一样，成为不可或缺的基础设施，对金融业的作用将是巨大而深远的。目前，人工智能技术已经在金融行业的多个方面展现出其应用价值，其中智能投研便是一个典型例子。通过应用深度学习、自然语言处理等先进技术，智能投研能够自动化地收集、处理和分析信息，为分析师、投资者和基金经理等提供有力的决策支持，从而显著提高他们的工作效率并降低投资风险。

二、智能系统的客观性和稳定性

（一）客观性

在传统的人工投研过程中，难以完全排除人为的主观因素影响，这可能导致因个人原因而造成的资产损失现象，甚至出现职权滥用以谋求私利的情形。相对于此，智能投研主要依托机器学习算法构建的智能系统，其特点在于具备更高的客观性和稳定性，能够实现全天候不间断工作，同时在成本上相较传统方法更为经济。

在人力驱动的投研活动中，需要通过人工手段收集和处理大量的数据，这一过程涵盖了数据的搜集、提取、分析以及结果的产出等多个环节。将这些环节交由智能系统完成，不仅可以显著提升在数据搜集的广度和优化在数据处理的效率方面的表现，还能在速度和精确度上超越人力操作。

通过利用智能系统，金融机构可以实现更加高效和准确的投研活动。智能投研系统能够快速处理和分析海量数据，识别市场趋势和投资机会，同时减少人为错误和偏见的可能性，为投资决策提供坚实的数据支持。这种技术进步不仅提高了投资研究的效率，还通过降低成本和提高投资的精确度，为金融机构和投资者创造了更大的价值。

（二）稳定性

在传统的人工投研活动中，面临的一个主要挑战是"信息孤岛"现象。这是因为投研团队在时间和精力上的限制使得在搜集各类数据（涵盖金融机构内部积累的数据、产业链上下游的数据、竞争者的数据以及跨行业的数据等）时，难以达到数据全面性的要求。此外，由于团队成员变动等原因，这种传统的人工投研方式所提供的投研报告在质量上也缺乏稳定性。与此相比，智能投研系统在数据搜集、储存和处理等方面展现出优异的性能，能够迅速融合大量的内外部数据资源，并通过分析和计算出具有个性化的投研解决方案，以生成投研报告，从而满足用户的定制化需求。

1. 数据搜集、储存和处理

智能投研系统利用大量行业内的大数据资源和先进的智能算法，通过自动化流程执行投资数据的搜集和处理、量化分析、撰写报告以及发出风险警示等任务。这种技术支持使得投资者、基金经理、金融分析师等专业人士在进行投资研究时，能够获得有效的指导和帮助。在智能投研系统中，数据不仅是实现智能化投研的基石，更是确保分析准确性和投研结果有效性的关键要素。逻辑性或数据间的相关性是决定智能投研成败的核心因素。

为了顺利开展智能投研工作，相关金融机构或研究团队必须首先确保对各类数据资源进行有效的整合和存储，并实现数据管理的标准化。这一步骤是智能投研流程的基础，确保了数据资源的可用性和整合性。随后，在此基础上，机构将依托智能算法对数据进行深入的处理和分析，从而挖掘出对投资决策有价值的信息。这种从数据收集到分析再到报告生成的自动化流程，大大提高了投研活动的效率和精度，同时降低了人为错误的可能性，为金融行业带来了革命性的变化。通过智能投研，投资领域的专业人士能够更快速、更准确地作出投资决策，同时更有效地识别和管理投资过程中的潜在风险。

2. 构建研究报告知识图谱体系

智能投研通过构建研究报告的知识图谱体系，不仅能有效地扩充信息来源，还能显著提高知识抽取和分析的效率。这种技术在信息搜寻、文本报告编制、资产管理等专业领域内，能创造出巨大价值。随着智能投研技术逐渐到达成熟阶段，金融机构预计将能够实现从信息搜集到报告生成等投研活动全流程的集成化管理。借助成熟且高效的智能算法，金融机构将能够构建一个覆盖整个行业的全面研究体系，这将为金融产品的创新和服务的优化提供有力支持。

这种技术的发展不仅可以扩展金融研究的深度和广度，还能使金融机构在激烈的市场竞争中占据优势，通过提供更加精准、更具洞见的投资建议和金融解决方案，满足客户的需求。此外，智能投研的应用还意味着金融机构可以更快速地响应市场变化，预测市场趋势，从而在金融市场上作出更加明智的投资决策。最终，智能投研将推动整个金融行业向着更加高效、更加智能化的方向发展，为金融机构提供了前所未有的动力和机遇，促进整个行业的创新和进步。

第五节　金融科技在金融产业的现实应用

一、金融科技在银行业的现实应用

在互联网技术尚未广泛普及的时代，大部分银行业务如存取款、汇款、换汇等，都需要客户直接到银行的营业网点办理，这不仅导致客户需要等待较长时间，也限制了银行的运营效率。然而，随着互联网、大数据、生物识别等先进技术的广泛应用，金融科技不再仅仅是一个概念，而是逐渐成了现实。这些技术的应用引发了银行业的巨大变革。金融科技在银行业的运用表现在多个方面。

（一）金融科技在银行业的应用特点

1. 身份识别智能化

识别客户身份一直是银行业乃至整个金融行业提供专业服务的基础。在银行处理客户业务的过程中，无论是通过线上还是线下渠道，身份验证都是必不可少的步骤。对于一些重要的业务，客户还需携带相关证件亲自前往银行的实体网点办理。长时间以来，银行卡成为人们外出时的必带物品，不仅因为银行办理各项业务时需要客户出示银行卡，就连通过柜台或 ATM 取款也离不开实体银行卡的支持。因此，银行卡一度成为银行识别客户身份的一个关键工具。

随着智能设备，尤其是智能手机的广泛普及，智能手机逐渐转变成许多人（尤其是年轻人）外出时的必备品。利用智能手机，客户能够在

ATM 终端实现"手机银行扫码取款"操作，而这些操作不再依赖实体银行卡。在日常生活中，许多人甚至选择只携带智能手机，使得银行卡不再是出门的必需品，智能手机成为新的客户身份识别工具。

伴随着生物识别技术的快速发展，这种技术开始成为银行识别客户身份的新途径。与智能手机中的数据信息相比，人脸、指纹、虹膜等生物数据的复制难度较高，这些生物特征具有不可复制的独特性。生物识别技术因其便捷性、安全性和普及性，为客户提供了一种更加简便和安全的身份验证方法，客户只需利用自己的生物特征即可完成身份认证。这种技术的应用不仅提高了银行业务的效率，也增强了交易的安全性，为金融服务的创新和发展开辟了新的道路。

2. 产品、服务可视化

对于个人客户而言，销售理财产品和推荐特色服务构成了银行的核心业务之一。通过销售理财产品，如理财产品、保险、基金、国债、贵金属等，银行能够获得佣金收入。而提供特色服务，如出国金融、信用卡定制、VIP 客服等，则有助于提升客户的忠诚度，巩固现有业务并拓展新的业务渠道。

银行在向客户推荐产品和服务的实际操作中，采用了多种方式，包括官方媒体推广、线下活动推广、第三方平台广告、电话营销、电子邮件、纸质宣传册以及手机应用程序的定向推送等多种形式。在这些推广手段中，纸质宣传册在银行营业厅内的使用尤为普遍，银行员工会向在营业厅等待办理业务的客户分发宣传册，以介绍银行最新的产品和服务，引导客户的金融需求，开发新的业务。

然而，随着新型技术的广泛应用，亲自到营业厅办理业务的客户数量正逐渐减少。即便是到访营业厅的客户，由于等待时间的大幅缩短，往往没有足够的时间去阅读纸质宣传材料。因此，银行迫切需要开发新的业务推荐方式，让客户在确保合规的同时，以简单、高效、易懂的方式接收业务信息。

随着增强现实和虚拟现实技术在银行业务中的应用，可视化服务开始得到客户的广泛接受。通过在银行营业厅设置的 AR/VR 体验区，客户可以自主选择感兴趣的功能模块进行互动体验。通过可视化的方式传递信息，使得银行服务更易于被普通客户理解和接受。此外，将 AR 功能模块集成到手机客户端，不仅能够为客户提供更灵活的时间选择，也能扩大服务空间的选择范围，从而显著提升客户服务的整体体验。

3. 业务办理智能化

随着先进技术的应用不断扩展到银行领域，银行业务正逐年迅速向"离柜"操作转移。在这一趋势下，越来越多的银行在其线下营业网点中引入了"智能柜台机"。目前，客户可以通过使用"智能柜台机"自助完成一系列业务，包括但不限于个人账户的开立，银行卡的申请、激活，挂失、换卡、网银注册、存款、提款、转账汇款、信用卡还款，各类生活缴费以及账户流水的查询和打印等。

"智能柜台机"的引入使得来访客户能够自助办理多种业务，显著提升了银行营业网点的运营效率。同时，当客户在自助办理业务过程中遇到任何问题，银行的工作人员随时待命提供帮助，从而确保了综合服务体验的优质性。此外，随着人工智能、生物识别技术以及移动互联网技术的进步，客户现在通过手机客户端、PC 端的网上银行以及电话银行等多种方式，均可享受到银行提供的智能化服务。人工智能技术为线上服务系统增加了智能分析和判断的功能，使客户无须深入探索各个功能模块，便能实时接受智能化的服务引导，极大地丰富了客户的服务体验。生物识别技术与人工智能的结合，进一步加强了客户身份的安全识别，有效提升了客户与银行之间的安全保障。同时，移动互联网技术让客户突破了传统物理网点在时间和地点上的限制，获得了随时随地接入银行智能化服务的可能性。

4. 交易信息的存储和追踪

银行业务范围广泛，每一刻都在产生庞大的交易数据量。为了确保这些交易数据能够被快速、精确且安全地保存，同时实现对交易信息的实时跟踪，银行行业不断利用新兴技术来优化交易数据的存储和追踪过程。区块链技术，最初作为比特币的基础技术而被开发出来。该技术通过加密算法创建，能够记录一定时间段内的所有交易数据，形成数据块，这些数据块被用来验证后续交易的有效性并生成新的数据块。

区块链技术通过重新定义信息记录和交易流程，实现了交易成本的降低和效率的提升。这不仅为银行业带来了数据处理上的革命性改进，也为整个金融行业的发展方向提供了新的视角。

5. 风险管理

全球各地的大型银行为了遵守监管部门的合规要求，持续投入巨额资本用于建立健全的信用机制和征信系统，同时也投入高成本聘请顶尖技术人才。银行在进行客户认知（Know your customer, KYC）和反洗钱（Anti money laundering, AML）流程时，独立运作的部门需要对客户进行重复的背景调查和信用记录检查，这不仅降低了银行吸纳新客户的效率，也造成了资源的显著浪费。

区块链技术在优化银行业 AML 和 KYC 流程方面的应用具有多方面的优势。首先，利用分布式账本技术的不可篡改的时间戳和全网共治的特性，对每一笔金融交易进行详尽的追踪，防止非法资金流动对社会和经济造成的损害。其次，区块链的全网数据共享减少了重复的审查工作。此外，所有参与方的信用记录和交易信息保存在区块链的总账本中，实现了信息的共享，能够在 KYC 流程中迅速获取新客户的全部资料，从而节省时间并提高效率。安全性也因区块链的分布式数据库结构而得到增强，没有任何单个节点能够控制整个数据库，显著提高了数据安全性。每个节点对数据的任何操作都会被其他节点即时监测，强化了对数据泄露的监控。最后，节点的关键身份信息以私钥形式存在，确保了即使数据被泄露，没有私钥也无法匹配到节点身份，保障了信息的安全。

（二）金融科技在银行业的应用案例分析——以 Z 银行为例

1. Z 银行数字发展历程

Z 银行股份有限公司，作为 2003 年《中国商业银行法》修订后成立的首家全国性股份制银行，自创立伊始便引入了国际资本，标志着中国银行业全新的发展阶段。该银行总部设在天津，成立于 2005 年 12 月 30 日。随着时间的推移，Z 银行已经扩展至全国范围，覆盖 25 个省、自治区、直辖市，包括 5 个副省级城市及香港特别行政区，业务网络遍布全国 64 个重点城市。至今，Z 银行已设立 36 家一级分行，包括苏州、青岛和宁波三家直属一级分行以及 1 家境外分行，此外还有 32 家二级分行和 192 家支行。

面对数字经济的浪潮，Z 银行于 2020 年启动了数字化转型计划。此举是为了适应国家关于"数字中国"战略的大背景，该战略在党的二十大报告中被强调，充分认识了数字经济发展的战略重要性。到了 2022 年，尽管全球和国内宏观经济面临诸多挑战，Z 银行仍旧坚持其数字化转型的道路，并且取得了显著的成效。根据 Z 银行 2022 年的年报，银行的总资产规模达到了 1.66 万亿元，较 2021 年增长了 4.85%，达到了 16 594.60 亿元。其中，净资产增至 1 099.51 亿元，同比增长 3.18%。Z 银行的持续增长和扩张不仅展示了其在金融领域的实力和竞争力，也反映了其在应对复杂经济环境中的稳健管理和前瞻性战略的重要性。通过积极拥抱数字化，Z 银行不仅提高了业务效率，还增强了客户服务的质量，为其在激烈的市场竞争中保持领先地位提供了坚实的基础。

在数字化转型过程中，Z 银行采取了多项措施来确保技术的先进性和业务的高效运营。通过投资最新的信息技术，优化客户交互平台，以及推广线上线下结合的服务模式，银行不断提升其服务质量和市场响应速度。此外，Z银行还重视数据安全和客户隐私保护，确保在快速发展的同时，客户资料和交易安全得到充分保障。

2.Z银行数字化发展的现实状况

（1）构建数字化战略并优化组织架构。在金融科技迅猛发展的大环境中，众多银行正加速制定和实施数字化转型战略，以便快速适应市场变化。Z银行秉承其企业愿景——打造"最佳体验的现代财资管家"，致力构建一个具有人情味的敏捷银行模式。这一战略不仅聚焦科技的深度融合，还强调在客户服务、产品设计、市场营销、技术开发及风险管理等各业务领域中的协同工作，以实现资源的开放共享和组织的共治。

为了推动这一转型，Z银行特别成立了一个数字化组织架构，这一举措旨在打破传统部门之间的界限，加强内部沟通，从而更好地实现战略规划与数字化建设。通过整体优化组织架构，Z银行力图实现业务流程的一体化转型，确保各项业务与科技创新的高效对接。进一步的组织变革发生在2017年，当时Z银行启动了事业部制度的改革。具体变革中，原本的"网络银行部"被转型升级为"金融科技事业部"，这一改变标志着Z银行在组织架构上的重大调整，旨在更好地融合科技力量推进业务创新。2022年，根据半年报的信息，该部门再次更名为"网络金融部"，此举强调了部门职能的转变，即从技术支持转向更加专注于线上渠道的业务开展。至于内部的具体架构调整，如图5-3所示，Z银行在科技领域已形成了"三部门四委员会"的组织模式。这种设置不仅体现了银行对科技和数字化的高度重视，也展示了其在实施数字化策略时的细致和系统性。通过这些内部构架的优化和调整，Z银行旨在建立一个敏捷、开放和高效的运作模式，以科技为支撑，实现全行业务的无缝对接和高效运作。

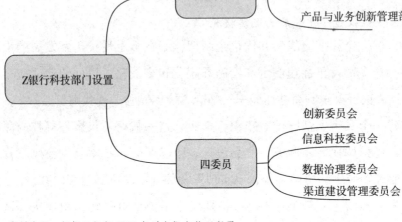

资料来源：根据 Z 银行 2022 年财务报表整理所得

图 5-3　Z 银行科技管理部门设置

（2）强化线上渠道管理能力，推出升级版手机银行应用程序。随着数字消费习惯的形成，人们对手机银行的使用率显著提高。Z 银行响应这一变化，持续加强其数字金融战略，通过加速软件版本的迭代更新和优化服务内容，显著增强了其数字化经营能力，使得交易渗透率持续增长。

Z 银行推出的新版手机银行，以"金融使生活更美好"为主题，于 2022 年正式对外发布。该版本的发布标志着 Z 银行在提升用户体验和扩展服务功能上迈出了重要步伐。为了满足广大用户的需求，新版手机银行在多个方面进行了深入的优化和升级。首先，新版应用在账户和支付服务方面实现了全面开放，支持所有用户无门槛登录，无论是本行还是他行的卡都可以绑定手机银行进行消费和移动支付。此外，新版手机银行提供了本行及他行账户的查询管理，收支分析以及资产负债视图等服务，极大地方便了用户的日常金融管理。其次，安全性方面也得到了显著加强。Z 银行升级了云证书和生物识别等安全手段，并利用知识图谱技术提高了风险识别的准确率。此外，银行还构建了一个智能交易反欺诈平台，可以实时监控线上交易的风险，确保用户交易的安全。在财富管理部分，新版手机银行对财富板块进行了重构，不断扩充理财、基金、保险、存款、信托和贵金属等财富产品线。针对财富客群，Z 银行还特别推出了线上财富顾问专享服务，并引入了全新的资讯频道和智能产品推荐功能，构建了"智能理财 + 财富陪伴"的综合服务模式。此外，新版手机银行还扩展了应用场景，基于机器人流程自动化技术和机器学习等核心技术，推出了人机智能产品推荐和业务咨询服务管家"小渤"。这些高级功能不仅提供了全关系图谱，还能量身定制贴心的陪伴式管家服务，显著提升了手机银行线上渠道的全面价值。

新版本的手机银行自上线以来，受到了用户的广泛欢迎，效果显著。2022 年 7 月，新增注册客户数的增速达到了上半年平均月增速的三倍，这一数据充分证明了新版手机银行在市场上的成功和用户对于高质量数字银行服务的强烈需求。

（3）强化生态银行服务并发展云网点新渠道。Z 银行在生态银行建设方面进入了新的发展阶段，采取了全方位的策略，旨在向所有用户提供贯穿全时域的金融服务。银行通过解耦整合和模块封装的方法，利用 API 服务、HTML5、小程序及金融云服务等多种技术手段，实现了产品与服务、交易与流程、数据与算法的开放，同时连接了行业生态。

在这个基础上，Z 银行推出了"渤商赢"综合解决方案，旨在扩大资金结算规模。该方案聚焦于零售普惠平台商户，不仅帮助客户降低了成本并提高效率，还创造了"支付 + 场景"的轻量级速赢产品。这些产品围绕支付结算场景，助力银行在批零联动业务中实现规模提升，并逐步形成了"渤银E付"产品系列。为了持续优化服务，Z 银行致力完善"走出去、请进来、共生共建"的体系建设。该银行通过建立产品货架，将信贷类、财富类及代销产品进行适网化、标准化包装及输出，将金融服务及产品深入融入各种生态场景。此外，Z银行还实现了登录认证、订单查询处理、客户权益等级等账户与交易信息与生态场景的无缝对接。在创新方面，Z银行通过多维度经营，成功打造了线上金融服务营业厅，即云网点。这些云网点围绕生态场景内各类客户的需求提供金融服务，不仅有效获客，还建立了一个线上客户"蓄水池"。通过深入洞察客户需求，Z银行能够挖掘客户在金融场景中的具体需求，并以电子产品将生态客户引流至线下网点，从而提升客户活跃度和留存度。

最终，这些策略和实践形成了对整个圈链、行业及生态客户的全面覆盖和经营，使得"网点"成了Z银行新的业务增长点。通过这一系列措施，Z银行不仅强化了自身的服务能力，也为银行带来了新的增长机遇，标志着其在金融服务领域的持续创新和领先。

（4）扩大数字化投资，增加信息科技专业人才。Z银行为确保高质量地转型发展，持续加大对数字化的投入。截至2022年6月末，该行在数字化方面的投资达到了50 528.69万元。这一策略反映了对当前金融科技趋势的应对，也是响应行业内对高效、便捷服务需求的增加。

如图5-4所示，2020—2022年，Z银行的数字化投入在营收中所占的比重呈现逐年上升趋势，由2020年的1.72%增长至2022年上半年的3.75%。这一增长不仅显示了银行在技术革新上的坚定决心，也表明了投资的有效性和重要性。在具体项目上，Z银行已经完成了多个关键数字化建设项目，包括新版手机银行、新版企业网银、数字化营销与运营平台、财务共享平台、大监督管理平台以及数据资产管理平台的上线等。此外，银行全面推进了新一代分布式业务中台、新一代网点渠道和电子渠道以及整合了湖仓一体的大数据平台三大工程的建设。这些进展为银行向全面数字化银行的转型提供了坚实的技术支撑。进一步地，Z银行还加速推动了新一代票据系统、基金智能投顾交易系统、金融市场统一报价平台、风险计量中心系统的建设，这些都是银行数字化战略的关键组成部分，全面促进了银行的数字化转型。

为了支持这一大规模的技术革新，Z 银行积极推进了数据中心的搬迁工作，按期完成了 2000 平方米机房环境的搭建，并顺利通过了监管验收。此举全面布局了基础设施的多中心、多活架构，显著提高了数据中心的弹性以及持续的供给能力。在系统运维方面，生产系统的总体可用率达到了 99.9% 以上，关键系统的可用率更是达到了 99.95% 以上，未发生任何重大中断事件。除了技术投入，Z 银行还将人才创新与科技创新相结合，稳步推进金融科技人才的引进工作。银行高薪资引进了具有大型互联网企业经验的专业人才，同时也大力吸引了来自重点高校的优秀毕业生，加强了人才储备和培养。根据图 5-5 可知，2020 年至 2022 年上半年，Z 银行数字化人才的占比稳步上升，截至 2022 年 6 月末，数字化人才共有 905 人，科技人员占全行员工比例达到 7.48%。

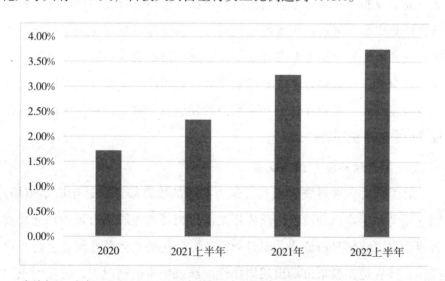

资料来源：根据 Z 银行 2020—2022 年年报及半年报整理所得

图 5-4　近两年 Z 银行数字化投入占营收比变化

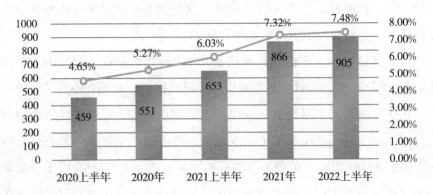

资料来源：根据 Z 银行 2020—2022 年年报及半年报整理所得

图 5-5　近两年 Z 银行数字化信息科技员工及占比变化

二、金融科技在证券业的创新应用

证券市场作为现代金融体系的核心部分，已成为包括互联网、区块链、人工智能等新兴技术应用的热点区域。这些以科技为基础的金融创新在证券市场上展现出极大的应用潜力。在证券市场的许多子领域，如客户认证、证券交易等业务环节中，金融科技的引入不仅保障了证券系统的安全，也显著提升了业务的运作效率。因此，众多金融机构正投入大量研发资源，希望在这个充满潜力的领域占据领先位置。金融科技在证券业有以下应用特点。

（一）远程操控，线上认证

对于广大普通投资者而言，最为熟悉的投资渠道莫过于股票市场。在互联网和生物识别技术广泛应用之前，想要进入股票市场的普通投资者通常需要携带身份证明，亲自前往证券公司的实体营业网点进行开户操作。特别是在股票市场出现周期性上涨或牛市的情况下，营业网点的开户人数会急剧增加，导致普通投资者在开户时需要长时间等待。

随着互联网和生物识别技术的进步，加上监管政策的适当放宽，如今大多数证券公司已为普通个人投资者提供了线上开户服务。在这种新的服务模式下，尤其是对于那些与互联网共同成长起来的一代人来说，他们更倾向于通过移动互联网连接证券公司的开户系统和银行的存管系统，运用图像识别、人脸识别、声纹识别等先进技术进行身份验证，从而顺利完成线上开户过程。

与传统实体营业厅的身份验证方式相比，远程线上认证提供了24小时在线身份验证服务（无须排队）、远程智能客服的实时服务等个性化特色服务。这不仅极大地提升了普通投资者的服务体验，也显著提高了证券公司的运营效率。此外，实体营业网点也因此得以从烦琐的日常业务中解放出来，能够更加专注于为客户提供更具附加值的个性化和定制化金融服务。

（二）交易系统功能多样化

在证券投资领域中，参与者主要包括普通个人投资者和机构投资者等不同主体。投资的种类繁多，涵盖股票、期货、债券等多个细分市场。对于经验丰富的机构投资者来说，得益于数十年的行业经验积累，他们通常能够获得资金供应、技术支援、专家建议、最新市场信息以及政策层面的支持等各类资源，这在很大程度上能够保障他们的投资收益。相比之下，普通个人投资者能够接触到的资源相对有限。

然而，随着金融科技在证券领域的广泛应用，证券交易的方式已经发生了显著变化。特别是对于以股票交易为主的普通个人投资者，从实体营业厅到PC端电脑，再进一步到更为便捷的智能化终端，如智能手机，投资者现在可以无视物理距离的限制，在正常的交易时间内随时进行证券投资。

为了适应这一变化，证券公司和金融科技公司纷纷推出了功能丰富的移动端交易系统。这些系统不仅能够快速、准确地完成交易指令，还加入了更多辅助功能模块，为投资者特别是普通个人投资者提供了更全面的投资交易辅助。例如：平安证券推出的手机客户端不仅支持基本的股票交易，还增加了投资者教育、国债理财、融资融券、自选股追踪、实时行情、智能选股等多种功能，这使得普通个人投资者在清楚了解投资风险的基础上，能够获得更丰富的投资信息、更广泛的投资选择和更智能化的投资指导。

（三）互联网 + 资产证券化

资产证券化的核心在于如何有效进行风险控制和资产评级。以房屋贷款为例，在传统信贷模式中，金融机构（通常是银行）向购房者提供贷款，并与购房者建立借贷关系。考虑到房屋贷款通常具有较长的还款周期，银行面临的风险相对较大，因此，对房屋贷款的审批过程极为谨慎。

在资产证券化的操作模式中，银行将这些房屋贷款转换为可以公开出售的证券化资产，这一转变加速了银行资金的流转，为银行带来了稳定而可观的收益。然而，这一模式也带来了新的风险：为了追求更高的利润，一些银行可能会降低风险控制标准，从而增加业务量。这意味着即使一些不符合贷款条件的购房者也可能获得贷款和购买房产，这种做法最终可能导致系统性金融风险的出现。

在"互联网 + 资产证券化"的背景下，风险控制同样至关重要，尤其是当基础资产来自互联网消费贷款的情况下。以电商平台如天猫、京东为例，它们通过对会员的购买行为、消费水平和个人信息数据进行建模分析，为每位会员划分相应的风险等级，并根据这一等级提供相应的信用额度。与传统金融机构的信用评估体系相比，基于互联网大数据的信用评价体系覆盖了更广泛的数据维度。通过结合"传统信用报告"与"互联网大数据信用评估"的方法，可以有效降低违约风险，提升信贷业务的效率。这种方法确保了基于此类基础资产的资产证券化产品能够为交易各方提供稳定的收益。

（四）区块链 + 证券发行、交易

证券登记与发行构成了证券交易市场的根基，区块链技术的应用预示着资本市场基础设施将经历根本性的变革。区块链所记录的交易数据不仅透明、易于追踪，还极难被篡改，这意味着市场上任何交易双方的互动都能被精确追溯和核实。这对于证券登记、股权管理以及证券发行交易的数字化管理极为有利，也满足了证券交易监管和审计的需求。此外，区块链技术的引入也让证券的发行与交易过程变得更加高效与安全。

三、金融科技在保险业的开发利用

保险作为风险管理的一种基本工具，在市场经济中发挥着关键作用，是金融和社会保障系统的一个重要组成部分。从经济的角度看，保险提供了一种财务机制来分摊意外事件引起的损失；从法律的角度来看，保险是基于合同的一种安排，通过这种合同，一方承诺补偿另一方的损失；在社会层面上，保险是社会保障机制的关键元素，起着社会经济"稳定器"的作用；在风险管理的层面，保险被视为管理风险的一种手段。随着社会向数字化转型，保险销售的渠道变得更加多样，客户对保险产品的期待也随之提高。在这种情况下，当价值链的某些部分变得商品化，客户的选择越来越依赖品牌的信誉和保险公司业绩的透明度。监管机构对保险业务流程的完整性和透明度的要求意味着客户体验将成为保险公司关注的焦点，而金融科技的利用将使保险机构能够满足这些新的期待。

（一）金融科技在保险业的应用特点

1. 整体业务流程的大数据智能分析

保险业的稳定性建立在遵守"大数法则"的基础上，这一原则使保险公司能够开发新产品并确定费率。在数据收集和传输技术尚未高度发展的时代，保险公司主要依据官方平台发布的月度、季度和年度数据来调整其产品开发策略。由于大多数保险公司依赖的数据来源比较单一，

且所采用的数据处理模型十分相似，这导致了同类型保险产品在费率设定、理赔金额确定和市场策略等方面高度一致，从而使产品和服务高度同质化。随着智能化设备的普及，众多领域已实现了数据的实时采集和传输。例如：GPS 设备能够记录汽车的行驶数据，智能手环能够监测佩戴者的心跳和心率，智能集装箱能够传输货物的位置、温度和湿度等信息。保险公司现在可以通过数据传输接口实时获得与业务相关的数据，并通过对整个业务流程进行实时的智能大数据分析，为特定的目标客户群开发个性化的保险产品和服务解决方案。

2015 年，我国部分试点城市开始推广车险费率市场化，这标志着新型大数据技术已经从理论和模型阶段走向实际应用。经营车险业务的保险公司通过汇总、分析和建模投保客户的相关数据，包括投保信息、出险记录、理赔历史和日常行驶区域等，从而跳出传统的定价策略，推出市场化的车险费率。这一做法提高了出险频率较高客户的投保门槛，有效降低了骗保案件的发生率，为保险公司节省了大量的综合业务成本。因此，对于出险频率较低的优质客户，其保费负担得以显著减轻。

2. 互联网技术应用于保险业务

互联网保险代表了通过互联网和移动通信技术，保险公司向客户提供保险服务的创新金融业务模式。[1]2016 年夏季达沃斯论坛上，中国保监会的高层领导曾指出，互联网保险标志着保险行业向互联网时代的转型和创新。在美国和日本，网络保险业务已经取得了快速的发展。美国之所以能够快速发展网络保险，归功于国家层面对寿险互联网化的推动；而日本网络保险行业的快速发展，则得益于其长期运行良好的保险体系和公众对保险的高度认识，尤其是因为日本位于自然灾害频发的地区。

随着我国社会保险的普及，商业保险正在成为社会保障的有效补充，

---

① 杨望、郭晓涛：《互联网保险五模式行业未来六趋势》，《当代金融家》2018 年第 1 期。

逐渐获得更多民众的认可。互联网技术的广泛应用，加上云计算、大数据、人工智能和区块链等新兴技术在金融行业的推广，互联网保险在中国市场的发展势头强劲。在金融科技大发展之前，由于人力运营成本的限制，金融行业通常只服务于高净值客户，保险行业也是如此。与这些高净值客户相比，"长尾客户"虽然每个人可支配的资产规模较小，但人数庞大，累积起来的资产总量巨大。在互联网环境下，获取客户的成本显著降低，这使得"长尾客户"能够享有高效的金融服务。[①] 随着保险行业越来越多地采用互联网技术，保险公司的在线运营成本将显著减少，"长尾客户"将成为未来互联网保险市场的关键消费者。互联网的普及使得有相同保障需求的个人无视地理限制聚集起来，形成基于共识的互助保险计划，充分发挥了互联网在实现保险互助本质功能上的优势，有效推动保险业务"取之于众，用之于众，风险共担，利益共享"的原始宗旨。

3. 区块链技术应用于保险业务

保险行业的根本在于互帮互助，其核心运营原则是确保信息的公开、资金的透明以及参与各方之间的高度信任。这些原则与近年来受到广泛关注的区块链技术高度一致。区块链技术的便捷性、安全性、去中心化和透明性特征，能够有效地解决保险行业存在的信息不对称、高理赔率和互助保险中的道德风险等问题。将互助保险模式构建在区块链技术之上，可以实现消费者的风险信息、投保及理赔记录、健康及财产信息的全面记录，并由所有参与者在区块链上分布式存储。每个保单在区块链上以智能合约的形式存在，一旦发生理赔情况，即可通过接口与医院、汽车修理等第三方确认，自动触发所有理赔流程，这不仅保证了流程的公平正义，还大大减少了处理理赔所需的时间。

---

① 杨望、郭晓涛:《互联网保险五模式行业未来六趋势》,《当代金融家》2018年第1期。

（1）降低信息不对称，减轻逆向选择和道德风险。在保险行业中，信息不对称问题表现在两个主要层面。一方面，大部分保险消费者对保险产品的复杂性和专业知识的掌握程度远不及保险公司。另一方面，保险公司通常难以全面了解投保人的真实风险状况。因此，当面对新客户或新业务时，保险公司通常依赖概率假设和历史数据来评估风险，这种方法不足以针对不同客户的具体风险情况进行有效区分。这常常导致表现良好的消费者面临过高的保费问题，有时甚至远超他们的风险实际值。此外，由于消费者对保险产品的理解不足以及对复杂条款的忽视，一些道德标准不高的保险公司设定苛刻的免赔条件和条款，使得理赔过程复杂且不透明，这进一步损害了消费者的利益。为了解决这种信息不对称问题，区块链技术及智能合约在保险领域的应用展现出了显著的潜力。

区块链技术通过创建一个透明且不可篡改的数据记录系统，有助于实时记录保险人的信息披露以及消费者的风险状态。例如：消费者的健康记录、汽车牌照、维修历史等关键信息都可以被完整且安全地记录在区块链上，这不仅减少了信息被篡改的风险，还能有效降低欺诈行为的发生。同时，保险公司可以利用区块链记录的数据对消费者的理赔历史进行分析，从而进行更精确的分类管理和风险评估。通过这种方式，区块链技术不仅可以减少索赔过程中的争议，还能有效避免由于信息不对称导致的不合理高赔付问题。此外，这种技术的应用也推动了保险市场的公平性，使得保险产品和服务的提供更加符合消费者的实际需求和风险状况，从而提高了整个行业的效率和信任度。

（2）提升初创保险公司的专业性。保险行业是涉及国家经济和人民生活的关键领域，每一款保险产品的推出都必须经过严格的监管审核和合规检查。保险产品覆盖了众多专业的子领域，如重疾险、意外险、财产险等，这些产品的开发需进行细致的风险评估，其定价模型须基于深入的分析和假设。在保险业务的实施阶段，如责任认定和保单维护等关键环节，也需经过详尽的讨论。对于传统保险机构而言，有效整合这些业务环节，主要依赖经验丰富的专家团队。对初创保险公司而言，迅速吸引首批客户的关键在于根据市场需求和科技发展，推出满足消费者需求的创新保险产品和服务模式，然而，它们的专业度往往是消费者所关心的问题。通过区块链技术，保单能以智能合约的形式存在，初创公司能够减少对专业知识的依赖和运营决策的复杂性；同时，消费者可以实时查看资金池的透明运作状况，监管机构也能即时监控风险和合规性，确保初创公司不会发生重大违规事件和决策道德风险。①

（3）满足保险市场的更多保障需求。在中国，保险市场虽然品种丰富，但在创新方面仍显不足。保险的核心功能是利用大数法则来分散个体风险。近年来，区块链技术的出现为保险行业提供了新的发展机遇，特别是在新兴的区块链互助型保险公司中。这些公司通过使用区块链记录的高质量数据，能进行深入的分析，从而开发出针对特定细分市场的定制化产品，如为重大疾病患者提供心理辅导的专门保险产品。此外，这些创新公司通过简化保险条款和优化理赔流程，努力扩大保险产品的覆盖范围和提高市场渗透率。区块链技术的不可篡改性和时间戳功能使保险公司能够在通常难以获取信用记录的领域推广创新保险产品，提供更广泛的服务。尤其在中国，保险行业在许多高风险领域的参与尚显薄弱，如自愿器官捐献医疗保险和胎儿先天性疾病保险等。这些高风险领域提供了巨大的市场潜力，也是区块链互助型保险公司未来可能集中发展的重点领域。通过区块链技术，可以更有效地记录和验证相关健康数据，确保信息的真实性和透明性，从而为这些复杂且敏感的保险领域提供可靠的保险服务。

区块链互助型保险公司的兴起，预示着保险行业的一种革命性变革。

---

① 杨望、郭晓涛：《区块链助力保险业回归互助本质》，《金融博览》2017年第17期。

通过这种技术，企业不仅可以提高数据处理的透明度和效率，还可以建立起一种更加信任的保险服务体系，尤其在处理高风险或少数群体保险产品时更显其价值。这种新兴的业务模式通过提供更具针对性和人性化的保险产品，有望吸引更多的消费者，特别是那些传统保险产品未能覆盖或服务不到的消费者群体。

（4）去信任化的互助共享。区块链技术的潜力主要表现在可以在信息不平等和缺乏有效性及真实性认证的环境中构建一个去信任化的社会，从而支持经济系统的健康运作。基于智能合约的互助保险模式改变了传统保险公司作为资金池控制者的角色，并且终止了其以往通过收取佣金及拒绝赔付来获取利益的行为。[①] 在此模式中，消费者享有加入和退出的自由选择权，并能透明地监督发起者的活动及资金流动，消除了欺诈和资金挪用的担忧。理赔和保费的交易均为点对点，直接满足消费者需求，推动保险行业迈向真正的互助共享时代。

（二）金融科技在保险业的应用案例分析——以 K 保险公司为例

1.K 保险公司简介

K 保险公司总部位于北京，凭借其悠久的历史、庞大的规模以及超强的综合实力，对国内乃至全世界财险市场都产生了重大影响。

K 保险公司有广泛的业务范围，包括财产损失保险、责任保险、信用保险、意外伤害保险、短期健康保险以及保证保险等，涉及人民币和外币两种币种的保险业务。该公司还从事与上述保险业务相关的再保险业务，提供包括财产保险、意外伤害保险和短期健康保险在内的服务与咨询。此外，公司还承担代理其他保险机构的相关业务，进行符合国家法律法规的投资和资金运用以及开展经国家保险监管机构批准的其他相关业务。在国内，K 保险公司的服务网络广泛，覆盖全国城乡各地。具

---

① 杨望、郭晓涛：《区块链助力保险业回归互助本质》，《金融博览》2017 年第 17 期。

体包括 36 家省级分公司、1 家航运保险运营中心、1 家再保险运营中心、357 家中心支公司、3120 家支公司、986 家营业部及 8431 家营销服务部。在国际上，公司的业务遍及 142 个国家和地区，特别是在"一带一路"倡议沿线的 49 个国家中有着深厚的业务布局。

K 保险公司以习近平新时代中国特色社会主义思想为指导，汲取党百年奋斗的宝贵经验。公司以服务国家发展大局为核心，将深化保险供给侧结构性改革作为工作主线，以体制机制的改革为推动力，强化以党建为引领的战略保障。此外，公司大力实施科技赋能和创新驱动策略，坚守风险底线，全面服务于实体经济的发展，致力推动"卓越保险战略"的实现。K 保险公司坚持"人民保险，服务人民"的宗旨和使命，将"诚信、专业、创新、卓越"四大企业价值观深入日常工作的每一个环节。同时，公司积极弘扬"担当、协同、清正、奉献"的企业精神，这些都为公司朝向"建设全球卓越保险集团"以及成为世界一流财险公司的愿景提供了坚实的文化支持和思想保障。通过这些综合措施，K 保险公司不仅稳固了其在国内市场的领导地位，也在国际保险市场上展示了其卓越的品牌实力和全球视野。

2.K 保险公司数字化转型的营销案例

近年来，K 保险公司在数字化转型的道路上持续探索并取得了显著的进展。公司针对商业模式、智慧营销、产品创新、精准营销和智能风控等关键领域，提出了一系列赋能措施，推动了数字化营销的全面升级。这些措施主要聚焦利用技术优势，实现保险销售流程的全生命周期管理，包括业务环节的移动化、线上化、一体化、智能化和平台化。通过这种方式，K 保险公司不仅提升了操作效率和服务质量，还孕育了新的商业模式，为公司的长期发展注入了新的动力。

在商业模式的创新方面，K 保险公司积极探索如何将保险服务融入社会治理，通过产品创新和新科技的运用，跨越了传统保险服务的界限。

这一过程涉及将传统的保单购买和风险转移模式转化为依托数字科技的风险减量管理。此外，公司还将事故发生后的补偿机制转变为涵盖全流程的风险管理模式，并将原有的单一责任风险保障扩展为提供一揽子的全方位风险保障服务。

这种新型的商业模式为客户创造了安全、经济且高效的商业价值。例如：Z 保险公司推出的城镇住房综合保险服务，就是一个典型的实践案例。该服务不仅涵盖住房的基本保险需求，还提供了全面的风险管理解决方案。另一个案例是"陪你等"航延险服务，该服务通过实时数据监控和预警系统，大幅提升了服务的响应速度和效率，为客户在航班延误时提供及时的支持和保障。这些创新举措展示了 K 保险公司在扩展保险服务功能和提升客户体验方面的努力和成果。

在精准营销的实践中，K 保险公司针对市场的新需求和变化不断的环境，精心构建了一个全方位、多层次的客户标签体系。这一体系能够形成一个统一的客户视图和全面的 360 度客户画像。通过这些综合数据工具，K 保险公司得以精准地识别潜在客户，并满足客户对保险产品的个性化和差异化需求。

K 保险公司进一步利用大数据技术如特征工程和协同过滤，对客户的消费行为和偏好、群体消费模式以及产品类别等多个维度进行深入分析和建模。这样的分析和建模帮助客户获得了智能产品推荐，从而更准确地定位客户需求并提供相应的产品解决方案。为了更好地实施这一策略，K 保险公司推出了名为"大数据应用子弹计划"的项目，这一计划聚焦于一线业务的发展，旨在通过精准的客户识别和触达，构建一个"千人千面、一人一策"的大数据营销体系。这种系统的实施已经带来了显著的成果。目前，K 保险公司通过该策略已经达到了超过 1000 万的验真客户数，成功推动了业务营销的产能提升，超过 2000 万元的额外收入归功于此。这一成绩表明，K 保险公司通过移除中介环节、降低成本、优化服务并增强客户黏性，有效地实现了公司的战略发展要求。此外，"精准营销"模块还整合了K保险公司内部和外部的客户数据资源，通过这种整合，公司能够提升保险密度，并有效支持基层一线业务的营销活动。目前，K保险公司通过对存量客户的精准营销活动已经创造了超过4.2亿的保费收入。这一成绩不仅凸显了精准营销策略的高效性，还凸显了大数据在现代保险业务中的重要应用，为公司带来了可观的商业价值和竞争优势。

K保险公司成功建立了一个面向分散性客户、营销员和保险代理人的综合性聚合平台，名为"K保险公司V盟"。该平台具备安全、高效、可追溯的特点，极大地促进了移动销售模式的创新。通过"V盟"平台的运用，公司明显优化了出单流程，这不仅极大地推动了单均小、成交分散的非车险产品的销售，还使得销售过程更为便捷，承保更为简单，极大地便利了从业人员在分散性市场的业务营销活动。

在智慧营销的实践中，K保险公司利用官网、APP和公众号等多个数字渠道，有效地推进了承保流程的线上化和移动化。这些措施将客户、市场、销售和服务紧密结合起来，实现了营销和服务的无缝对接。通过这些数字化工具，公司不仅提高了业务处理的效率，还优化了客户的购买体验，使客户能够在任何时间、任何地点，通过任何设备访问保险服务，享受更为便捷和高效的服务。这种集成化和智能化的营销策略，使得K保险公司能够更好地适应市场的变化，满足了客户的多样化需求。通过"V盟"平台的实施和智慧营销工具的应用，K保险公司不仅加强了与客户的互动，也提升了市场的响应速度，增强了竞争优势。

为了支持以客户为中心的销售模式转型，K保险公司投资建设了一个综合的营销管理系统。该系统涵盖了PC版、PAD版、手机版，全面支撑公司的数字化销售策略。通过这一平台，K保险公司能够实现对客户洞察、需求统筹管理以及资源统一调配的有效控制，从而提供一种全方位的客户服务体验。此外，K 保险公司在保险业务的后端营销环节也采用了前沿的技术。公司整合了自然语言处理、语音识别和图像识别等人工智能技术，与业务场景进行了深度融合。这些技术的应用不仅仅局限于客服支持，还扩展到了理赔和内部控制等关键环节。例如：在客服部门，通过语音识别技术可以快速准确地捕捉并响应客户需求，大幅提升了响应效率和客户满意度。在理赔环节，图像识别技术被用来加快理赔过程，通过自动化分析受损资产的图片来评估损失，从而缩短了整个理赔周期，减少了客户的等待时间。

这些人工智能技术的应用，有效地贯穿了保险业务营销的全流程，显著提高了公司的数字化营销效能。通过这些技术的融合与应用，K 保险公司不仅增强了其业务操作的灵活性和效率，也在市场中树立了创新和技术领先的形象。

K 保险公司在推进技术创新和提高服务效率方面采取了多项措施，这些措施包括开发了面向员工的"K 保险公司 e 通"和面向客户的"K 保险公司 APP"。这两个平台实现了与各类社交媒体服务平台的对接，确保了跨平台操作以及无纸化办公，从而实现了与客户、员工及社会大众的全面连接。此外，K 保险公司还利用生物识别技术，如脸谱识别，来提升客户体验。这项技术已被应用于登录认证和养殖保险标的识别等场景，不仅大大提升了客户满意度，还降低了风险，并有效地防范了保险欺诈行为。通过这种方式，公司能够确保客户数据的安全性和服务的可靠性，同时提高了业务操作的效率和准确性。

在营销产品的创新方面，K 保险公司构建了基于 OBD 终端和车联网的大数据平台。该平台通过采集车辆实时监控数据、驾驶行为数据以及外部环境数据，能够从人、车、环境三个方面全面洞察风险。这一综合数据分析为公司在车险领域实施更公平、更精准的差异化定价策略提供了有效途径。这种基于数据的定价策略不仅使保险产品更加符合客户的实际需求，也提高了价格设置的合理性和市场的竞争力。

3.K 保险公司数字化转型的营销成果

在当今快速变化的商业环境中，数字化转型已成为公司保持竞争力的关键。K 保险公司通过建立和完善一套综合的数字化资产体系，致力发挥其管理和营销活动的最大化效率和效果。该体系包括数据资产、客户资产、知识资产和智能资产，旨在通过深度挖掘和利用这些资源，推动数据资产的价值化管理，实现客户资产的深度开发，充分应用知识资产，并通过智能资产有效赋能营销活动。同时，K 保险公司在风险控制方面也进行了数字化的革新。公司建立了与数字化转型相匹配的风险控制体系，不仅拓宽了风控的覆盖范围，还将风控策略融入营销活动的全价值链中。通过持续优化和迭代风控模型，丰富风险预警和拦截模型，并加强风险自动化拦截与应急处置，K 保险公司提高了风险防控的及时性，并在数字化营销转型过程中坚决守住风险底线。

在技术应用方面，公司加速了数据要素的流动，促进了数据的汇集，并加强了数据标准服务的能力建设。优化数据供应体系后，数据分析对营销管理决策的支持能力有了显著提升。K 保险公司不断丰富其算法模型库，拓展模型的因子，引入了智能风控、产品推荐、知识图谱及灾因分类等智能模型，确保这些技术对应用场景的全面覆盖。此外，公司积极推动数字科技与业务营销的融合发展，深入应用数字科技于触点感知、销售支持、营销管理及风险管控等多个环节。进一步地，K 保险公司建立了智慧化的营销感知层，能实时采集营销作业的信息流，提高业务流程的数字化水平。这使得流程管理更加透明，堵点和漏点的发现更为准确，营销动态监测也更为直观。公司通过以数字化营销指标为驱动，实现了营销管理的精细化，有效指导线下线上营销的有效衔接和前后台作业的分工，从而促进了营销的提质增效。此外，应对内外部市场的变化，

K 保险公司发布了客户线上化 2.0 规划，描绘了公司的线上化蓝图。这一规划详细阐述了客户线上化的内涵和外延，明确了从 1.0 向 2.0 进阶的路径。

2022 年底，K 保险公司在数字化转型方面取得了显著成就，形成了支撑发展的基础和可靠能力。公司围绕其数字化营销战略，提供了多项创新服务和技术应用，有效推动了业务发展和客户体验的提升。

K 保险公司成功推广了农险移动应用"耘智保"，实现了移动案件处理量超过 150 万笔。在区块链技术应用方面，农险场景中的耳标上链数量达到了 650 万个，显著增强了数据的可追溯性和透明性。此外，K 保险公司还探索了智慧交通领域的应用，包括驾驶风险管理云平台的车辆 ID 跟单技术以及基于隐私计算技术的网约车识别应用场景试点，这些举措均表现出强大的市场应用潜力。在医保系统方面，公司获得了 50% 的对接率，并支撑了超过 50 个惠民保项目。客户线上化率提升至 87%，不断强化的对外合作项目 CPI 配置化能力，有效支持了业务的扩展和深化。公司还发展了智能中心，通过客服系统的智能语音导航，正确率达到了 90% 以上，同时，数字员工应用场景的扩展显著提高了服务效能。

K 保险公司继续加强基础资源的保障，完成了超过 30 家分公司的数据库国产化升级和平台替换工作，通过软件定义的广域网技术成功降低了分公司线路费用 500 万元。在保险科技创新方面，公司完成了 300 多项专利申请，持续优化并推广农险移动应用"耘智保"，并将农险区块链场景的上链耳标数扩展至 1500 万。进一步地，公司在隐私计算技术应用、驾驶风险管理、新能源智能座舱系统的车机应用等方面不断迭代，极大地推动了基于技术的产品创新。客户体验得到逐步优化，客户线上化率提升至 90%，智能服务的替代率也提高至 20%，同时赋能了产品和模式创新，年客户活跃度提升了 5%。

通过网络技术改造，公司全面提高了网络管理水平，同时推广 RPA

技术以提高效率，节约了 17 万小时的人工工时。在 AI 科技赋能方面，公司提高了农险 AI 点数识别的准确率至 94%，并在 20 个省推动了 AI 反欺诈关系图谱技术在车险领域的应用。

全国整体数字化营销客户绑定率达到 86.26%，其中江苏、福建、四川、山东 4 家分公司超过 90%，21 家分公司超过 80%，显示了公司广泛的地理覆盖和强大的市场影响力。与 2021 年底相比，黑龙江、天津的增幅超过 40 个百分点，12 家分公司的增幅超过 30 个百分点，反映出公司在这些地区取得的显著进步。

第六章　数字经济背景下金融产业创新发展的模式

第一节　互联网微贷模式

一、互联网微贷模式的兴起

网上小额贷款业务在提供金融服务方面，与 P2P、众筹、在线资产交易平台有所区别。这类业务通常利用自有或第三方电商平台的数据，为小微企业和个人提供快速贷款服务。某些平台可能依托大型电商系统，通过分析网店和消费者的销售及消费数据来评估信用状况，并预先设定贷款额度。这些平台的典型服务对象包括小微企业和消费者，专注于提供信贷和消费金融服务。这种模式不仅减少了面对面服务的需求，降低了运营成本，还有效控制了信用风险，展示了互联网技术在金融服务中的广泛应用和效率。

二、互联网微贷发展优势

除了网络企业提供的融资平台和传统银行的在线融资服务之外，网络企业与传统银行之间的合作也逐渐展开。这种合作特别注重利用互联网企业的大数据平台、信用体系与传统银行的资金优势，共同为网商和电商提供融资授信服务，展现了双方深度整合的趋势。例如：阿里巴巴公司已经与包括中国银行、招商银行、建设银行等在内的七家银行宣布开展深度合作，针对外贸中小企业推出基于网络商户信用的无抵押贷款计划，授信额度从 100 万元至 1000 万元不等。这种授信方式有效地缩小了信息不对称的差距，不仅利用了阿里巴巴自有的客户数据，还整合了近六个月的出口数据、海关物流数据等其他信息资源。

综合利用企业的行业发展前景、经营动态、商业经验、资信情况、订单执行状态、应收应付账款、与上下游企业的交易关系、关联企业信息以及公用事业数据等多角度、多渠道的信息，并对这些信息进行交叉验证，这一过程提高了信息的可信性和有效性。网络企业与传统银行的合作不仅优势互补，还实现了银行、客户以及互联网企业的三方共赢。对银行来说，这种合作通过互联网企业的交易数据，扩大了其优质客户基础，同时降低了信贷服务风险；对客户而言，线下的单据转化为线上数据，累积的数据记录成为企业信用的有力证明，为企业提供了流动资金和固定投资所需；对互联网企业来说，则有助于加强与客户的联系，促进共同成长。

第二节　P2P 和网络众筹模式

一、P2P 模式

P2P 模式允许那些拥有资金且寻求理财投资机会的个人，通过一个作为中介的机构，以信用贷款的形式将资金借给需要借款的其他人。在这一过程中，P2P 公司扮演着中介的角色，负责对需要贷款的一方进行经济效益、管理水平和发展前景等多方面的细致评估，并从中以账户管理费和服务费等形式获取收益。

数据表明，截至 2015 年 6 月末，中国 P2P 网贷平台的数量已经增长至 2028 家，较 2014 年底的增幅达 28.76%。这一时期，P2P 网贷行业的累计成交量也突破了 6835 亿元人民币。2015 年上半年，该行业的成交量平均每月增长 10.08%，累计成交额达到 3006.19 亿元人民币。到 2015 年 12 月，平台数量进一步增至 2697 家，较 2014 年底多出 1124 家，同期累计成交量激增至 9823 亿元人民币，年增长率高达 288.57%。

2015 年，P2P 网贷行业出现了 896 家平台违约的情况，这一数字占比不小，对金融市场的稳定性构成了严重威胁。这也引起了投资者和监管部门的高度关注，他们认为必须对这一新兴行业加强监管和提高警惕性。

随着相关监管规则的陆续确立以及互联网金融专项整治的推进，中国网贷行业迎来了清理整顿的阶段。2021 年，"合规"成为网贷平台的首要任务，行业也逐渐步入了规范化发展的轨道。截至 2021 年 12 月，行业前 100 家平台的成交量已经占据了全行业 78% 的份额；前 200 家和前 300 家平台的成交量分别占据了 87% 和 91%。

2022 年，网贷行业的发展速度加快。2014 年底行业的累计成交量仅为 3829 亿元，而到 2022 年 1 月至 7 月，P2P 成交量已经突破了 7000 亿元。同时，行业的收益率趋于理性，2022 年 10 月的综合收益率为 12.38%，较 9 月下降了 0.25%。值得注意的是，问题平台的数量和比例都在逐渐下降，这表明行业正在逐步恢复健康。到 2022 年 10 月，问题平台的数量降至 47 家，发生率降至 1.83%，创下年内最低纪录；与 2015 年 6 月 125 家问题平台和 5.81% 的发生率相比，分别下降了 62% 和 3.98%。

这些数据和发展趋势显示，中国的 P2P 网贷行业在经历了初期的快速增长和出现相关问题后，正在经历规范化和合规化改革的深入推进阶段。这对提升行业的整体健康度和投资者的信心具有重要意义。

二、网络众筹

在互联网金融领域，众筹融资区别于传统公司依靠证券公司进行辅导上市的方式向公众筹集资金，众筹是通过在互联网上公开创意项目，并以商品、服务或是提供股权、债权等形式作为投资回报，来在线集资。[①]互联网众筹自 21 世纪美国的艺术众筹平台 ArtistShare 成立以来，经历了爆炸式的发展。尤其是在 21 世纪初金融危机后，随着天使投资的大幅减少，众筹成为那些需要启动资本的企业的关键融资渠道。在美国，企业进行首次公开募股（Initial Public Offering, IPO）的平均成本高达 250 万美元，而 IPO 后的年均维护费用约为 150 万美元。这种高昂的融资成本使得初创企业与资本市场的对接遭遇障碍，导致小企业生存率低下、社会创新能力减弱以及经济增长缺乏持续动力等问题，从而促成了乔布斯法案的颁布。[②]

近年来，众筹融资不仅在发达国家迅速发展，在发展中国家也展现出了巨大的发展潜力。在中国，基于互联网金融的快速增长及"大众创业，万众创新"的政策背景，众筹的兴起不仅有助于小微企业解决融资难题，为创业者提供了一个门槛相对较低的融资途径，也是对传统风险投资和私募股权投资的有益补充。此外，众筹还可以提高直接融资的比重，促进资源的合理配置，同时为民间资本的投资提供新的渠道。随着中国居民可投资资产从 2018 年的 190 万亿元增长到 2020 年的 241 万亿元，由此发展来看，居民急需更多、更高收益的理财途径。传统银行存款利率的快速下降使得民众越来越多地转向互联网平台进行投资，由于互联网平台降低了投资成本，居民参与度相对较高，这客观上为众筹融资提供了资金来源。[③]

① 王琳璘：《众筹发展模式及在能源行业中的应用》，《商业经济》2016 年第 7 期。
② 唐明、赵静：《股权众筹融资：互联网金融的核心》，《法庭内外》2016 年第 3 期。
③ 王静：《我国众筹融资的微观机理及宏观效应》，《中国流通经济》2016 年第 2 期。

（一）众筹模式的起源

众筹是一种集资方式，并不是近代才出现的概念。它的历史可以追溯到 18 世纪初，那时英国诗人亚历山大·蒲柏（Alexander Pope）便通过众筹的方式完成了《伊利亚特》的翻译工作，并以译本作为回报赠予每位贡献资金的订阅者。这种早期的众筹形式依赖发起人的声誉和有效的信息传播渠道，被认为是一种传统众筹方式。这类活动通常带有赞助和预付费的特点，主要聚焦于文学、艺术等创意项目。[①]

而现代众筹的发展则受到了微型金融和众包概念的启发。微型金融被视为一种向中低收入群体及小微企业提供金融产品与服务的新型金融模式，涵盖储蓄、贷款、支付服务、现金转账和保险等。众包的目的在于有效集合潜在项目参与者的知识、智慧和技能，以此构建大规模的资金池。[②]然而，众筹融资与微型金融和众包在渠道、过程和目标上有所不同，如图 6-1 所示。相较于微型金融和微型贷款主要依赖金融机构的资金，众筹则通过社会网络平台吸引社会资本，且根据资金需求的不同，可以采用不同的众筹模式来满足需求，如图 6-2 所示。

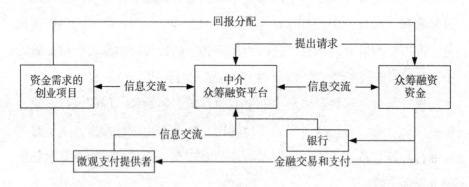

图 6-1　众筹融资的流程

---

① 王静：《我国众筹融资的微观机理及宏观效应》，《中国流通经济》2016 年第 2 期。

② 苗文龙、刘海二：《互联网众筹融资及其激励约束与风险管理——基于金融市场分层的视角》，《金融监管研究》2014 年第 7 期。

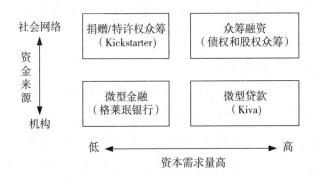

图6-2　众筹融资与微型金融、微型贷款的区别

近年来，众筹活动主要通过网络平台进行募资。众筹是一个主要通过互联网实现的公开平台，它提供的财务资源可能是基于捐赠的，也可能是为了获得某种形式的回报或投票权。这种活动通常是为了支持一个具体的目标而启动。

全球的众筹方式主要分为捐赠型和投资型两大类。在商业模式方面，这进一步细化为基于捐赠和回报的众筹融资方式以及基于股权、债权和特许经营权的众筹融资。例如：典型的平台 Kickstarter 和 AngelList 主要侧重于基于回报和股权的融资，而 Crowdcube、点名时间、天使汇和京东众筹则提供了这些模式的多样化选择。这些平台使得众筹不局限于传统的财务融资，它们扩展了融资的途径，让创业者和小企业能够通过不同的方式来实现资金的筹集。例如：捐赠型众筹允许个人或团体为特定项目捐款，而不期望任何财务回报，这常见于艺术、慈善和社会创新项目。投资型众筹则允许投资者在期待将来的经济利益的同时，支持初创企业或特定商业计划。此外，依托于股权的众筹允许投资者直接购买公司的股份，而债权型众筹则涉及贷款和债券的形式，投资者期待借贷到期时收回本金加利息。特许经营权的众筹则是一种更具创新性的方式，它涉及在特定的商业模式下，通过公众投资来扩展业务或产品。众筹作为一种创新的融资方式，不仅为项目发起人提供了资金上的支持，也为普通投资者提供了参与创新项目的机会。

（二）我国众筹发展的现实状况

中国的互联网众筹起步于 2011 年，并迅速进入了快速发展的阶段。截至 2017 年底，中国的众筹平台数量共达 280 家，与 2015 年的数据基本持平，但比 2016 年同期有了约 33% 的下降。在这些平台中，股权众筹平台数量为 76 家，较 2016 年同期减少了 42 家，降幅达到 36%。2019 年 6 月底，活跃的众筹平台中股权型平台最多，达到 39 家，占比 37%。其后是权益型平台，共有 32 家，占比 31%。综合型和物权型平台分别有 14 家和 13 家，分别占比 13% 和 12%，而公益型平台数量最少，仅 7 家，占比 7%。

2016 年下半年，随着大量汽车众筹平台的上线，物权型平台的占比一度居于众筹平台类型之首。然而，随着众筹行业的进一步发展，汽车众筹面临诸多问题，导致不少平台相继下线，使得物权型平台的数量大幅减少，远不如股权型和权益型平台。

尽管近年来众筹平台的总数有所减少，众筹成功的项目数量和融资金额却呈现增长趋势。2018 年上半年，众筹项目总数达到 48 935 个，其中 40 274 个项目成功获得融资，总金额高达 137.11 亿元，比 2017 年同期的 110.16 亿元增长了 24.46%。这些成功的项目共吸引了约 1618.06 万次支持。

2019 年 6 月，包括人人创、投哪儿、第五创和众筹中原在内的四家股权型众筹平台，共成功融资 10 个项目，总融资金额约 9335.51 万元。其中，人人创以 7 个项目的成功数量居首，融资金额达到 8665.01 万元。同月，点筹网、京东众筹、演娱派、开始吧、聚米众筹、摩点网、苏宁众筹、淘宝众筹、小米众筹和乐童音乐等十家权益型众筹平台共成功融资 1155 个项目，总金额达到 3.43 亿元。其中，摩点网以 685 个成功项目数量领先，而小米众筹则以融资额最高 14 788.61 万元为最。这些数据表明，优质项目是推动众筹平台成功的关键因素。随着众筹平台的精细化运营和项目筛选的优化，它们能够更好地满足市场和投资者的需求，推动整个众筹行业的健康发展。

（三）众筹融资对经济发展的正面影响

众筹融资在私人资本市场中是一种相对新颖的资产类别，特别在为初创公司和小企业提供资金方面表现出独特的优势。这种融资方式有效弥补了从亲朋好友融资到天使投资或风险投资之间的融资空缺，为处于不同发展阶段的企业提供了必要的资金支持。随着私募股权和风险投资市场的成熟，众筹作为一个项目孵化器的角色得到了加强，从而为资本市场带来更多层次，有效促进了实体经济的融资需求。众筹融资模式通过连接企业在其生命周期的各个阶段的融资需求，展示了其多功能性和高效性。企业的金融成长周期可细分为创立期、成长阶段 I、成长阶段 II、成长阶段 III、成熟期和衰退期。在这一周期的不同阶段，企业的融资需求和融资渠道也会有所变化。企业在初始阶段主要依赖内源融资，如个人储蓄或来自亲友的资金。然而，随着企业从成长期过渡到成熟期，外源融资的重要性逐渐提升，企业开始寻求更广泛的资金来源来支持其扩展和运营。

众筹融资模式的出现，填补了不同融资模式之间的空白领域，并提供了多种子模式供募资企业选择，例如：在创意阶段，捐赠式或回报式众筹可能更为适合；随着融资规模的扩大，企业还可以转向投资式众筹。在全球经济去杠杆化的背景下，企业若过度依赖债务融资，可能会面临较高的杠杆风险，从而影响到实体经济的稳健增长，股权众筹则能够较好地规避这一风险。

在"股权众筹 +PE/VC"的模式下，国内众筹行业得以快速发展，完善了融资的生态链条，增加了原始投资者的流动性和灵活性。例如：积木旅行在 2014 年通过"天使客"平台的融资活动后,在 2015 年 10 月获得美国风投机构的 A 轮融资,实现了 41 名投资人的全额退出,成为国内首个股权众筹退出的案例。此外,众筹模式还可用于产品市场前景测试,早期阶段的公司可以借助众筹以低成本、低进入障碍的方式吸引早期使用者,验证产品的市场活力。[①] 例如:专注于研发生产咖啡和过滤系统的 Kone 公司,原本计划在 90 天内通过 Kickstarter 融资 5000 美元,结果在良好的运营下实际筹集到了 15.5 万美元,同时获得了关于产品改进的反馈和建议。这种方式不仅提供了融资上的便利,还能对产品进行市场测试和需求度量,为企业提供了更大的市场信心,同时降低了投资者的风险,实现了项目或公司的有效筛选。

第三节　互联网供应链金融的创新应用

一、供应链金融市场有广阔的发展潜力

供应链金融涉及银行对供应链中各企业提供综合性融资解决方案的过程。这一金融服务是在银行与供应链核心企业之间建立合作关系的基础上,其中银行向这些核心企业提供融资、结算以及公司理财等服务,并为上游供应商因应收账款增加而产生的融资需求提供贷款支持,同时向核心企业的下游分销商提供预付款代付和库存融资服务。深圳发展银行在 21 世纪初期领先于其他银行开展了此类业务。供应链金融建立在"上游供应商—核心企业—下游分销商"的真实交易基础上,在 21 世纪初的金融危机导致的信贷紧缩周期内,显示出了增长的势头。通过将产业与金融结合,供应链金融不仅为产业界引入了新型的金融服务和融资

---

① 王静:《我国众筹融资的微观机理及宏观效应》,《中国流通经济》2016 年第 2 期。

途径，还促进了产业链的整合与重构。其服务范围包括库存融资、预付款融资以及应收账款融资等多种细分业务模式。

二、互联网供应链金融的发展

随着互联网平台的兴起与发展，供应链金融领域涌现了新浪潮，由互联网累积的数据和信息促成了供应链金融发展的新模式。

（一）商业银行供应链金融向互联网转移

商业银行，如广发银行和平安银行（后者基于收购的深发展银行的供应链金融业务基础），代表着传统的银行系供应链金融模式，这些银行开始将其业务扩展到互联网平台。然而，随着互联网供应链金融模式的兴起，银行不再是供应链金融产品与服务的唯一主导，市场上出现了更多的参与者。这些新进入者利用自身的信息处理优势、交易资源和客户资源开始转型，成为供应链金融产品与服务的新提供者。

（二）由互联网公司提供的供应链金融服务

互联网企业展开的供应链金融活动代表着使用大数据和征信系统进行信贷业务的新方向，这些企业获得资金的途径多样：可能是从银行借入，可能是使用企业自有资金，或者通过P2P平台募集社会资本。这种业务模式进一步分化为电商平台和P2P公司两个主要形态。在电商平台模式中，企业间的交易活动被置于核心位置，运用"N+1+N"模式，即一个平台连接多个供应商和多个商户或个人。[1]电商利用自身在商品和信息流通方面的优势，旨在帮助供应商解决资金流通问题，或是担当担保角色，或是直接提供贷款。电商平台模式的优势主要在于简化了交易流程，提升了效率，使得供应链的运作变得更为迅速和顺畅。同时，由于

---

[1] 贺明远：《中国P2P网络借贷平台经营模式浅析》，硕士学位论文，天津大学工商管理学系，2016。

电商平台掌握了大量的产业链上下游的交易、物流和现金流数据，能够在一定程度上解决信息不对称的问题，这是传统金融机构在向个体和小企业提供贷款时常遇到的挑战。

通过积累和分析大量的交易行为数据，电商平台能够评估借款方的经营状况和信用状况，从而更准确地判断其偿债能力。与传统商业银行相比，电商平台能够提供更直接、更真实的企业运营数据，同时降低客户筛选的成本。近年来，阿里巴巴、苏宁云商、京东商城等大型电商企业纷纷进入供应链金融领域，借助其在商品流和信息流方面的优势，为供应商提供资金支持。资金的来源可能是银行，也可能是电商平台自有的资金，或者是两者结合。

然而，电商平台模式在资金和风险控制方面面临着挑战。相比银行，电商平台在资金方面并不占优势，且在信用风险控制方面需要积累更多经验和人才储备。为了使供应链金融业务能够更顺畅、有效地开展，电商平台和银行的合作变得尤为重要，但这种合作并非易事。为了提高金融产品的灵活性和增加收益，一些电商平台通过获得小额贷款公司牌照，使用自有资金进行融资业务，形成了一种新的"小贷公司＋平台"的模式，将小额贷款的牌照优势与电商的渠道和信息优势结合起来，有效降低了客户搜索成本和信用风险。[①]

P2P平台模式作为供应链金融的另一种形态，通过"供应链金融＋P2P"的策略寻求突破。无论是围绕核心企业开展的短期应收账款融资，还是与保理公司的合作，P2P平台都在风险控制方面表现出了创新性。与信用借款或抵押担保等传统模式相比，供应链模式以其基于真实交易背景的透明资金流向和强大的核心企业支持等优势，在P2P投资领

---

① 徐迎阳：《我国互联网金融模式发展策略研究》，《现代电信科技》2014年第1期。

域获得了青睐。① 尽管如此，网贷平台自身也面临着法律法规尚未完善、信息不对称和信用评级体系的缺乏等风险。

（三）由核心企业、物流公司及信息服务提供商共同提供的供应链金融服务

代表性的核心企业，利用保理和小额贷款业务，在其供应链中实施了类似信贷的服务。而供应链服务供应商通过利用第三方物流的信息优势，提供保税仓储和仓单融资等服务。信息咨询及服务公司也转向提供供应链金融服务，体现了在供应链金融领域内不同类型企业的多样化参与和服务模式。

三、互联网供应链金融特点与趋势分析

"互联网+供应链金融"的模式展示了其在网络化、精准化、数据化三个核心方面的优势。网络化优势使得交易信息的传递更高效，促进了在线互联的实现；精准化增强了对质押物风险控制的能力；数据化则对贸易和物流过程中的参与者进行了全面记录，促进了产业与金融的结合。这种模式以在线互联、风险控制和产融结合为特点，利用大数据、云计算和移动互联网等技术手段，改变了供应链金融的多个方面。

在供应链金融的结构上，传统的"1+1+N"模式，即银行及核心企业与上下游多个企业的直接授信关系，转变为更为广泛的"N+1+N"结构。在这个新模式下，核心企业不仅能使用自身资金，也能借助外部融资，强化了其在供应链中的中心作用。同时，提供金融产品和服务的方式也由线下转移到线上，降低了交易和融资成本，提高了效率。

互联网和大数据技术的运用，扩大了供应链金融服务的覆盖范围，使得原本无法得到服务的众多小型企业得以纳入其中。例如：京东的

---

① 魏涛、郭晓露：《面向产业链成员的系统性金融解决方案》，《金融市场研究》2015 年第 11 期。

"京保贝"供应链金融产品，就是针对其平台上的供应商设计的，使得这些供应商能够基于销售数据快速获得无须担保或抵押的融资，全程只需约3分钟。这种基于数据的自动审批和风险控制，提高了审核效率，同时所有贷款资金由京东自筹，无须银行参与，贷款额度基于与供应商的长期交易和物流数据计算，提供了一种低成本、高效率的融资方案。

京东的这一模式不仅减轻了供应商的财务压力，还通过闭环的资金流转降低了信用风险，成为京东快速发展的业务线之一。这种基于互联网和大数据的供应链金融模式，为传统供应链金融带来了革新，提高了整个供应链的资金流通效率和风险管理能力。

第四节　第三方支付服务与网络信用评估

一、第三方支付服务

第三方支付，作为缺少信用保障或法律支持时买卖双方资金转移的中介平台，通过在收付款人之间建立一个中转账户，控制资金的暂时停留，直至双方协商一致后确定资金流向。如今，第三方支付允许用户存储一定金额资金，通过网络指令完成支付，成为传统银行支付业务的竞争对手。截至2015年第三季度，国内第三方支付市场交易额达9万亿，拥有约250家持牌机构，业务涵盖手机支付与互联网支付两大类。

手机支付，亦称移动支付，使得用户通过移动设备进行商品或服务的支付成为可能，涵盖远程支付、近场支付NFC及通信账户支付。例如：远程支付，以支付宝和PayPal为例，用户通过支付指令或支付工具进行操作，一般需连接至银行账户。近场支付，Apple Pay和Visa payWave，采用HCE+TOKEN技术，在配备NFC的设备上实现支付。

通信账户支付，如 ZONG 和 Boku，侧重于通过 TSM 平台将支付信息嵌入手机 SE 模块，模拟芯片卡支付。

2015 年，互联网支付市场增速放缓，原因主要为用户支付习惯向移动端转移。在中国，支付宝等第三方支付平台的迅猛发展，改变了支付市场。

支付宝及财付通作为互联网巨头背后的第三方支付平台，通过交易规模、支付模式创新及支付场景扩展等方面，为支付市场带来重大金融创新，包括医疗分期付费和"先诊疗后付费"服务，推动第三方支付与征信、消费信贷的连接，引领支付市场新革命。

二、互联网保险

（一）全球互联网保险业的发展

保险行业协会定义互联网保险为"保险公司或保险中介通过网络向客户展示产品和服务，实施网络上的投保、承保、核保、保单管理和理赔等活动，实现保险产品的在线销售和服务，并依托第三方机构完成相关费用的电子支付等经营管理工作"。[1] 目前，适宜通过互联网销售的保险产品涵盖短期的简单理财产品、短期健康保险、意外保险、标准化的定期寿险和车险等。[2] 而长期分红保险、长期寿险、健康保险、农业保险、企业财产保险等复杂的财产保险则不适合在线销售。此外，利用互联网的价格比较平台可以有效降低保险消费者的信息搜索成本，从而降低保险成本并增强市场的竞争力。互联网不仅能降低保险交易成本，还能降低市场的入门门槛，从而增加市场供应，并通过提高客户的支付能力来扩大市场。

近年来，国际互联网保险领域不断创新，其中包括放弃中介模式，

[1]　魏倩雨：《我国互联网保险未来发展规模研究》，《商》2016 年第 6 期。
[2]　王静：《我国互联网保险发展现状及存在问题》，《中国流通经济》2017 年第 2 期。

采取互联网保险直销模式的兴起。以 Geico 为例，该公司通过自建网站直接销售保险，成为美国第四大汽车保险公司及最大的直销保险公司，展示了网上直销的便利性。Geico 公司网站上列出了各种类型和对应价格的保险产品，便于潜在客户在线价格查询，并根据客户背景和忠诚度采用差异化定价方式，支持在线报案和理赔，为客户提供了极大的便利。

P2P 风险计划的出现也是一大创新，如德国的"朋友保险"等，通过社交媒体将消费者连接起来，共同承担风险或与保险公司协商更优保险条款。这种模式不同于团体保险，保单持有人与保险公司单独签合同，通过网络团体内的小额理赔可以获得保费回扣，提供超出固定金额损失的常规保障。

保险逆向拍卖平台的出现，如 iXchange，允许保险公司或分销渠道在线竞价提供保险产品，消费者选择承保人。移动保险的应用通过远程信息处理技术创新，如美国前进保险公司的基于车辆里程的 UBI 保险计划，使用手机或网络方式简化承保过程，降低成本。在亚洲、非洲和拉丁美洲，小额保险公司提供了包括意外险和寿险在内的多种移动保险服务。

（二）互联网保险在我国的发展

互联网保险的概念在 20 世纪末已经出现。1997 年，中国保险网的成立标志着互联网与保险业的首次结合，开启了保险业务在线化的初步尝试。随着网络的普及，如太平洋保险和平安保险等大型保险公司相继建立了自己的官方网站，并推出了网上保险服务。然而，由于当时的政策和经济环境尚未完全适应互联网保险的发展，这一市场在初期仍处于起步阶段。

2008 年，随着电商平台如阿里巴巴和京东的崛起，"网购"成为一种普遍现象，这不仅标志着中国网络信息技术的成熟，也为互联网保险的发展创造了条件。专业的在线保险中介平台如慧择网和优保网应运而生，形成了新的商业模式。2012 年至 2014 年，互联网保险业经历了一个快速发展期，产品种类丰富，2014 年的保费规模攀升至 859 亿元，业内企业数量也增至 85 家。

2015 年，互联网保险市场已步入全面发展阶段，保费规模激增至 2234 亿元，年增率达 160.1%。到 2016 年，这一数字进一步上升至 2347.94 亿元。截至 2022 年，从事互联网保险业务的企业增至 129 家，保费规模高达 7482.5 亿元，显示出行业的快速增长及良好发展势头。这一趋势预示着行业在未来有更大的发展空间和潜力。

为了维持此发展势头，需要国家在宏观经济和政策层面提供充分支持，确保产业的长远发展。互联网金融产品方面，市场已出现多种保险产品，如延误险、消费保障险和违约保险等，它们基于当前数字经济的变化而生，为互联网保险市场的可持续发展注入活力。

三、互联网征信

（一）我国征信体系的发展历程

中国征信体系的进化历程涵盖了从闭环向开放系统、从服务特定群体到普及大众以及从政府主导向逐步市场化的变迁。在征信体系构建初期，主要由中国人民银行负责管理，重点在于集中收集信贷信息的封闭式和小范围征信系统。20 世纪 70 年代，上海开始尝试企业信贷信用评级；20 世纪末期，这里成立了首家信用评级机构——上海远东资信评级有限公司，这标志着个人和企业征信的起步。同期，银行信贷登记咨询系统上线，随后演进为全国性的企业征信数据库，为企业征信领域的发展作出了重要贡献。

2003 年，随着征信管理局的成立及 2004 年全国个人信用信息基础数据库的建立，中国征信体系迈入了一个新的发展阶段。2005 年至 2006 年，企业和个人征信系统实现全国联网，标志着中国金融机构信贷征信系统的形成。尽管如此，市场需求的满足还受到限制，由于外部数据的接入被限制。2014年底，中央银行征信中心的数据显示，虽有多家机构接入，但个人征信数据主要以传统金融信息为主。伴随《征信业管理条例》的发布和《社会信用体系建设规划纲要》的实施，中国征信体系开始拥抱互联网，开启数据资源和挖掘技术的新篇章。互联网征信通过低成本的数据采集，覆盖了传统征信未能覆盖的人群。随着网络支付平台和数据挖掘技术的发展，个人支付行为与信用评价之间的联系日益紧密。

国务院的《促进大数据发展行动纲要》进一步加强了征信数据共享与保护，为征信数据的完善与经济增长贡献作出了规范和支持。征信系统对消费贷款质量的提升和总消费的增加有着显著影响，进一步证明了互联网征信对于完善中国征信体系和促进经济增长的正面作用。

（二）征信模式的变化

目前，在全球范围内，征信模式主要分为三种基本形态：第一种是以中央银行为核心的非营利公共征信模式，这一模式在欧洲大陆国家较为常见，法国是该模式的典型例子。在这一体系中，法国央行扮演征信的核心角色，市场上几乎不存在商业化的征信机构。中央银行主导的模式保证了国家信息的安全，但局限性在于信息的使用者主要为金融机构，且仅限于收集负面信息，导致征信评价的不完整性。第二种是由行业协会主导的非营利同业征信模式，日本便是这一模式的代表。这种模式的形成与行业协会在经济发展中的重要作用密切相关。征信核心由行业协会组织的非营利机构和商业公司共同构成。行业协会主导的模式优势在于较少的政府干预，但局限性在于信息收集的范围较窄，缺乏全面性，且行业间、机构间的信息共享较少，体系相对封闭。第三种是以市场需求为导向的营利性征信体系，以美国为例，其征信体系由多个独立的征信公司构成，包括监管层、运作层和数据层三个层面，涵盖上市公司、企业、中小企业及个人。这一模式的优势在于行业的细分化和应用的全面性，展现出较大的活力。然而，这一模式的缺陷在于市场淘汰过程缓慢、成本高昂，且由于采用市场化运作，对基础监管环境的要求较高。

在中国，信用不仅影响个人在传统金融领域的活动，更日益扩展至社会生活的各个领域。信用的重要性日益体现在市场对征信产品和服务需求的增长及其多样化。作为社会信用体系建设的一部分，个人征信的商业化和市场化发展正在加速，其重要性不断提升。一个健全的征信体系将直接降低社会融资成本、提高放贷效率和行业的抗风险能力，进而促进普惠金融的实现、降低经济运行成本和提高经济效率。

互联网金融的兴起极大拓宽了征信系统的数据源和范围，随着通信技术进步，个人和企业可随时通过互联网接入，改变了信息的扩散途径和速度，从而激发市场活力。征信领域因此经历变革，以贸易往来作为征信行业发展的基石，供应链金融数据亦纳入其中。互联网金融初创企业，如 Zestfinance 与 Kreditech 通过网络搜集用户的社交媒体数据、社保和税务记录等，综合这些信息以评估用户信用级别，并将其作为信贷授信的依据。

征信产业链包括数据收集、模型分析及征信见解、征信产品应用等核心部分。截至 2023 年末，中国大陆人口约为 14 亿，网络理财行为、在线消费和支付习惯的变化为网络征信发展提供了基础。特别是互联网理财产品，满足了投资者随时随地投资的需求，为在线借贷平台带来高收益，但也带来了信用数据缺失相关的风险。因此，完善征信体系有利于投资者在充分信息基础上作出决策，促进资源的合理、有效、高效配置。

第五节　数字货币与区块链技术的金融应用

数字货币以及支撑其运作的"区块链"技术，在互联网金融行业、金融科技企业及政府监管部门中，日益成为焦点。

一、数字货币

数字货币的观念由大卫·乔姆（David Chaum）在 20 世纪 80 年代提出，他是数字货币技术的先驱。之后，一些机构进行加密货币商业化的尝试，诸如电子现金和电子黄金等，但由于法律合规性缺失、商业管理不当或是中心化过度等问题而未能成功。紧接着，中本聪（Satoshi Nakamoto）在 21 世纪初创造了比特币。与之前的数字货币不同，比特币的产生不依赖于任何特定的货币发行机构，而是通过复杂算法和大量计算产生，解决了以往数字资产易于复制的问题。比特币基于加密技术和点对点网络，是一种在互联网上发布和流通的点对点数字货币。对于数字货币的定义尚无共识，但欧洲银行管理局在 2014 年定义虚拟货币为一种数字表现的价值，非中央银行或公共权威机构发行，也可能不与法定货币关联，但被个人或法人作为支付手段接受后，可用于电子转账、储存或交易。[①]周永林引用 IMF 报告的分类，把数字货币定义为价值的数字表达形式，包括非中央银行发行的虚拟货币和中央银行发行的数字法定货币。[②]数字加密货币，作为虚拟货币的一种，通常被认为是这一新兴概念的代表。按照虚拟货币与法定货币之间的兑换关系，虚拟

---

① 邓建鹏：《网络虚拟货币的风险、法律规制及域外经验》，金融创新与金融法治——中国银行法学研究会 2016 年年会会议论文，北京，2016。
② 周永林：《央行数字货币及其实现模式探讨》，《金融电子化》2016 年第 9 期。

货币分为三类：一类是与法定货币无兑换关系的网络社区货币；第二类是可以用法定货币购得并用于购买商品服务但不可兑回法定货币的，如AmazonCoin；第三类是可与法定货币相互兑换并用于购买商品服务的，如比特币和林登币。美国税务局视比特币为可兑换虚拟货币，税务上将其及其他虚拟货币视为特殊商品。

比特币经济依赖于一个由 P2P 网络上众多节点组成的分布式数据库来验证和记录所有交易活动，并利用密码学技术保障货币流通的各个阶段的安全性。[①] 其点对点的传输机制构建了一个去中心化的支付系统，提供了一种新型的、能解决交易双方不信任问题的记账方式。其 P2P 去中心化的特点和算法确保了不会有人能够通过制造大量比特币来人为干预其价值。密码学的应用保障了比特币只能由其真正的所有者进行转移或支付，同时保护了货币所有权和交易流通的匿名性。[②] 这为学术界、商业界和监管机构带来了巨大的挑战。数字货币发展的社会成本接近零，但可能对当前的货币政策和监管造成重大影响。关于中央银行发行数字货币是否能促进普惠金融发展，国际社会仍有广泛争议。支持方认为，中央银行发行的数字货币有三个主要好处：促进数字货币的标准化和广泛使用，易于与金融系统整合；中央银行背书可保障货币价值稳定，增强消费者信心，保护消费者权益；增强中央银行在数字货币领域的权威，有利于普惠金融政策的实施。然而，反对方认为中央银行在数字货币方面缺乏相对于私营企业的优势，缺乏创新驱动力但又天然拥有垄断地位，可能抑制市场创新。此外，数字货币的发行可能会给中央银行带来管理和技术风险，一旦发生安全问题，后果将比私营企业更为严重。

---

① 马艳、肖雨：《比特币的虚拟性分析》，《海派经济学》2016 年第 1 期。
② 高卫民：《对新型货币比特币的观察与瞻望》，《金融管理与研究》2013 年第 7 期。

二、区块链技术的金融应用

区块链技术可用于支撑比特币及其他数字货币的运行，其潜力远超货币本身。在传统现金系统中，若顾客使用传统货币支付商品，相关银行需与其他银行联系，以便更新账户余额。银行间需通过中间机构结算以确保现金数量准确无误。区块链技术提供了不同的处理方式，确保比特币既能像货币一样流通，又可避免在交易过程中依赖任何中间方。交易过程包括两个步骤：首先，一个支付节点竞争成功，对交易的有效性进行初步确认。其次，该确认信息广播至全网，获得网络的认可后，交易便获得最终确认。因此，支付过程中，消费者只需向其数字钱包直接支付即可。区块链的广泛应用有望彻底改变现有金融服务的技术基础，优化当前业务流程。

以中国人民银行为例，中国人民银行在全球央行中率先开展数字货币的研究工作，这一历程始于 2014 年，当时便成立了专门的法定数字货币研究小组。该小组聚焦数字货币的发行、流通和管理架构等核心问题，进行深入探讨和研究。随后的 2016 年，该行开始试验一种新的基于区块链技术的数字票据交易平台，为数字货币的实际应用奠定了基础。

2017 年，为进一步推动数字货币的研发和应用，中国人民银行设立了数字货币研究所。该研究所在 2018 年成功构建了一个专注于贸易金融的区块链平台。2019 年 8 月，中央政府和国务院联合发布支持文件，提倡在深圳建立先行示范区，其中包括推动数字货币等创新技术的应用。同年，由中国人民银行货币研究所开发的湾区贸易金融区块链平台正式推出，进一步展示了数字货币在实际贸易金融中的应用潜力。

2019 年 10 月，中国国际经济交流中心副理事长黄奇帆表明，中国可能将成为全球首个推出法定数字货币的国家。2020 年 4 月，这一预测成为现实，中国人民银行在农业银行的系统内部开始测试数字货币。与此同时，苏州市也启动了一项创新尝试，将数字货币用于支付工资，替代传统的纸币。

尽管数字货币的发展步伐加快，但它并不意味着将替代现有的第三方支付平台如支付宝和微信。事实上，央行发行的数字货币主要目的是替代纸币和硬币，其功能与现金相似，便于日常小额交易使用，而不是替代商业银行的存款账户。支付宝和微信等第三方支付平台，其基础是用户在商业银行的存款账户，通过这些平台进行的是资金的电子化转移和支付处理，它们不具备货币发行的功能。

为了清晰地推动数字货币的实施和流通，中国人民银行于2019年8月宣布采用一种双层运营机制。在这个机制中，央行负责向商业银行及其他金融机构发行数字货币，然后这些机构再将数字货币发行给企业和公众。

中国人民银行开发的数字货币，也被称为数字货币电子支付（Digital Currency Electronic Payment, DCEP）。该系统的核心结构可以概括为"一币、两库、三中心"，如图6-3所示。其中，"一币"指的是由央行发行的DCEP，代表着央行的信用支持，其技术设计由央行负责制定。"两库"包括央行的DCEP发行库和商业银行的DCEP库，分别由央行和商业银行进行管理和存管。

"三中心"则涵盖了三个关键的管理和分析部门：认证中心、登记中心和大数据分析中心。认证中心的主要职责是管理和采集央行数字货币相关机构及其用户的真实身份信息。登记中心的职能是记录数字货币及用户钱包的所有信息，确保权属的正确登记，并详细记录数字货币的发行、转移至回收的整个流程。大数据分析中心则利用先进的数据分析技术，对DCEP的发行、流通和存储进行监控和分析，这不仅有助于反洗钱活动的识别，还能分析支付行为，并为货币政策的制定提供调控指标。

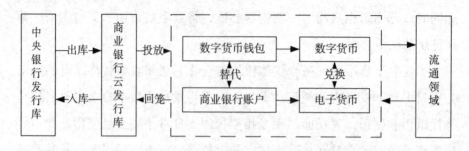

图 6-3　央行数字货币运行机制

中国人民银行开发的数字货币 DCEP（数字货币电子支付）在设计和实施方面体现了几个关键特点：

第一，DCEP 的运营体系采用的是双层结构。与直接由央行向公众发行或仅通过商业银行发行等单层运营体系不同，双层运营体系在发行和管理数字货币时，允许商业银行参与其中。这种结构不仅分散了风险，避免了负担全部集中于单一机构，还保持了现有货币体系的稳定性，并且激励了商业银行积极参与数字货币的推广，从而促进数字货币逐渐取代纸币。

第二，DCEP 坚持中心化的管理方式，并且在技术选择上不预设固定路径。尽管 DCEP 可能不完全基于区块链技术，但在确权和登记环节中会利用区块链的优势。这意味着，虽然 DCEP 在某些流程中可能采用区块链，但其设计灵活，能够根据实际需要调整使用技术。

第三，DCEP 主要目标是替代现金（M0），并不旨在替换银行存款（M1）或其他形式的货币（M2）。这反映了对公众的现金使用习惯和隐私需求的深刻理解，DCEP 旨在提供一个便捷且相对保护隐私的支付方式，成为现金的理想替代品。

第四，DCEP 在初期将不包含任何智能合约功能。这是出于对稳定性和用户接受度的考虑，因为在数字货币中加入智能合约功能可能会复杂化其基本的货币职能，影响其广泛推广和使用。总体来说，央行发行的 DCEP 带来了多方面的优势，如节约纸币的印刷成本、增强对货币投放的控制、满足匿名支付的需求，并丰富了货币政策的调控工具。然而，它也存在一些挑战和局限，如无法实现与现金同等的完全匿名性，其潜在的风险和影响还需进一步观察和评估。

自 2014 年起，中国人民银行便着手研究数字货币，并在 2019 年 10 月 28 日正式提出了央行数字货币 DCEP 的概念。至今，该行已经就数字货币技术申请了 74 项专利。目前，不仅中国人民银行正在全力推进此领域的测试和深入研究，其他国家的央行同样在积极开展自己的数字货币项目。央行数字货币已经引起了全球范围内的广泛关注，其成为未来发展趋势已成定局。面对这一潮流，与其日后被动适应，不如抓住机遇，提前进行战略布局，积极取得主导权。这不仅能确保在新技术革命中占据优势地位，也将为整体经济的数字化转型带来先发优势。

除了支持数字货币交易，区块链还可执行智能合约，这是将现实世界合约条款编入区块链代码中的电脑程序化合约。以区块链技术应用于土地注册以确保所有权独一无二为例：Factom，一家美国创业公司，为基于区块链的土地注册提供了原型方案。房产所有权的不明确是不公平的根源，这使以房产或土地为抵押获得融资的办法变得复杂。区块链技术则对此提供了解决方案。作为一种公开账本技术，区块链能记录交易等各种信息，包括股票等数据。基于网络访问权限的设置，区块链主要分为公共区块链和私有区块链两种类型。公共区块链，如比特币和以太网，任何人都可以自由访问和创建节点以验证交易；私有区块链，访问仅限于已获得授权的参与者。

目前，金融行业正在探索区块链技术在多种场景下的应用，包括金融机构建立的私有区块链平台，银行不仅是参与者也是验证者，可以在此平台上进行交流互动或为客户提供服务。金融机构还能够连接外部平台，提供基于区块链的服务。这种服务为企业提供了一个简化的票据处理系统，但需要与现有的金融系统整合。银行在这一过程中，通过充当渠道和服务商的角色，将目标客户引到网络中。

第七章　数字经济背景下金融产业创新发展战略

第一节　商业银行供应链金融创新发展

一、商业银行供应链金融创新发展的基本思路

（一）坚持融合互联网发展供应链金融的战略导向

互联网金融领域的快速发展已经打破了传统金融机构长期享有的政策保障，这迫使商业银行将客户需求提升到前所未有的高度。现在，更加关注客户体验和提供便捷服务成了商业银行的重要任务。在策略规划、日常管理以及提供具体服务的每一个环节中，构建一个以客户为中心的系统变得尤为关键。这种转变旨在提高客户参与度、优化服务体验、提升服务质量与效率，从而在互联网金融市场中培养出具有差异化的核心竞争力，并推动技术和新业务的发展。在这个背景下，供应链金融作为一种全面的服务方案，反映了商业银行的综合服务能力。通过开拓供应链金融业务，商业银行能够访问和处理大量的企业间交易数据。这些数据转变为银行的一项无形资产，在当前"大数据"成为竞争优势的时代，拥有丰富数据资源的商业银行显然能够在市场竞争中占据优势。因此，

商业银行推进供应链金融业务不仅是顺应技术变革的需要，也是把握时代发展的战略选择。[1]银行应将供应链金融业务提升至战略层面，确保全体工作人员明确互联网在扩展供应链金融业务中的关键作用，并在银行内部形成对此的广泛认识和认同。

（二）通过提供全面一体化金融服务来提升供应链金融的适应性

在银行业的发展战略中，坚持以客户为中心的理念是至关重要的，这一理念对推动综合性金融服务具有重大影响。这要求银行转变传统的集中服务于少数大企业的模式，将大企业及其供应链上下游的小型企业视为一个整体，从而提升对这一群体的一体化服务水平。此外，银行应向供应链中的中小企业提供定制化、成熟且标准化的供应链融资产品，以满足其特定的需求。[2]

为进一步提升客户服务效率和便利性，银行应构建一站式的综合网络供应链金融平台。通过这样的平台，客户可以更加便捷地利用各种金融服务，从而提升用户体验和交易效率。除此之外，为了不断优化商业银行的产品线，银行可以建立一个金融超市，使客户能够直接体验和选择各种金融产品。这种设置不仅提升了银行服务的连续性，还为客户提供了一体化、一站式的全面金融服务解决方案。这有助于增强客户对银行产品的认识和信赖，进而提高客户满意度和忠诚度。同时，建立相关的合作平台也显得尤为重要。这类平台能够为商业银行的客户提供更多的交易机会，并通过促进各种产品和服务之间的相互转换，有效提升服务水平和效率。

---

[1] 于海静：《互联网＋下商业银行供应链金融创新发展路径研究》，博士学位论文，武汉理工大学产业经济学系，2018。
[2] 同上。

（三）优化供应链金融客户结构，聚焦供应链式产业多元化发展

在确定发展战略时，银行应首先注重优化行业布局，特别是要大力发展高科技产业中的供应链金融服务。这不仅有助于促进传统产业与高科技产业之间的结构合理化，还可以有效降低整体的系统性风险。其次，银行需要对地域结构进行优化，即从经济较发达的地区向中部以及其他地区扩展业务，以此促进地域经济的平衡发展。

在业务扩展过程中，除了继续服务于大型客户外，银行服务还应向供应链的上下游中小企业延伸，积极构建中小企业客户基础。在当前的知识经济和技术经济背景下，商业银行在确立客户营销策略时，需要适应时代的变化，从单一服务大企业转变为同时服务核心企业及其供应链的上下游企业，致力为整个供应链中的企业提供服务。在进行供应链金融的营销活动时，商业银行应该从供应链金融服务供应商的角度出发，以供应链中的核心企业作为起点，考虑整个供应链、产业链以及产业集群，将金融服务从核心企业扩展到供应链的上下游企业，实现从单点服务到线性服务再到面上服务的转变。[1]这种链式的营销策略，不仅能加强银行与核心企业之间的合作关系，还能在控制合理风险的前提下，扩大中小企业客户群，增强银行与供应链上下游客户的联系紧密，优化客户结构，从而增强银行的收入水平。

（四）通过改革经营理念和管理模式，增强供应链金融的竞争优势

在选择发展供应链金融服务的策略时，运用大数据技术以提升商业银行的管理效率显得尤为重要。深度挖掘互联网金融平台上的用户数据，对这些信息进行综合分析，可以精准把握客户的金融服务需求和使用习惯。这种方法不仅为产品创新提供了坚实的依据，还能确保管理和创新

---

[1]　于海静：《互联网＋下商业银行供应链金融创新发展路径研究》，博士学位论文，武汉理工大学产业经济学系，2018。

工作的针对性和准确性。积极寻找第三方机构合作，推广商业银行的相关应用，也是提升服务能力的有效手段。通过构建一个开放的服务平台，并保留对外开发的接口，允许合格的第三方参与到客户服务平台的建设中来，提供基于各种业务需求的定制开发方案或增值服务。这种合作模式能够实现银行、企业与客户之间的共赢。最后，利用互联网的快速传播特性，加快客户基础的扩大。采用客户偏好的沟通方式，从客户的视角出发解决问题，不断地优化服务体系，以提高客户满意度。[①]通过提升服务质量，激励客户主动为商业银行的产品和服务进行宣传和推荐，从而有效扩大银行的市场影响力。

（五）通过建立战略联盟推动供应链金融在线业务的规模扩展

线上供应链金融业务的发展受益于互联网技术和电子商务技术在商业领域的广泛应用。这一新型业务模式实现了银行、核心企业、物流企业以及其他供应链参与方之间电子信息平台的互联互通。通过这种连接，商流、物流、资金流和信息流得以授权共享，从而使得企业间的商业交易以及银行与企业之间的资金往来均可在线上完成。相较于传统的线下操作，线上供应链金融业务显著降低了信息收集与筛选的成本。此外，无纸化和电子化的交易流程不仅提高了融资效率，也加速了企业生产。这种模式优化了资源配置，提高了供应链的整体效率，提高了业务执行的速度和精准度，同时降低了运营风险。

在制定发展策略时，商业银行需要确保其操作不仅遵守监管机构对供应链金融发展的规定，还保护消费者的权益。在这一基础上，银行之间可以有组织地共享客户数据，并与相关机构建立合作，形成战略联盟。这种策略不仅使所有参与方受益，还通过提高数据的使用效率，从而降

---

① 于海静：《互联网＋下商业银行供应链金融创新发展路径研究》，博士学位论文，武汉理工大学产业经济学系，2018。

低成本。商业银行及其合作伙伴可以依据各自的特点和发展需求，合理利用数据，从而高效推动产品和服务的创新。在此过程中，银行应当加强与互联网公司的互惠合作，最大限度地利用互联网资源，构建一个开放和综合的供应链金融服务平台，以实现多方共赢的目标。此外，与第三方机构合作时，银行应采取集约化的策略来发展供应链金融业务。具体来说，与第三方物流供应商的合作应侧重价值共享和风险共担。这样的合作模式不仅有助于降低单个企业承担的风险，还促进了资源的优化配置，从而推动供应链金融业务的健康发展。

二、商业银行供应链金融创新能力的提升策略

（一）提升商业银行供应链金融创新能力的内生建设策略

1.把产品创新和活动营销作为提升创新能力的基础

确保供应链金融在战略中占据核心地位是商业银行提高国内市场份额、成为市场重要参与者的关键。随着越来越多大企业采用供应链管理模式，配套的供应链金融服务将成为商业银行未来竞争的焦点。因此，商业银行必须制定策略、开发新产品、培养适应当前趋势的创新型人才、加强风险管理，并创建符合市场需求的供应链金融品牌，从而塑造行业领导者的形象。这些措施是把握发展机遇和确保市场地位的基础。

在具体操作上，商业银行需要加强对互联网技术的运用，广泛应用电子渠道于公司运营中。这包括迅速扩大网络渠道的应用范围，全面将其融入银行业务，并加速银行产品向各个网络平台的推广。同时，应积极与第三方支付平台等互联网企业合作，以扩大业务范围。创新是驱动发展的动力。只有通过持续创新，推出符合市场趋势的产品，才能提升品牌形象和产品声誉。银行需要持续增强创新能力，开发广受欢迎的产品，吸引客户关注，以此作为业务增长的基点，迅速扩大客户基础。在创新产品的过程中，必须以满足客户需求为目标，这是成功吸引客户的

关键。此外，还需要创新营销策略内容和方式，应用于市场营销活动。营销手段的多元化不应仅限于传统媒体，还应大量利用微信、微博等新媒体平台，以丰富营销内容，优化品牌声誉，创造客户关注点，提高市场知名度。[①]

2. 把资源整合与流程优化作为提高创新能力的核心

商业银行当前面临的市场环境和客户需求正在不断变化，这促使银行必须对其组织架构和业务流程进行重新评估和调整。为了更好地适应市场动态，银行需对市场定位进行更细致的划分，同时简化和优化业务流程以提升服务效率，并更有效地整合和推广产品。在这个转变过程中，商业银行应将客户定位从主要服务大型企业扩展到全面覆盖小企业和微型企业，以此扩大服务范围并实现规模化发展。随着客户需求的演变，银行应构建更为扁平化的组织结构。这种结构不仅可以简化业务流程，还能提高银行对环境变化的适应性和快速响应能力。扁平化的组织结构将有助于银行更快速地做出决策和调整，使得服务过程更加高效。这种结构优化还将确保银行服务的快捷性、操作的便捷性以及整体工作效率的提高，从而使银行在激烈的市场竞争中保持优势。

换个角度，商业银行为了提高在竞争激烈的市场中的地位，就需要提高电子化和网络化服务渠道的运营效率，以确保能够快速响应客户需求。这要求银行增强数据挖掘和分析能力，以便更好地理解和满足客户的服务需求。通过这种方式，银行能够稳步提升服务质量，确保服务的及时性和有效性。进一步地，通过优化和整合现有服务，银行可以向客户提供更加多元化和个性化的服务选项。这种一站式服务模式不仅能够提高客户满意度，还有助于银行提升自身的市场竞争力。这种服务模式

---

① 于海静：《互联网＋下商业银行供应链金融创新发展路径研究》，博士学位论文，武汉理工大学产业经济学系，2018。

使客户能够在单一平台上解决多种金融需求，从咨询到交易处理，为客户提供全方位的支持和解决方案。为了实现这一目标，银行需要不断投资于技术创新，利用最新的信息技术和网络平台，以适应快速变化的市场环境和客户期望。通过向客户提供这种高效、便捷且定制化的服务，银行能够更好地吸引和留住客户，也能在提供创新解决方案的过程中开拓新的业务领域和增长点。

3. 将管理创新作为突破口

随着市场竞争的日益加剧，服务创新已成为全球金融行业发展的必然趋势。这种创新不仅涵盖了银行业务的各个层面，也对商业银行的管理方式提出了新的要求，包括管理手段和制度的创新。基于这些创新，银行必须对所有生产资源进行优化和合理配置，以确保资源的效益最大化。随着时代的进步，商业银行面对的内外环境持续变化，需要银行根据实际情况灵活调整管理策略、政策和方法。构建一套与银行环境需求相匹配的管理体系，是营造一个灵活且可持续发展的银行环境、促进银行稳健成长的基础。通过持续创新激励和约束机制，商业银行可以激发员工的工作积极性和提升工作效率，从而显著提高银行的经济效益并确保银行发展达到最佳状态。此外，商业银行也应致力推动组织结构和审批流程的优化。创建专门的供应链金融部门，引入专业化审批流程，实现垂直管理、产品创新和集中操作，是推动银行服务创新的关键措施。通过这些措施，银行不仅能提高内部管理效率，还能更好地适应市场变化，满足客户需求。

4. 以提升信息技术水平为保障

在科技日益发展的今天，商业银行必须重视通信水平的提升，这已成为银行发展的一个必要条件。技术的革新和应用不仅要紧密围绕商业银行的战略目标，还需要直接作用于提升银行的核心竞争力和发挥市场优势。通过技术创新，商业银行可以对其业务流程进行优化和规范，同时简化管理流程，这对于银行业务的持续发展提供了重要支撑。

技术进步允许商业银行更高效地处理日常事务，提升服务质量和客户满意度，同时能够降低操作成本和风险。例如：采用先进的信息技术系统，银行能够实现业务自动化，提高事务处理的速度和精准度。此外，利用大数据和人工智能技术，商业银行可以更好地理解客户需求，提供个性化的金融产品和服务，从而增强客户黏性和市场竞争力。技术创新还能使商业银行扩展新的服务渠道和业务模式，如线上银行、移动支付等新兴金融服务，这些都是适应现代消费者需求的有效手段。同时，这为银行开拓新的市场和客户群体提供了可能。

（二）提升商业银行供应链金融创新能力的外生建设策略

1. 以产品研发模式的变革为手段

产品研发模式从封闭向开放的转变对于提高商业银行的效率至关重要。商业银行已经建立了相对规范的产品研发流程，并确立了明确的分工与协作机制，以提高服务效率。然而，市场对银行快速响应的需求日益增强，传统的研发做法已不足以满足这些要求。银行现在需要采用的是"一次开发即为长期维护"的新思维模式，这需要银行与用户进行紧密合作，让用户参与到产品研发的每一个环节中来，并根据用户的具体需求设计产品。为了更有效地满足用户的个性化需求，银行应当设立一个专门的部门——客户体验部。该部门的职责是将用户的反馈从事后零散的信息转变为事前系统化的输入，确保用户的需求和反馈能够直接应用到产品设计和服务改进的过程中。此外，银行在研发产品时可以考虑与其他银行进行合作。这种合作不仅能深入了解客户需求，还能扩大产品创新的应用范围，最终为用户提供更便捷的金融服务。

产品研发模式的变革还需要商业银行构建一个有效的上下联动的研发体系。传统的研发模式中，银行可能过于侧重产品质量，而相对忽视了客户体验。然而，随着互联网金融的迅猛发展，为了保持竞争力，商业银行必须强化客户服务能力。因此，建立一个能够快速响应市场和客户需求的立体化产品研发体系显得尤为关键。这样的体系应当结合标准化与个性化的要求，既要保证研发流程和产品的统一性，也要能够灵活适应地方市场的特定需求。具体来说，银行总部应负责开发统一的标准化架构，确保整个银行系统的一致性和效率，并将个性化的产品开发部分下放给地方分行。这样不仅能增强产品的市场适应性，还可以提升客户的使用满意度。

银行还需要改革产品开发的组织结构以提升效率。供应链金融产品创新需要一个高效的管理组织来支持，从而增强对市场快速变化的适应性。这需要银行从传统的串行开发模式转变为并行交叉的集成化开发模式。这种模式能促进各部门间的有效快速沟通，确保不同活动间的良好协调和协同操作。采用集成化开发模式，可以显著缩短产品开发周期，同时确保一次开发就能全面满足客户需求，这不仅提高了产品质量，还降低了创新的成本。此外，这种开发方式有助于消除各部门间的界限，促使来自不同部门的专业人员协作，从而激发员工的工作积极性和创造力。此外，银行可以利用互联网技术，形成一个跨地域的虚拟组织或动态联盟，以实现银行内部不同部门的联合开发。这种方式使得资源能被更有效地利用，优化资源配置，加强创新能力。通过这种跨地域合作，银行能够集合更广泛的知识和技能，提高创新产品的速度和质量。

2. 聚焦于产品的行业化和特色化发展路径

商业银行制定的供应链金融战略需与国家经济发展计划保持一致，确保资金流的正常运作，同时支持实体经济的发展并从中获益。供应链金融市场的未来竞争方向将集中在提供精细化营销和具有特色的服务上，以此实现经济效益的规模化发展。想要在未来供应链金融市场达到规模效应，其关键在于发展具有行业特色的供应链金融服务，通过提供标准化产品和一站式的综合金融服务赢得供应链企业的青睐，从而在市场竞争中获得优势。此外，商业银行提供的金融产品需要紧贴特定行业的特殊属性和金融需求，有针对性地推出具备行业特色的供应链金融产品。这些定制化的产品应作为标准产品的补充，或是将其中具备成长潜力的产品发展成为银行重点推广的标准化产品。[①]

3. 将流程再造提升客户体验作为手段

流程再造的核心目标是实现商业银行与客户之间的无缝连接，充分利用互联网金融的操作便捷和交易迅速的优势。商业银行通过业务流程再造，力图实现与客户的无缝对接，从而提升服务质量和效率。

在商业银行业务流程再造的过程中，第一，银行需要明确当前供应链金融产品的数量和种类，识别哪些业务需要重构以及哪些业务可以实现在线审批。这一步骤是为了确定改造的范围和重点，确保资源能够集中在关键领域。第二，简化现有的业务流程至关重要。这包括减少不必要的中间环节和审批时间，从而提升整体工作效率。简化流程不仅能加快服务速度，还能提高客户的满意度，因为客户能够更快地获得所需的金融服务。第三，商业银行应当采用互联网技术和电子媒介，按照标准化流程加快业务处理速度。通过这种方式，银行可以更有效地处理大量事务，同时保持服务质量。第四，通过电子银行和电商平台等手段实现业务的在线化是另一重要方向。这使得银行能够提供全天候服务，利用互联网技术快速响应客户需求。在线化不仅扩大了服务的覆盖范围，也提供了更为灵活的服务方式，满足了客户对金融服务即时性和便捷性的高需求。最后，整合银行内部各部门，对相似的产品和服务进行合并，

---

① 于海静：《互联网＋下商业银行供应链金融创新发展路径研究》，博士学位论文，武汉理工大学产业经济学系，2018。

也是流程再造的一个重要方面。这样的整合有助于减少内部资源的浪费，使产品和服务更加专精，从而提升银行的核心竞争力。

三、商业银行供应链金融业务的创新策略

为了有效地扩展供应链金融业务，商业银行需要在推广过程中发挥强大的品牌影响力，开发具有特色的供应链金融产品。基于这些特色产品，银行应利用其已有的竞争优势，着眼于市场需求，积极进行产品创新，并对现有产品进行持续的改良，从而构建完善的产品系列，增强供应链金融服务的多样性。

（一）开发差异化产品

随着供应链金融在国内市场的发展，其出色的产品特点吸引了越来越多的银行参与，使得供应链金融市场的竞争变得异常激烈。在这种竞争环境下，商业银行要想存活和发展，就需要不断根据客户需求提供相应的产品和服务；反之，如果长时间提供单一不变的产品和服务，将对银行的竞争力产生不利影响，甚至银行可能被迫退出供应链金融的竞争行列。与国际市场相比，当前国内供应链金融产品种类仍显单一。为了开辟新的发展空间，商业银行可以考虑以核心企业的需求为起点提供供应链金融产品和服务，并利用核心企业的业务网络及供销平台向上下游企业扩散推广，采用网络式的业务发展模式，对上游供应商，重点开发应收账款、保理等新型金融产品和服务；对下游经销商，则着重推广动产、预付款等金融解决方案，实现供应链金融服务在整个供应链中的渗透。考虑到供应链中不仅限于一个核心企业，商业银行还可以构建一个交错复杂的业务网络。在扩展供应链金融业务时，应特别关注中小企业的融资需求，为供应链各环节的企业设计多样化的融资方案和服务体系，满足不同类型和需求的中小企业。具体来说，商业银行在拓展供应链金融业务的过程中，可以考虑把现有的银行业务与供应链金融业务进行整

合。例如：将汇率、利率、股票和债券等金融基础工具纳入供应链金融服务体系中，以此来扩展商业银行供应链金融业务的范围。这种整合应基于企业的具体需求，运用金融工程的方法进行分析和组合，探索金融衍生产品在供应链金融中的应用，为供应链中的企业设计出更优的融资方案。银行除了需要提升自身的创新能力以适应时代变化外，还应密切关注市场动态，预见未来的发展机会，迅速采取行动。银行应能够识别不同行业中潜在的供应链机会，运用合适的策略来探索新兴产业和领域中的新型供应链，力求将供应链金融服务扩展至更广泛的领域。[①]

在拓展供应链金融业务方面，商业银行不仅应横向扩展服务范围，还需要纵向深化服务能力，探索供应链中各个企业的具体需求。银行的服务不应局限于满足基本的企业交易融资需求，而应超越这一层面，拓宽服务领域，深入理解不同类型企业在融资方面的多样化需求。这种深入的了解使得供应链金融服务能够更加多样化，以满足更广泛的市场需求。总体而言，商业银行应采用差异化的竞争策略，根据不同客户的具体需求提供定制化服务。通过设计并推出具有特色的产品和服务，银行能够更好地适应市场多样化的需求。这不仅有助于增强银行的创新能力，还能把握市场的新机遇，应对新的挑战。通过这种策略，商业银行不仅能留住现有客户群体，还能吸引更多新客户。这种持续的创新和服务优化是商业银行在竞争激烈的金融市场中保持领先地位的关键。

（二）细化产品功能，强调专业与精准

在设计供应链金融产品时，商业银行需要注重产品的精细化，这不仅包括将单一的产品扩展为能够满足各种客户需求的多样化产品，还涉及深入挖掘市场上现有产品的潜在特性，创造出具有独特优势和特色的

[①] 于海静：《互联网＋下商业银行供应链金融创新发展路径研究》，博士学位论文，武汉理工大学产业经济学系，2018。

产品，从而使这些产品在竞争激烈的市场中脱颖而出并具有显著特色。在这个过程中，商业银行应充分利用其资本实力，特别是在表内融资产品的开发上加大力度。与表外融资相比，表内融资可以为企业直接提供流动资金支持，省去资金在市场上变现的复杂步骤。这种直接的资金支持对于吸引和留住企业客户是至关重要的，因为它提供了更加稳定和可靠的融资渠道。

此外，供应链金融产品的设计还需实现全面覆盖，即针对特定市场需求进行专业化的产品开发。为此，商业银行应开发一系列切实可行的产品，并不断完善和扩充供应链金融产品线。这包括网络银行贷款、保兑仓、保单融资、订单融资、国内信用证融资及动产质押等多种形式，确保所研发的产品能覆盖供应链的各个环节。这种细化产品功能的策略不仅能为客户提供全面而深入的融资服务解决方案，还能帮助银行取得强大的产品竞争优势。通过提供广泛的、针对性强的金融产品，银行能更有效地满足不同行业和规模企业的需求，从而在供应链金融领域中获得领导地位。进一步地，银行在设计这些金融产品时，还应考虑到产品的风险管理和合规性。合理的风险评估机制和符合监管要求的产品设计不仅能保护银行自身的利益，也能提升客户的信任度，从而在提供高效服务的同时，确保交易的安全性和透明性。银行应积极采用最新科技，如区块链、人工智能和大数据分析，来提高供应链金融产品的效率和安全性。这些技术能够优化资金流、信息流和物流的管理，提升整个供应链的透明度和响应速度，进而提高银行在供应链管理中的核心竞争力。

（三）细化市场群体，提供定制化的金融服务方案

供应链管理与金融服务的发展为商业银行开辟了巨大的发展空间。为了迎接激烈的市场竞争，商业银行需深化产品开发，并为不同客户量身定制解决方案，通过将产品与个性化服务相结合，满足客户的独特需求。此外，通过管理创新，形成强大合力，从而赢得客户的认可与忠诚。

为了使客户得到更好的服务，商业银行应深入分析各行业及供应链客户的需求、结算偏好与风险承受能力，基于这些差异提供定制化的供应链金融产品和服务。这包括向合作伙伴提供超越传统业务范畴的金融服务，以实现最大程度地满足客户需求，只有这样，银行才能在激烈的市场竞争中把握发展机遇，并将其转化为自身的发展机会。

商业银行可以通过利用其在业务系统和信息技术方面的优势，来加强授信供应链的管理，从而提升自身的竞争力。这种管理策略包括深入理解相关产业的供应链系统，并探索供应链中不同成员及各要素之间的共同利益点。关键的步骤是有效整合这些重点的关系要素，目的是最大化利益，促进多方共赢的局面的形成。通过这些措施，银行不仅能优化现有的授信供应链运作系统，还能识别并发掘适合进行授信的新的供应链。这对于商业银行扩大其供应链金融业务范围极为有利。此外，商业银行还可以积极参与到供应链的日常管理中。通过运用其综合的授信工具和发挥自身的风险管理能力，银行能够为供应链提供量身定制的个性化产品和服务方案。同时，商业银行可以建立相关的供应链金融制度和绩效指标，推动供应链管理向更加制度化和规范化的方向发展。这不仅增强了银行在供应链中的作用，还提高了整个供应链的操作效率和财务透明度。

四、商业银行供应链金融的营销策略

（一）借助互联网思维进行变革

尽管互联网的出现时间较短，其发展速度却出人意料，对企业来说，忽视互联网的存在几乎等同于走向自我毁灭。在这种背景下，商业银行也在积极探索如何与互联网整合，以期促进自身的发展。然而，随着互联网应用的不断深入，也暴露出一些问题。当许多银行正在深挖互联网的潜力时，一些商业银行在互联网应用上显得过于肤浅，缺乏应有的危

机感。商业银行在互联网应用方面不能仅限于开发与销售新产品，也不应只是简单地将传统业务转移到互联网平台。为了实现持续的发展，银行需要深入地借助互联网思维，对现有的思维模式、体制机制及管理制度进行根本性的变革。

互联网思维的定义在不同领域中各有不同，但普遍被视为一种促进变革与创新的方式。无疑，互联网思维已经为银行业注入了活力。在商业银行中应用互联网思维可能意味着体制和机制的彻底改革、思维方式的更新以及制度的变革。互联网思维打开了普惠金融新时代的大门，商业银行的供应链金融服务与普惠金融的理念不谋而合。这种服务模式突破了传统上银行只聚焦于大型企业的金融服务模式，消除了在金融服务中的歧视现象。它参考了长尾理论，满足中小企业的金融需求，从而在扩大业务规模的同时，促进了金融服务的普及和平等。为了实现供应链金融的长远发展，商业银行必须借助互联网思维，这不仅包括改进现有的金融产品和服务，还涉及在组织结构和操作方式上进行根本性的创新。通过这样的方法，商业银行能够更好地适应当前的市场需求，拓展其服务的广度和深度，确保在激烈的市场竞争中持续发展。

（二）提升体制灵活度并整合品牌资源

商业银行在面对体制局限性时，往往反应不及时，难以针对市场挑战快速调整。为打破这种局面，银行必须从体制上进行改革，增强灵活性，以激发员工创造性，提升管理和服务效率。此外，为在客户群体中树立良好的银行品牌形象，商业银行需要持续根据客户需求变化来调整自身定位，整合品牌资源，推动银行产品和服务的销售，实现利益最大化。

在拓展供应链金融业务方面，商业银行首先需准确辨识竞争对手，包括其他商业银行、互联网金融公司以及小额贷款机构等。辨识后，需分析潜在对手的特征，发现差异，这些差异是品牌定位的基础。随后，需制定灵活结合线上和线下的营销策略，以凸显营销优势。银行的营销策略应特色鲜明，针对供应链金融的核心企业及其上下游中小企业，银行需要从全面的视角审视供应链问题，重视整体而非单一企业。通过个性化产品和综合服务，创造具有特色的供应链金融产品，树立具有差异性和特色的品牌形象。进一步地，银行需进行系统化的客户分析，增强对客户识别与选择的能力，构建广泛的信息收集网络，科学分析搜集到的信息，发现并把握产业发展中的机会。同时，加强市场调研，深入了解市场和产业发展趋势，确保在竞争中占据有利地位。此外，银行应创建协同机制，统一价值观和利益基础，清晰划分总行、分行及支行的职责，实行业绩考核制度，评估各部门业绩与银行整体目标的一致性，激发全行服务的积极性、一致性和整体性。同时，加强对销售渠道的整合，优化渠道布局，提升渠道竞争力。

总之，为应对金融产品同质化的挑战，商业银行需依托自身特色，持续创新金融产品，全面理解供应链，为中小企业提供定制化授信服务，并根据市场和客户需求的变化，及时调整授信内容和服务方式。

（三）改进客户反馈机制以提高服务质量

商业银行必须建立一个全面的客户反馈系统，以创建有效的客户体验反馈渠道，鼓励客户就供应链金融产品或服务提供反馈。使用互联网这一便捷工具收集客户信息，并强化客户支撑体系，可以从多个渠道快速且灵活地收集客户反馈，确保工作人员及时与客户交流沟通，及时解决客户对产品或服务的疑问。此外，通过大数据技术分析客户反馈，银行可以识别共性问题和新的业务需求，这不仅有助于提升服务质量，也为市场机遇的探索提供了可能。同时，培养客户对银行服务给予正面反馈的习惯，有助于增强客户的价值感和提升其对银行的忠诚度。

商业银行还需要提供服务流程的全面性，确保服务不局限于营业时间内。这包括强化业务相关网络平台的运维，确保平台能及时、准确地响应客户咨询等需求。通过这种方式，银行应利用其硬件设施提供无形服务，以家庭般的关怀、简化流程和高效服务，让客户切实感受到服务的温暖。此外，银行应从业务服务中总结经验，将其固化为后续操作的标准，不断进行优化和提升，强化供应链金融服务的特色和服务理念，提高服务质量。[①]

五、商业银行供应链金融创新发展的风险管理

目前，商业银行在防范和管理供应链金融业务的风险主要依靠资金流动和结构化授信体系。然而，基于大数据技术的风险控制方法，如大规模数据记录、数据分析及自动化程序审计在供应链金融领域的应用还不够广泛。与传统风险管理方法相比，这些大数据技术不但成本更低，而且效率更高。因此，商业银行应考虑将基于互联网的大数据风险控制技术与传统的风险管理措施相结合。这样的结合可以充分利用两者的协同效应，提高整体的风险管理能力。

（一）依托互联网技术进行防范风控

为了有效增强商业银行在供应链金融中的风险控制能力，构建一个集成的电子信息平台是关键策略之一。这一平台应当具备覆盖供应链中关键环节的能力，包括物流、商流、信息流和资金流。通过对这些流程的全面监控和实时数据分析，银行可以实时掌握供应链的运行状态，从而有效简化管理流程，并及时响应可能出现的风险。此类电子信息系统的核心价值在于它提供了一个实时的、数据驱动的视角，使得合作各方能够迅速获取关键信息，并基于此做出精准的决策。例如：通过跟踪资金流的实时数据，银行可以即刻发现资金异常流动的情况，及时采取措施以避免潜在的财务风险。电子信息平台还可以帮助银行更好地理解供

---

① 于海静：《互联网＋下商业银行供应链金融创新发展路径研究》，博士学位论文，武汉理工大学产业经济学系，2018。

应链各方的业务运作，增强对合作伙伴的信任度，从而推动更高效的合作。此外，银行能够通过系统分析收集到的大量数据，对供应链中的运营模式进行优化，识别并优化效率低下的环节，提升整体运营效率。

为了增强对供应链金融业务风险的控制，商业银行需开发一套完整的风险预警工具，融合定性与定量的预警方法来预防风险。定性方法侧重对供应链的整体运营状况、企业的资金链、财务状态及市场环境进行定期检查。通过这种战略层面的评估，将风险评估结果进行文档化处理，并对不同时间点的评估结果进行比较，以预测未来的发展趋势。虽然定性方法较为简便，但由于其主观性，这种方法在准确性上可能存在不足。因此，为了更精确地评估风险，商业银行应当更多依赖定量方法。这包括建立一套完整的风险评估指标体系，并运用合适的模型来分析和衡量供应链金融业务中的风险。除此之外，商业银行还应设定一个科学的风险预警线标准。通过将定量和定性的分析结果与预设的风险预警线进行对比，可以有效判断当前的风险是否处于可控范围内。这样的综合评估方法使银行能够在风险初现阶段就采取适当的防范措施，从而避免或减轻潜在的负面影响。

（二）构建以流程管理为核心的风险防控

商业银行管理供应链金融业务风险需要在制度和流程两个维度进行全面策略布局。首要任务是在相关部门建立健全的管理体系，实施分级授权，并确立权利、责任与利益相结合的分配机制。此外，银行应通过可视化设计，对供应链金融的业务流程和操作流程进行标准化管理，以规范员工行为并预防潜在风险。同时，针对不同类型的供应链金融业务特性，设计差异化的流程，强化关键风险控制点的监管。

在供应链金融的授信选择上，银行需谨慎挑选供应链集群及其核心企业。这包括依据国家产业发展战略，结合产业的具体发展情况进行深入探索，以识别并投资可高质量发展的产业和领域。在选择核心企业时，应评估其市场影响力、行业份额、信用水平及财务状况，并确保这些企业能定期汇报其运营情况以及供应链的整体状态。此外，银行应考量成员企业与核心企业的业务交往量和紧密程度，优先选择那些与核心企业合作程度高、现金流稳定的企业。控制风险的基本要求是创建具有强执行力的标准化流程。这涉及贷款全周期内的各个阶段，如贷前调查、贷中审查和贷后检查，为每一步设定明确的操作指南，以增强透明度并规范操作过程。重点应放在审核核心企业及其上下游企业的合同协议、票据流转及债权转让通知等方面。同时，针对贷后资金支付、贷款回收情况及货物监管等环节，确立具体的操作流程和标准，确保业务执行无漏洞。在内部管控方面，银行需建立完备的供应链金融内部控制体系，依据业务特点及关键风险点进行设计，包括岗位设置、授权等级和双重审查等方面，实现事前制度化、事中监督、事后问责的综合控制系统。通过设立奖惩机制，培养员工常态化风险控制意识，降低操作风险。对于故意违规或滥用职权的员工，银行应给予严格处罚，必要时追究法律责任，以降低道德风险。这些措施共同确保了供应链金融业务的健康发展，及时进行前瞻性的风险管理，达到预防并减少损失的效果。

六、商业银行供应链金融创新发展的保障机制

（一）建立以大数据技术为支撑的服务平台

供应链金融之所以成为商业银行的重要战略板块，并能实现持续发展，主要得益于大数据时代和互联网金融提供的技术平台。这些平台在数据收集、分析及应用方面具有突出的能力，为供应链金融业务提供了强大的支持。商业银行依托这些技术优势，能够深入分析和理解市场需求、客户行为以及风险模式，从而更有效地设计和推广供应链金融产品。

1. 构建集数据整合与分析功能于一体的数据仓库

互联网金融服务模式的革新和产品创新归功于数据整合与数据分析技

术的有效应用。商业银行为了更好地满足客户需求，正在加速数据仓库的建设。这一措施能够使银行迅速获取关键的客户信息，如交易数据和消费偏好，进而深入理解客户需求，并为其提供定制化的产品与服务。这种做法不仅显著降低了营销成本，还能通过整合互联网的标准化审批流程，缩短审批时间，提高审批效率，从而实现银行与客户的双赢。此外，通过构建的数据仓库，商业银行能够预测并管理风险，有效地规避和转移潜在风险，并在此基础上完善风险审批体系。这样的体系使得供应链金融服务得以更广泛地覆盖中小企业和微型企业，为这些企业提供更多支持。

大数据技术已成为商业银行与客户之间无缝衔接的关键技术，广泛应用这项技术于银行的供应链金融业务成了银行的重要任务。商业银行因此需要加强对信息系统的完善，扩大技术应用的范围，以充分发挥大数据技术的潜力。应用这些技术不仅优化了对现有客户和业务的管理，还有助于开拓新的业务领域，推动银行经营模式向技术化、数据化和效率化的方向转变。整合资金、信息和风险管理于一体的商业银行，可以利用客户数据为银行带来竞争优势。这要求银行更加注重客户数据的整合与分析，以便提供更加个性化的服务。这种数据驱动的经营模式不仅提升了客户服务的质量和效率，也使银行能够在竞争激烈的市场中处于领先地位。

2. 开发全面的供应链金融电子交易一体化平台

开发一个全面的供应链金融电子交易一体化平台可显著优化商业银行在处理复杂供应链金融业务中的操作流程。此平台通过提供在线咨询服务，不但简化了操作步骤，而且对于创新商业模式和促进供应链金融业务的快速发展具有重要的战略意义。随着互联网金融的发展，商业银行正在从传统的中介服务模式向提供包括数据、信息和资金管理在内的一站式综合性金融服务模式转型。在现代电子商务的背景下，供应链金融业务需要实现全面的电子化，以支撑在线融资和实时交易的需求。互联网时代的商业模式对传统模式产生了深远的影响，最初互联网金融仅被视为银行营销的一个渠道，然而，随着技术的演进，现代商业银行越来越重视客户体验和满意度，尤其是在便利性和效率性方面。

供应链金融电子交易一体化平台通过促进供应链中企业、供应商及物流企业间的实时沟通，可以实时展示交易中产生的物流和资金流信息，从而使所有参与方能够即时掌握供应链的运行状态。此外，平台提供的信息显示还包括供应链成员的授信状况、资金流转和商品流通状况，这增强了供应链成员之间的相互理解。通过这种集成平台，企业能够在线完成从融资申请到支付结算的各项业务流程，极大提高了操作效率和透明度。因此，此类电子平台不仅仅是技术的应用，更是推动供应链金融服务创新与效率提升的关键工具。[1]

（二）开发多功能电子商务平台以提升电商服务质量和优化运营体系

供应链金融的健康与快速发展依赖于信息流的有效支持。这要求商业银行高效整合和公开化处理收集到的信息，以降低信贷风险，从而促进供应链金融业务的全面和均衡增长。在这个过程中，信息流的管理和利用成为关键，因为它不仅关系到银行业务的安全性，也影响服务质量和客户满意度。商业银行可以利用其在金融领域的独特优势，为电子商务平台上的交易双方提供一系列优质的金融服务。这些服务主要包括线上资金转账与结算，这对于保证电子商务交易的便捷性和安全性至关重要。除此之外，银行还可以为商户提供量身定制的线下服务，这些服务旨在满足特定商户的独特需求，从而提高商户的业务运营效率。此外，商业银行还能通过与商家合作推出各种优惠活动，吸引更多消费者使用

---

[1]　于海静：《互联网＋下商业银行供应链金融创新发展路径研究》，博士学位论文，武汉理工大学产业经济学系，2018。

电子商务平台，这不仅可以增加平台的交易量，还能扩大银行的品牌影响力。对于那些信誉良好且有融资需求的商家，银行提供的融资服务可以帮助他们扩展业务，增强市场竞争力。

商业银行采取以买方需求为核心的策略，建立专业的电子商务独立品牌，这种以客户为中心的策略有助于吸引更多的客户，增加客户流量。流量是电子商务成功的基石，只有持续增加的流量才能保证电商平台的生存和发展。高流量不仅可以增强平台开展更广泛业务的信心，还为商业银行在供应链金融业务领域的拓展提供了良好的市场基础。通过这种方式，银行可以在供应链金融市场中获得更高的盈利和更广泛的客户。

推动电子商务发展的同时，移动领域的重要性也不应被忽视。随着移动设备使用的普及和移动网络技术的发展，移动电商已经成为电子商务的重要组成部分。商业银行应该利用"互联网+"战略下电子商务的迅猛发展趋势，主动与其他互联网机构进行合作，共同开发新的市场机会。通过这种合作，银行不仅可以抢占市场先机，还可以尽早确立市场地位。此外，这种策略有助于银行迅速扩大市场份额，稳固并持续扩展其客户基础，特别是在年轻消费群体中扩大影响力。

（三）构建物流与供应链管理平台，提升银行与企业间的协同效率

商业银行可以创建一个专门针对供应链金融服务的物流与供应链管理平台，采用会员制来整合物流服务和供应链管理。这样的平台允许物流公司通过注册成为会员，进而成为银行供应链金融业务的合作伙伴。作为平台的会员，物流公司可以宣传自己的服务，而供应链中的企业则可以依据物流公司的评级和自身的需求选择合适的服务提供者。此平台不仅可以作为物流服务的展示和选择平台，还允许与商业银行签订供应链金融合作协议的企业通过该平台进行货物监管。这种监管模式增强了货物运输过程中的透明度和安全性，确保了供应链金融操作的顺利进行。

在这个物流管理平台上，银行还需要公布整个供应链中所有企业的产品信息和交易合作情况，并确保这些信息实时更新。这一措施不仅增强了平台的信息透明度，也方便了企业间的互动和协作，帮助企业及时了解市场动态和业务机会。此外，该平台还可以帮助资金紧张的中小企业进行资金管理。通过利用银行的金融服务和物流管理服务，这些企业可以更有效地控制成本和优化资金流，从而提高运营效率和市场竞争力。

为了实现供应链中企业的内外部商务活动的高度整合，该物流监管平台提供的服务应包括企业内部从生产到供应再到销售的全链条协作，也应包括企业与供应商、客户及物流服务商之间的有效协调。这种整合不仅提升了供应链的整体运作效率，还增强了各环节之间的协同作用。在优化物流监管平台的过程中，一个关键的考虑因素是信息共享的有效性。解决商品编码的问题至关重要，因为它确保了资金流、商流、信息流以及供应链和物流等服务主体间的商品识别系统的兼容性。这种兼容性是实现高效信息流动和准确数据管理的基础，对于维护整个供应链的稳定性和响应速度至关重要。

第二节　保险公司服务数字化发展——以寿险公司为例

一、寿险公司服务数字化发展的规划设计

（一）明确数字化转型战略

在推动服务数字化转型的过程中，寿险公司必须紧密结合自身特性，明确转型的战略方向及其在发展中需解决的关键问题。这包括遵循政府的指导原则，有效利用成熟的市场技术来弥补服务数字化的不足。同时，寿险公司需要构建以客户为中心的服务模式，确保在行业内与服务数字

化转型方向保持同步。这要求寿险公司不仅关注技术的应用，还要关注如何通过技术提升服务质量和效率。

寿险公司已与政府、社会组织、企业集团、金融机构及医疗等多个领域建立了战略合作关系。这些合作为寿险公司带来了政策和地理优势，应充分利用这些优势，依托特色服务提供者，打造符合自身增长需求的"科技 + 服务""科技 + 生态"的差异化服务模式。通过数字化服务和科技创新产品来推动销售，寿险公司可以提升中长期运营能力，并实现可持续的价值增长。在加快服务数字化能力构建的同时，寿险公司需高度关注科技创新，并保持对新技术、新趋势和新机会的敏感度。通过深入分析客户服务数据，寿险公司可以精准把握客户需求。紧随技术发展的趋势，不断创新服务内容和方式，是保持竞争力的关键。这样的做法能够加深服务数字化转型的广度和深度，为内外部客户提供更全面、高效和便捷的服务。此外，通过服务数字化和技术创新，寿险公司可以提升运营效率，降低成本，并加强风险控制。数字化转型不仅优化了客户服务体验，也优化了资源配置和业务流程，从而使寿险公司在面对市场变化和竞争压力时更为灵活和响应迅速。

（二）设定数字化转型目标

寿险公司在服务数字化转型的不同阶段应制定相应的短期和长期目标，以确保转型工作在各个阶段都能有效地发挥其作用。

在短期内，寿险公司应全面评估其在服务数字化领域的不足之处，以此为依据确定服务数字化发展的具体方向。重点是建设一个统一的服务数字化管理平台，该平台能够满足公司转型发展的需求，为客户提供一个全流程、全场景的自助服务线上闭环。

对于长期目标，寿险公司应积极响应"十四五"规划，加速服务数字化转型进程。借鉴行业内优秀传统寿险公司和专业互联网保险公司的经验，重点学习那些成功将大数据分析、数字化等科技手段与保险服务相结合的企业经验。在业务场景和新技术应用上勇于尝试，发挥科技的赋能作用，主动适应客户群体、需求以及消费习惯的变化，努力构建"保险＋生态圈"，从而丰富生态系统、完善服务供给体系，并为客户提供更多服务和资源的接入点。[①]

（三）制定数字化转型路径

在规划寿险公司服务数字化转型的路线时，关键在于细致考虑各种服务场景下的需求，确保制定出与业务需求紧密相连的数字化转型策略。这一过程中，寿险公司必须深入分析和理解不同客户群体和市场环境中的具体需求，寻求通过技术实现这些需求的最佳方式。寿险公司的服务数字化转型应全面覆盖客户端、供给端及保障端这三个主要领域。这三个领域进一步细分为九个关键维度，每个维度都针对具体的业务流程或功能，确保数字化转型的全面性和深入性。这些维度包括但不限于客户互动与服务、产品开发与管理、营销与销售策略、数据分析与决策支持、风险管理与合规性、技术基础设施建设、员工培训与发展、合作伙伴关系管理以及创新与研发等。

进行服务数字化转型时，寿险公司应充分考虑其特性，如客户基础的特点、市场定位、现有的技术能力及资源配备等。通过这种综合考虑，公司可以制定出符合实际情况的数字化转型路径，确保转型策略既实用又高效。这种策略不仅仅是技术上的升级，更是业务模式和企业文化的全面革新。此外，制定服务数字化转型路径时，寿险公司应结合当前的经营阶段和业务发展状况。例如：对于刚开始执行数字化转型的公司来说，可能需要从构建基础的数据管理和客户服务平台开始，而已有一定数字基础的公司，则可能更注重利用高级数据分析、人工智能和机器学

---

① 李亚坤：《B寿险公司服务数字化转型研究》，硕士学位论文，北方工业大学工商管理学系，2023。

习技术来提升决策质量和业务创新能力。通过这种分层次、多维度的策略，寿险公司可以更有效地实现服务数字化的各项目标。这不仅能帮助公司提升服务效率，增强客户满意度和市场竞争力，还能在变化迅速的市场中保持灵活性和前瞻性。例如：通过优化客户数据分析，寿险公司可以更准确地识别客户需求，提供更个性化的产品和服务，从而吸引并留住更多的客户。相应的转型路径如图7-1所示。

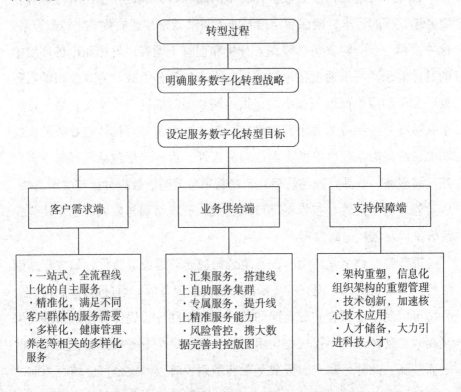

图7-1 寿险公司服务数字化转型路径图

（四）服务数字化布局规划落地

服务数字化转型是一个自上到下、由内而外的全面项目。为了实现转型目标，为客户提供高质量且便捷的服务，同时要促进公司质量和效率的提升，就必须在满足需求方和供给方的数字化转型需求的同时，以出色的组织执行力、前沿科技以及跨领域的技术专家团队作为坚实的后盾。因此，相较于传统的部分改革，只有保持服务数字化转型各方面齐头并进，方能显著提升成效。

1.客户需求端

在进行服务数字化转型的过程中，寿险公司必须坚持以"客户为中心"的服务原则，积极利用互联网、大数据和人工智能等现代技术来提高服务的数字化水平。这种转型使得公司能向客户提供一站式的线上及移动服务，从而满足客户的便捷性和个性化需求。

为了有效实现这一目标，寿险公司应该关注客户需求，推动服务流程的全面化，创建一个全流程的线上自助服务平台。这个平台通过运用大数据、云计算、人工智能和共享中台技术，以客户需求为核心，采用集成化的服务界面设计。例如：可以通过官方微信小程序和企业微信的集成方式，提供统一便利的用户体验。此类平台将社交媒体、互联网和保险服务场景紧密结合，使客户能够在线完成从投保到理赔的全部过程，极大地提升服务的效率和客户的满意度。此外，寿险公司还应实现服务的精准化，满足不同客户群体的特定需求。这涉及对服务转型的升级，以提供符合高净值客户需求的高品质服务项目，如基因检测、生命银行、养老管家和海外就医服务。这些服务能够为客户在财富管理、健康医疗和生活品质等方面提供全面解决方案，确保服务能够精准满足客户需求。通过这种方式，寿险公司不仅提升了客户的忠诚度，也提高了品牌的市场竞争力。寿险公司还需注重服务的多样化，包括健康管理和养老服务的多元化。遵循全生命周期管理理念，依据科学指标体系整合高品质资源，重点关注健康管理和康复护理。利用大数据分析精确把握客户需求，提供从体检、疾病预防、慢性病管理到康复护理的全方位服务。同时，构建适应老年人需求的多层次、多样化养老服务模式，包括机构养老、社区养老和居家养老，以满足不同层次的服务需求。

2. 业务供给端

在寿险公司将客户体验置于核心位置、客户优先的战略下，以服务数字化作为连接点，在整个承保、核保以及理赔流程中实施数字化转型，不仅加强了风险控制管理，也加速了技术的融入和创新。

寿险公司专注于构建全面的线上自助服务体系，不断完善官方微信和小程序等数字平台，创新了线上"零接触"自助服务，细化为基础服务群、增值服务群和咨询服务群。这样的服务结构使客户能够在家中就享受到专业的寿险服务，大幅提高了服务的便利性和接触频率。同时，寿险公司还致力提升线上服务的专属性和精准性。公司开发了非接触远程服务、专属线上理赔服务以及全天候在线的智能客服等专属服务，这些服务可以提供无缝、高效的客户体验，同时在降低人力资源成本方面发挥作用，满足客户对线上自助服务需求。此外，寿险公司还强化了风险控制措施，通过运用大数据来优化风险管理。公司引入了先进的风险控制平台，结合行业大数据的成果与公司的实际情况，采用智能核保、多元化理赔和灰名单等手段，主动识别和干预非正常投保行为。这一智能风险管理系统不仅规范了风险管理过程，也提高了风险控制的效率。[①]

3. 支持保障端

寿险公司将信息技术架构作为技术支柱，以技术创新为保障，并通过科技人才的培养与引进，全面支持服务数字化转型。

其一，重构信息化组织架构以管理服务数字化转型。面对客户服务需求的持续变化，寿险公司正积极寻求服务数字化转型。然而，垂直化的信息组织架构可能成为转型进程的障碍。寿险公司应加强横向跨领域、跨部门及跨职能的合作和扁平化管理，创建业务与技术融合的共创团队，优化业务流程，提升快速响应市场需求的能力。其二，通过技术创新，

---

① 李亚坤：《B寿险公司服务数字化转型研究》，硕士学位论文，北方工业大学工商管理学系，2023。

提升核心技术的应用速度。寿险公司利用人工智能、生物识别等先进技术，实现线上线下全渠道服务的无缝对接，包括投保、核保、回访、保全和理赔等服务，加速服务数字化转型。[①]同时，可借鉴行业内优秀企业的经验，采用新技术如光学字符识别（Optical Character Recognition, OCR）和自然语言处理（Natural Language Processing, NLP），自动化处理体检报告和病历信息，提高核保效率，实现科技对企业发展和服务数字化转型的深度赋能。

二、寿险公司服务数字化发展的对策

（一）转变管理层的战略思想认知

服务数字化转型构成了一项综合性工程，其核心在于将客户置于中心，向外扩散至涉及客户的所有服务环节，以推进服务的全面数字化。这要求寿险公司突破传统的渠道障碍，消除组织架构的层级限制，并建立匹配的组织结构、企业文化以及资源支持体系。转型成功的决定因素在于管理层真正认同服务数字化的重要性，将其视为一项战略性的变革。因此，寿险公司需在管理层中增强对服务数字化转型的全面认识，这包括经营理念、战略定位、组织构建和服务提升等多个方面，以确保变革的持续推进。通过这样的方法，构建一个覆盖整个流程和生命周期的数字化服务体系。

（二）建立全面统一的服务管理平台

寿险公司需构建一个全面且统一的服务数字化系统，转变传统的思维方式，从供给侧转向需求侧，确立以客户需求为核心的服务数字化全过程。这包括对前台、中台、后台的全面规划与协调，目的是打造一个

---

① 李亚坤：《B寿险公司服务数字化转型研究》，硕士学位论文，北方工业大学工商管理学系，2023。

集成数字化服务、风险控制及生态系统于一体的平台。该平台着重开发能够协同工作的客户和服务平台，实现服务流程的重新设计。

科技的广泛应用至关重要，通过数字化手段彻底重塑服务运营模式。寿险公司利用先进的数字服务工具，替代传统的面对面服务方式，允许客户通过一个单一的平台完成从投保到后续服务的整个过程。这种方法不仅改变了寿险公司传统的线下服务模式，还为企业的运营注入了新的动力。通过这种模式，客户可以享受更加便捷的服务体验，公司能在提高效率的同时降低成本。此外，数字化转型的过程还为寿险公司构建一个健全的数字化生态系统奠定了基础。这个生态系统不仅提高了客户服务的可接触性和响应速度，还增强了公司的风险管理能力，使得寿险公司能更好地响应市场变化和客户需求。通过这样的系统，寿险公司能够更好地利用数据分析来预测市场趋势，优化产品和服务，最终提升客户满意度和企业竞争力。

（三）促进数字信息技术架构的发展

在寿险公司的服务数字化转型过程中，优先进行信息系统的基础设施建设是关键，以加固数字化业务的支撑平台。投资于信息系统的数字化升级能够降低数据层与应用层之间的依赖性，确保在出现更高级的应用层技术时能够迅速集成，无须重复的开发成本。此外，强大的基础设施和硬件支持减少了对特定信息技术供应商的依赖，增强了寿险公司在数字化应用技术采购中的谈判力。这样不仅保障了数字化升级的成本效益比维持在较高水平，也加快了公司持续投资和支持数字化的进程。[①]

（四）深化理赔服务模式的转型与创新

在保险行业中，理赔环节是客户极为关注的重要部分，它直接展示

---

① 李亚坤：《B寿险公司服务数字化转型研究》，硕士学位论文，北方工业大学工商管理学系，2023。

了保险的核心价值与意义。对于寿险公司而言，进行创新发展时必须坚持"客户为中心"的服务原则，并积极探索将数字技术与理赔服务有效结合的新方法。这不仅涉及技术的应用，还包括服务模式的根本转变和升级。

寿险公司可以通过整合社会保障和医院系统，利用医疗大数据技术，来推动理赔服务的创新。这种整合使得理赔流程不仅更加高效，也更加透明，能够为客户提供更为直接和便捷的服务。寿险公司应以创造一种集成化、简便化、直达式的保险理赔新体验为目标，旨在构建一个迅速且充满人情味的理赔服务品牌。此外，寿险公司还应通过融合线上线下服务模式，打造一个智能且高效的理赔流程。这种融合不仅提升了理赔服务的便捷性和可达性，还确保了客户的理赔需求能够得到及时满足。在整个理赔过程中，保险公司展现出的专业性、迅速性和人性关怀是至关重要的。这不仅消除了客户对于投保的疑虑，还通过这种积极主动的服务态度和高效的处理能力，极大地增强了客户对保险公司的信任。

此类服务的实施，使理赔不再是客户在选择保险时的一个障碍，反而变成了增强客户信任和提高客户忠诚度的重要环节。这种改变对于保险公司来说是一种长期的投资，通过不断优化和提升理赔服务，寿险公司能够在竞争激烈的市场中脱颖而出，为客户提供迅速且充满同理心的服务体验。

第三节 证券公司数字化发展

一、证券公司数字化发展策略

为确保数字化转型既可行又先进，且具有前瞻性，证券公司需要从数字化建设中的关键问题出发，参考行业内的领先经验，全面构思数字化转型的战略，包括明确的愿景、目标以及具体实施方案。

（一）证券公司数字化发展的目标

实现业务战略目标、推动金融科技进步、促进企业数字化转型、提高内外部效率与确保安全合规的需求，企业应通过全面优化业务流程、提升数据资产管理质量以及构建基于服务的 IT 集成架构，以达到以下四项核心目标。首要目标是向客户提供简洁、高效、透明且安全的服务体验，从而开拓更多机会。其次是通过高度整合的流程、数据和 IT 环境，链接市场、顾客及内部部门的操作，促进基于场景的数字化工作方式，提升效率。再次是增强数据采集与分析能力，推进数据服务化，利用数据驱动业务操作。最后，确保业务流程的可视性、可监管性、可控制性与可追溯性，支持数字化管理决策和安全合规风险监控。同时，通过云服务和服务化架构的合理规划，实现流程、信息和 IT 资源的有效配置、共享和利用。[①]

客户至上的原则是数字化转型的核心。在这一转型过程中，强调从客户的视角出发，围绕客户的整个旅程，提供端到端的优质体验显得尤为重要。证券公司应利用数据分析来提供高质量的产品和服务，旨在最大化客户价值，并实现公司与客户的互利共赢。为了达到这一目标，证券公司必须全面提升其数字化能力，特别是在技术应用方面，推动服务智能化、数据化和精准化。利用金融科技解放人力资源，为客户提供更加专业的服务是当务之急。此外，客户服务体系应该是全面的、多维的、灵活的，采用主动的方式以满足不同客户层级的需求。在业务运营方面，证券公司应丰富产品线，精确地满足客户需求，合理平衡收益与风险。

---

① 高健：《A 证券公司数字化转型策略研究》，硕士学位论文，山东财经大学工商管理学系，2021。

金融科技作为一种手段，应全面赋能于客户服务和内部管理的各环节。通过人工智能、机器人流程自动化（Robotic Process Automation, RPA）、大数据等工具，可以全面提高业务执行能力和管理效率，挖掘数据的深层价值，提升决策效率和准确度，为客户带来更佳体验。具体来说，金融科技能助力创建以客户为中心的服务模式，提供更高效、敏捷的客户服务，满足客户的多样化需求。对内，金融科技支持平台化、精细化管理，释放人力资源价值，提升管理效率，帮助证券公司更好地服务客户，实现稳健的业绩增长。平台化不仅意味着资源的整合和统一管理，也是构建生态系统的基础和保障，帮助证券公司维持与客户、人才和技术的紧密联系。精细化管理则强调在规范化的基础上，明确分工，提升管理效能和质量，这也是现代管理中的一项基本需求。①

（二）证券公司数字化发展的方案

1. 建设零售中心

零售中心的设立旨在通过建立一个系统化的客户开拓机制，加强总部与前线的协作，平衡新客户的开拓与既有客户的深度挖掘工作。这样的机制确保服务与产品能精确对接，实现营销和服务的无缝融合。通过这种策略，零售中心不仅提升了服务效率，也加强了客户关系管理，从而提高客户的忠诚度、黏性和活跃度。此外，零售中心通过财富管理的转型，探索新的业务增长机会，创造独特的竞争优势。这一转型包括从传统的交易和咨询服务扩展到更全面的财富管理和专属定制服务，涵盖证券交易、融资服务、理财服务、咨询服务以及中间业务和交易单元等所有针对零售客户的服务项目，旨在全方位优化客户体验，提高整体服务质量。

---

① 高健：《A证券公司数字化转型策略研究》，硕士学位论文，山东财经大学工商管理学系，2021。

未来，零售板块计划建立一个统一且完整的服务目录，提供统一的服务入口和全面的产品介绍。这将使客户能够轻松访问和了解各种服务和产品，同时根据客户的明确和潜在需求，精确地推荐相关产品或服务。零售中心将利用智能技术和人工服务的结合，快速响应客户需求，并为不同层级的客户提供定制化服务。随着零售业务逐步向财富管理方向转型，证券公司将开发专属的服务模式，并加强内部系统的支持，以加速这一转型过程。这包括对内部流程和技术的优化，确保转型策略的顺利实施，并充分挖掘财富管理的潜力。该模块的构想是基于证券公司零售部门在精确营销、高效服务和财富管理方面的现状以及行业内整合零售资源、实现个性化服务和加大对高净值客户服务投入的趋势。通过整合零售资源，证券公司不仅能全面展示其资源，也使客户能够全面了解公司提供的服务范围。提高数据收集与分析能力将促进公司精确匹配客户需求，提高营销效率和成功率。同时，建立分层服务机制有利于针对不同客户层次的需求，优化资源分配。

实施财富管理转型策略将为公司寻找到新的业务增长点，增强其核心竞争力。在证券公司的客户结构中，零售客户占有较大比例，因此建立零售中心不仅能显著提升零售板块的客户体验和管理效率，还能为公司赢得良好的口碑和提升品牌影响力，最终推动整个公司的市场表现和业务发展。

2. 建设投资交易中心

投资交易中心的目标是构建一个直连的交易管理体系，以实现交易过程中前端、中端、后端的一体化管理，并对投资决策执行实时监控与管理，以全面提升投资交易决策的效率与准确性，并能够在风险偏好指导下优化公司收益。"投资交易中心"的业务范畴涵盖权益类证券、固定收益类证券、场内衍生品、报价系统做市商以及新三板做市等多个方面。

未来，投资交易部门在交易和风险管理方面的能力将显著提升，并逐步扩展至涵盖所有币种、产品类型、市场的全面目标。

该模块的设计基于证券公司自营业务在投资研究效率、投资管理基础架构以及投资后期管理的现状以及行业投资交易一体化趋势的考量。当前，证券公司在投资交易板块的数字化程度尚未达到理想状态，提升的空间较大。在投资前期，"投资交易中心"强大的数据收集与分析能力将为投资决策提供重要的参考；在投资过程中，中心的灵活交易引擎和一体化的管理体系应具备迅速而高效的交易执行能力；在投资后期，利用金融科技实现对风险的实时监控，分析损益，校验投资策略的有效性，为未来的投资决策提供指导，形成一个良性的投资交易循环，进而提高交易效率和精确性。

在当前阶段，投资交易板块的数字化建设是公司发展中的一个短板。"投资交易中心"的成立将显著提升公司自营部门的数字化水平，对提升公司整体的数字化能力及对促成其他投资业务将产生深远影响。

3. 建设投行中心

投行中心正积极利用 RPA 和其他金融科技工具，以全面提升投行业务的数字化水平。这一转型不仅显著提高了业务执行的效率，还有助于降低成本和提升整体效率。中心致力推动业务管理向标准化与规范化方向发展，全力提升客户服务水平。此外，中心还通过构建协同服务机制，促进部门间的交叉销售，从而实现互利共赢。"投行中心"的服务范围广泛，包括结构性融资、并购重组、债券融资等多个关键领域。未来，投行板块将在信息化建设方面取得更大进展，业务将更加标准化和系统化，部门间的协作也将得到进一步强化。这些措施将大幅提升客户体验，增强投行中心在竞争激烈的市场中的地位。

4. IT 基础支撑

IT 基础支撑的目标是通过加强数据平台、云服务平台以及核心系统和服务的构建，从而在软硬件资源、运营维护保障及基础服务等多方面为各种应用系统提供稳定的支持，确保业务能够迅速而健康地发展。这一领域主要关联到信息科技部门。未来证券公司将建立起一个坚实的 IT 基础支持系统，这将使公司能够迅速应对市场变动，并实现与业务流程的深度整合，从而提高业务能力。这一模块的设计基于证券公司在信息化建设上的现状及行业对 IT 基础支持建设的发展趋势。未来，该模块的重点将放在 IT 基础架构的设计上以及如何增强 IT 基础支持在业务及管理层面的适应性。

作为所有业务和管理活动的底层支撑，"IT 基础支撑"的建立凸显了其不可或缺的重要性。在没有 IT 基础支撑的情况下，数字化转型仅仅是理论上的设想，而无法实现。①

5. 鼓励开放式创新

开放式创新模式结合自主与合作创新，采纳开放进取的态度，旨在激发企业的创新潜力并推动业务与管理能力的持续提升。创新作为企业成长的根本动力，不仅更新了理念并快速响应市场需求，还为技术与业务进步提供了支撑。在全球金融监管日益加强和金融全球化的背景下，创新有助于推动新型金融产品和服务的发展，同时促进了套利、投机行为和风险投资基金的兴起。为应对监管政策的变动和行业内产品、服务及经营模式的同质化问题，证券公司亟须提升创新能力，以促进转型和升级。基于这种需求，证券公司规划建立一个完善的创新管理机制，不仅积极推进创新点子的产生与搜集，还迅速孵化这些创意以发挥其商业价值。此外，公司将定期评估和调整创新成果，需优化的创意将重新投入孵化过程，实现创意生产的持续循环，最大化创新作用的发挥。

---

① 高健：《A 证券公司数字化转型策略研究》，硕士学位论文，山东财经大学工商管理学系，2021。

在实施过程中，公司将采取内外兼修的策略，内部通过激励机制鼓励员工创新，外部则与金融和科技行业的机构合作，开放地搜集创意。这些创意覆盖产品、经营模式、技术等多个方面，之后整合至创意库由创新中心统一管理。通过对创意的价值、实施难度和资源需求等因素的全面评估，选出有潜力的创意进行孵化。成功的创意将促使新一轮创意循环的启动，形成良性发展模式。

二、证券公司数字化发展的保障措施

（一）创建专门负责数字化转型的机构

证券公司须创新专门的数字化转型管理及推动团队，负责在接下来的三到五年间，管理、协调、指导、评价及推动数字化转型的全过程，以确保转型工作顺利进行。成立数字化转型推动团队时，应综合考虑组织的关键管理人员和其他相关方，明确团队成员各自的角色与职责。[1]在实施过程中，必须考虑到公司的管理文化，确保方案的实际可行性，避免流于形式。

证券公司可以采用虚拟委员会与专职推进团队相结合的形式，利用虚拟委员会的快速成立和成本优势以及专职推进团队在任务分配和指导明确性方面的优势。在这种模式下，高层领导管理数字化转型委员会，下设专职推进团队，以实现对转型工作的整体管理。同时，各部门作为委员会的一部分，负责履行相关职能，但不需指派专职人员常驻，提高了人力资源的效率。此组织形式的缺点主要体现在涉及部门较多，可能在协调和沟通效率上面临挑战。

---

[1] 冯科：《YS基金管理公司数字化转型策略研究》，硕士学位论文，贵州大学工商管理学系，2022。

（二）完善高效的运作体系

数字化转型为一项持续进展的活动，要求在管理、沟通合作、监控、改进及决策制定等关键领域，构建稳固的体系，确保数字化转型任务的有序进行与可控性。

1.管理与合作机制

在当今数字化迅速发展的时代，企业进行数字化转型已成为提升竞争力和适应市场变化的必要步骤。为了确保这一转型过程能够顺利进行，建立有效的管理与合作机制显得尤为重要。此类机制主要目的在于保证工作的连续性和资源的最优配置，确保转型活动能够有序推进，并获得预期的效益。数字化转型是一个涉及企业多个层面的复杂过程。它不仅需要技术的更新和应用，还需要在组织结构和管理模式上进行相应的调整。在这一过程中，跨部门的协作和多层次的资源整合发挥着关键作用。企业需要通过整合内部各部门的力量，形成强大的推动力，确保各项技术和策略能够得到有效利用。

具体而言，一个成熟的管理与合作体系可以帮助企业在转型过程中实现以下几个关键目标：首先，它可以确保各个项目能够按照既定的时间表和预算进行，避免资源浪费和项目延误。其次，通过集中管理，企业可以更好地监控项目进展，及时调整策略以应对可能出现的挑战。最后，合作机制有助于激发跨部门的创新和协同，通过共享资源和信息，提升整个企业的效率和响应速度。在这个体系中，数字化推动团队扮演着至关重要的角色。作为推进和管理数字化转型全过程的核心力量，这个团队负责制定转型的总体框架，包括概括和执行转型过程中的各项规则与流程。此外，他们还需要提供必要的管理工具，如工作计划和预算模板，确保各部门和项目组可以在统一的标准下操作，有效地分配和利用资源。此团队还负责协调各个项目组之间的资源分配，确保每个团队都能获得其需要的支持，同时提高资源的整体使用效率。通过这种协调，团队可以确保所有项目资源得到合理管理，并指导各项目团队的工作方向，确保每个部门的工作都能对企业的整体目标作出贡献。

2. 讨论与决策机制

建立讨论和决策机制的根本目的是在数字化转型的过程中规范化处理问题的决策方法，以期最大程度地提升决策的品质与效率。在这一过程中，问题的处理方式需根据其所属的层级进行区分，整体上，解决问题的方法应当遵循提升效率和敏捷性的原则。具体到项目层面，项目经理承担着解决问题的主要责任。通常，在每周的项目会议中，项目经理会组织团队成员讨论和解决这些问题。这种定期的会议不仅能确保问题得到及时的识别和处理，还能促进团队成员间的沟通和协作，从而有效地推动项目进展。

涉及多个项目组的问题则由专门的数字化推动团队来处理。这个团队通常在每月的项目进度会议中对这些跨项目的问题进行讨论和决策。这样的安排使得团队可以从更宏观的角度审视和解决问题，确保各项目间的协调一致，并有效地利用资源。对于那些重大的问题或是数字化推动团队无法解决的问题，需要上报至更高层级的数字化转型委员会。该委员会负责对这些关键问题进行深入的讨论和决策，以确保问题能够得到最合适的解决方案。此举不仅保障了问题处理的专业性和深度，也确保了整个转型过程的顺利进行。在处理各种问题时，时效性是一个关键因素。对于那些紧急性较高的问题，需要根据问题的具体层级灵活安排解决的时间。这意味着，虽然大多数问题按常规流程在定期会议中讨论，但对于特别紧急的问题，则需要即刻召开特别会议或采取快速行动，以避免潜在的负面影响扩大。

3. 跟踪与推进机制

建立跟踪和推进机制旨在确保数字化转型的执行进度得到有效监控，比较实际进展与预定计划之间的偏差，并在总体上对数字化转型的进展进行监督和推动。对于具体的单个项目，项目经理负责召集定期的周会，以监控项目的进展、解决遇到的问题并推进项目；而对于多个项目的集合，数字化推动团队每月会举行一次项目进度更新会议；针对整个数字化转型项目，该团队还会组织季度进度报告会及半年度转型总结会。进度报告的主要内容包括项目当前的进展状态、已完成的成果、接下来的项目规划以及目前面临的问题和反馈。对于进展超前的项目，管理者需要密切关注项目的完成质量，尽量减少重做的需求，并对项目计划进行合理的评估，以确保资源分配的效率；对于进展滞后的项目，管理者需查明原因，并解决由此带来的问题，确保项目能够及时地继续推进。[①]

4. 评估与优化机制

建立评估和优化机制的主要目标是对企业的整体数字化水平进行有效的评价，以此反映数字化转型的成效，并为企业策略的调整提供依据。在这个过程中，数字化成熟度评估是一种关键的方法，企业可根据自身实际情况选择开发或采购现成的评估系统。

进行数字化成熟度评估时，企业需考虑多个关键因素，包括评估的维度、指标的选择、定义、权重、等级划分以及评判标准等。在确定评估维度的过程中，应全面考虑数字化转型的目标、影响范围及其带来的价值，以确保评估的全面性和有效性。例如：如果转型目标是提高客户服务的效率，那么相关的评估维度可能包括客户响应时间和服务满意度。在选择评估指标时，应优先考虑那些与转型目标紧密相关且容易获取及量化的指标。这些指标的定义必须是明确和准确的，确保各指标之间互不重叠，从而避免在分析过程中混淆。例如：不应将"客户满意度"和"服务效率"这两个概念性质相近但具体含义不同的指标混为一谈。在设

---

① 冯科：《YS基金管理公司数字化转型策略研究》，硕士学位论文，贵州大学工商管理学系，2022。

置指标权重时，设计者应聚焦企业内部关键人员的意见，并结合行业内的成功案例和经验进行调整。这样做可以确保评估结果的实际应用性。

等级划分和评判标准的制定同样至关重要。设计时应确保不同等级之间区别明显，并且评判标准应合理，能够真实反映企业在数字化道路上的不同阶段。这种明确的划分有助于企业更清晰地了解自身当前的位置，并根据这些信息调整策略。通过构建一个完整的数字化成熟度评估体系，企业可以按照不同的需求频率（如季度、半年度或年度）来定期评估自身的数字化进程。这种周期性的评估不仅可以及时发现问题，还可以帮助企业根据评估结果及时调整和优化其数字化转型策略。这种持续的评估和优化循环是企业在竞争激烈的市场中保持领先地位的关键。

第四节　基金资管企业数字化发展

一、基金资管企业数字化发展的目标与基本原则

（一）基金资管企业数字化发展的目标

基金资管企业数字化转型主要是以支持核心业务的成功为目标，并通过战略指导、业务重构、数字平台建设及数字人才培养这四个关键方面，培养全球级的高品质竞争力。

1. 战略指导

战略指导是释放数字化价值的基石，而建立高品质的竞争力则构成数字化转型的核心。在进行数字化转型时，由于涉及大量投入和较高的能力要求，制定的转型目标和发展方向必须基于实际能力进行调整。每个基金资管企业在设定数字化转型目标时，应考虑自身的业务发展基础和科技能力。这一过程中，基金资管企业需要识别自己在业务和技术方

面的独特优势与局限，从而设定既现实又具有挑战性的目标。这些目标应具有明确的差异，以确保在激烈的市场竞争中能够突出自身的独特性。实际能力的评估包括技术资源、资金状况、人员技能和市场定位等多个方面，这些因素共同决定了公司的数字化程度和速度。

基金资管企业在制定数字化战略时，还应采用逐步的方法，以适应不断变化的市场环境和技术发展。通过这种策略，不仅可以最大化利用现有资源，还可以逐步提升企业的技术能力和市场竞争力。此外，这种战略还应包括对潜在风险的评估和管理，确保转型过程中的每一步都是计划内的和可控的。

2. 业务重构

业务重构强调从业务场景出发，通过提升用户体验，改进业务流程，并重新规划业务发展的路径。在数字化转型的中短期目标中，优先考虑的应是推动核心业务的顺利进行。这包括对业务团队的需求进行快速响应和准确理解，并利用技术手段对现有业务流程中的弱点进行改进和升级，从而更有效地满足客户服务的需求，提高工作的效率。在长期目标中，企业应当寻找机会，通过深度的科技应用来赋能业务运营，确保数字化水平不成为阻碍业务发展的短板。[1]

3. 数字平台建设

在数字化时代，构建数字平台的过程中，突出数据的价值至关重要。建立统一的数据管理平台是进行高效数据治理和价值挖掘的关键步骤，因为数据治理不仅优化了信息流，还显著提升了企业运营的效率。对于基金资管企业而言，深度整合技术与业务运营，构建系统化的数字支持平台成为提升竞争力的必要途径。这样的平台需要实现业务的纵向整合，确保从前台到后台的各个环节能够形成有效的链接。在操作层面，这意

---

[1]　冯科：《YS基金管理公司数字化转型策略研究》，硕士学位论文，贵州大学工商管理学系，2022。

味着所有业务流程，从客户关系管理到资产管理、从交易执行到风险控制，都需通过数据和技术的融合来提高效率和增强透明度。纵向整合帮助确保信息在不同业务部门之间流通无阻，从而加快决策过程，减少重复工作，提升整体业务响应速度。同时，这个平台应在横向上寻求跨业务线的协作与效率提升的机会。这种协作可以通过共享数据和分析工具来实现，促进了不同部门之间的信息共享和问题解决方案的创新。例如：客户服务部门的数据可以支持市场营销部门更精准地定位客户需求，从而设计更有效的营销策略。

此外，全面的业务数据整合是构建这一平台的核心目标之一。这包括数据的收集、存储、处理和分析，确保数据在各个业务场景中的应用最大化以及流程之间的互联互通。这种整合不仅提高了数据的可用性和实用性，还有助于更好地理解客户需求和市场动态，支持决策制定。实现"以数据和科技推动业务的升级"不是一句口号，而是通过数字化的能力真正支撑业务发展的具体行动。这种方法论强调利用先进的数据分析和机器学习技术来提取数据中反映的问题，从而优化产品和服务，增强客户体验，并最终保持竞争的领先地位。

4. 数字人才培养

在数字化转型的过程中，认识到数字人才的价值至关重要。为此，必须构筑一个全面的数字化支持体系，这不仅包括拥有所需技能的个人，还涵盖能够促进这些人才发挥最大潜能的组织结构和能力框架。这种体系是确保数字化转型成功的关键。

为了维持转型过程的活力和创新，加速建设专业的数字化团队显得尤为重要。这不仅意味着引入新的人才以注入新鲜思想和活力，还意味着通过教育和培训提升现有团队成员的数字技能，从而奠定一个坚实的人才支撑基础。

在这样的数字化团队中，有几个关键角色是不可或缺的。数字产品经理负责界定产品的方向和战略，确保产品能满足市场和用户的需求。系统架构师则负责设计和维护一个高效、可靠的系统架构，以支持产品和服务的顺利运营。数据分析师的角色是分析数据，以指导决策过程，优化产品和服务。这些角色共同构成了数字化转型过程中的核心，通过他们的专业技能和合作，企业在数字化时代的竞争力和创新能力可以大大增强。

（二）基金资管企业数字化发展的基本原则

为了保障基金资管企业在进行数字化转型的过程中能够取得成功，并有效增强其核心竞争力，需遵循以下原则：

1. 系统性原则

数字化战略转型是一种全面的企业战略，涉及企业产品、信息、系统、服务及人员管理的全方位考虑和整合。这种转型策略深受系统论的影响，强调在设计和实施转型计划时，必须考虑到企业内部各个部门之间的沟通与协作。通过这种系统化的方法，业务流程得到了优化和整合，平台和系统的功能也相应增强，从而显著提升了企业运作的效率和效果。此外，这样的策略不仅仅是技术上的升级，它还包括了对业务模式、组织结构和工作流程等多个维度的综合优化。这种深层次的变革确保了转型的成效，为企业带来了长远的影响。

在数字化转型的过程中，重要的是将企业的核心业务与新兴技术紧密结合。这意味着不仅仅是引入最新的技术解决方案，还要在此基础上重新设计业务流程，确保技术与业务需求相匹配。例如：通过引入云计算和大数据技术，企业可以更灵活地处理数据，提高数据处理的速度和精度，从而优化决策过程。此外，数字化转型还需考虑人员管理的变革。这包括培训员工掌握新技术、重新配置团队结构以适应新的工作流程以及改善内部沟通方式以支持更加敏捷和响应迅速的操作模式。通过这些措施，企业可以确保员工与新系统和流程的兼容性，从而使转型更加顺利。为了有效推动这些变革，企业还需要建立一个持续的监测和评估机制。这样可以确保转型措施得到适当的调整和优化，同时可以评估转型带来的具体成效。通过这种反馈循环，企业能够不断调整策略，以适应外部环境的变化和内部操作的需求。

2. 创新性原则

在数字化转型的进程中，企业面对的市场环境充满挑战，特别是在客户需求频繁变化的当代社会。为了应对这些挑战，企业必须致力产品和服务的创新，确保这些产品和服务能紧密贴合客户的需求。这种努力不仅能够提高顾客满意度，还能够帮助企业形成独特的产品和服务特色，使其在竞争中脱颖而出。利用数字化工具和平台收集和分析用户数据，企业能够获得深入的客户信息，这为产品和服务的创新提供了坚实的基础。在创新性原则的引导下，这种方法能够帮助企业不断地优化其产品线和服务，以满足客户的期望和需求。

3. 经济性原则

在企业的各项活动中，经济性原则十分重要，特别是在进行数字化转型的过程中。这表明在作出任何有关数字化转型的决策时，都应将经济效益视为优先考量因素。成功的战略转型本质上是在实现经济效益目标的同时，努力将策划和实施的成本控制在最低限度。实现这一目标的基本前提是，企业应当在最小化成本的同时，确保能够取得预设的经济收益。这要求企业通过提高对运营资源的利用效率来实现。具体来说，这涉及企业的各种资源——包括人力资源、物理资源和技术资源——进行有效的管理和优化配置，以确保每一份资源的投入都能带来最大的经济回报。

在人力资源管理方面，企业需要确保每位员工的技能和能力都能得到最佳的利用。这可能涉及重新设计工作流程，提供必要的培训和发展机会以及通过技术支持提高员工的工作效率。通过这些措施，员工不仅能提升自身的工作效率，同时企业整体的生产效率也将得到提高。

在物理资源管理方面，企业应采用最新的技术和方法来优化其物理资产的使用。这可能包括改进设备的维护管理，使用更高效的物料处理系统，或重新配置生产线以减少浪费。此外，通过采用自动化和智能化技术，企业可以更有效地利用其物理资源，从而减少不必要的成本开支。

技术资源的管理也是提高资源利用效率的关键部分。在数字化转型的背景下，选择合适的技术和平台至关重要。企业应选择那些不仅能够支持当前业务需求，也具备足够的灵活性以适应未来变化的技术解决方案。此外，企业还应关注技术的集成性和兼容性，确保新技术能够与现有系统无缝对接，提高整体运营效率。

4. 可操性原则

数字化转型不仅是一个概念或者愿景，而是涉及一系列具体的、明确的、相互关联的战略指导措施。对于基金和资管企业来说，这一过程要求企业对其目标和面临的环境条件进行深入的分析和精心的规划，确保每一个步骤都有明确的方向和具体的实施计划。在数字化转型的每个阶段，都需要进行详尽的描述和具体的安排，这包括但不限于技术转型、人员培训、流程优化等各个方面。此外，对于转型中采取的各项措施，必须进行彻底的细化，确保企业内每个部门、每位员工都能够清楚地理解自己的角色和责任，明确自己所承担的任务及其完成的具体方式和方法。这还涉及跨部门之间的协作，每位员工需要知晓如何与其他部门的同事进行有效沟通和协作，共同推进数字化转型。

二、基金资管企业数字化发展的公司层策略

（一）重塑体验、流程与运营

企业应致力整体的精益合作，专注于提高用户体验。通过针对具体

的商业场景优化运营效率，企业将达到三大目标的重塑：用户体验的重塑、业务流程的重塑以及运营闭环的重塑。

1. 重塑用户体验

在当今的商业环境中，企业进行数字化转型的过程必须始终坚持以客户为中心的理念。这意味着，企业的转型应从客户的视角出发，以提供极致的客户体验为目标。这包括向客户提供简洁、高效、透明和安全的服务，旨在为企业和客户创造更多的机会和价值。在实际操作中，基金资管企业可以利用大数据平台深入分析互联网时代年轻人群的理财需求。通过这种分析，企业能够将用户的体验置于首位，站在用户的立场上深入思考问题，并据此制定相应的策略和措施。

具体的改进措施包括开发移动应用程序的新版本，并优化其界面设计，使得用户能够在首页轻松选择合适的基金产品。此外，改善持仓和交易记录查询功能、产品净值和盈亏计算功能是必要的步骤。同时，在相同的界面上提供投资研究报告和趋势分析等附加信息，可以帮助用户更清晰地了解自己的投资收益，并为未来的投资决策提供咨询服务。除了提升应用程序的功能，数字化转型还涉及业务对象、规则和流程的全面数字化，以摒弃原有孤立的应用模式。在这个关键的转型期间，基金资管企业应依托强大的数据分析能力，研究和开发智能化、数据化和精准化的产品。同时，企业可以利用金融科技提升服务效率，提高客户服务的专业水平。通过这些综合措施，企业能够实现客户体验的优化升级，满足客户需求的同时，满足他们对服务品质的期望。这种以客户为中心的数字化转型不仅能提升客户满意度，还能促进企业的持续发展，实现企业与客户之间的共赢。

2. 重塑业务流程

面对内部管理效率不高和数字化建设不充分的挑战以及行业趋势对精细化和智能化管理的需求，基金资管企业正将业务流程重塑作为优先事项。这些企业通过构建平台和生态系统，确保与客户、人才及技术保持紧密的连接。此外，他们还致力推进数字化管理体系的变革，以促进跨部门之间的合作，并加强对大数据资源的挖掘与分析能力的提升。

业务流程重构的关键在于在遵守监管政策、法律和规定的前提下，进一步提高资源使用的效率。资源如果只是点状存在，即便连接到网络上，也仍旧是孤立的。因此，主要的策略是将决策权转移到业务前端，赋予与客户互动最频繁的员工资源调配的权力。具体的实施措施涉及使用 RPA 来处理重复性高且附加值低的手工任务，同时改造传统的决策流程。通过运用人工智能等技术手段，快速完成数据的收集与分析，并将结果反馈给市场营销和销售团队，为直接面向客户的前端业务提供决策支持。业务人员在与客户沟通后，可以把市场反馈传递给后台的技术运营部门，后者根据反馈优化系统设计，使客户端功能更贴近用户需求，从而提升用户体验，如图 7-2 所示。通过这种决策路径的重塑，公司的前端、中端和后端各部门能更高效地协同工作，与客户的沟通也更为流畅。这样形成了一种双向促进的良性循环，既驱动业务数据的优化，也不断提升用户体验。[1]

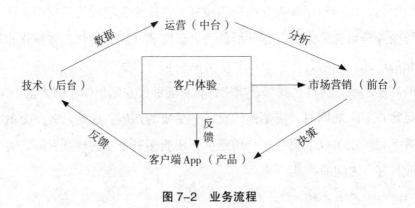

图 7-2　业务流程

---

[1]　冯科：《YS 基金管理公司数字化转型策略研究》，硕士学位论文，贵州大学工商管理学系，2022。

3. 重塑运营闭环

在基金资产管理企业中，传统的信息系统主要功能是生成报告，但这些系统往往未能充分利用数据的潜力。企业的新目标是创建一个能够实时反馈的系统，利用先进的计算能力和算法迅速激发数据的潜力。通过这样的系统，数据不仅在生成统计报告中展现其价值，更能在预测、分析、干预过程及事后审查中全方位地发挥作用，从而极大地提升业务运行的效率。这种高级的运营系统是一个完整的运营闭环，此闭环分为五个阶段，每个阶段都针对特定的运营目标执行特定的功能，确保整个系统的高效和精准运作。

（1）定义和细化营销目标。在运营闭环的第一阶段，企业需要清晰地定义其营销的核心目标，并将这些目标进一步细化。这一步骤的关键在于通过详细的目标来确定目标受众。这不仅包括确定希望吸引的客户类型，还要明确企业希望与这些客户达成的具体交易或互动类型。

（2）分析目标受众并制定策略。随后的阶段是使用数字化工具来分析目标受众。通过深入了解潜在客户的需求、偏好及行为模式，企业能够洞察受众的特点。这些见解是制定有效经营策略的基石，以确保后续策略的相关性和针对性。

（3）设计营销策略。基于对目标受众的详细了解，接下来的阶段是选定合适的营销主题和具体方法。在这一阶段，企业会形成一套针对性的营销策略，确保每一项策略都能精准对应受众的特性和需求。

（4）营销策略的实施。第四个阶段是营销策略的具体实施。企业通过多种渠道和途径将营销方案推送给目标客户，确保广泛的覆盖和高效的传达。这一阶段的成功执行是依靠前二个阶段深入的策略准备和明确的目标定位。

（5）客户反馈的收集与分析。最后一个阶段是收集并分析客户反馈。企业需要从多个维度评估运营目标、客户群体的特征、营销策略的制定及执行效果。这包括判断策略是否达到了预期效果以及是否需要进一步调整或改进。

通过这一反馈和评估过程，企业能够更精确和有效地设定后续的营销目标，同时为各阶段任务的执行积累宝贵经验。这种完整的运营闭环允许企业在系统内部进行自我校正和修正，实现成本的降低、效率的提升、营销的精确度提高。这种良性循环的建立是企业持续更新运营策略的基础，确保策略始终与市场需求和企业发展战略保持一致。

（二）携手构建智能化数字平台

创建一个市场价值显著的自主 APP 平台，应该集中关注直销化、数字化和服务化三个核心目标。这种自营平台的持续更新和优化，旨在精细管理客户关系，这不仅包括维护现有客户群的需求，也涵盖挖掘潜在客户的需求，确保企业能够深刻理解并满足客户的多样化需求。在智能数字平台的构建过程中，有多种实现方式可以选择。其中，一种广泛采用的方法是基金与资产管理企业自主开发专属的 APP。例如：一些知名企业就通过自主开发的 APP，成功实现了对服务和销售渠道的数字化控制，提高了客户服务的效率和质量。这种自主 APP 不仅增强了用户体验，还通过提供定制化的内容和功能来满足特定客户群的需求，从而在竞争激烈的市场中占据优势。

另一种方法是在第三方平台上创建专属的财富管理频道。例如：通过蚂蚁财富号或天天基金财富号这样的第三方平台，企业可以接触到更广泛的客户基础，同时利用平台的技术支持和流量优势。这种策略允许企业利用已经成熟的平台基础设施，快速推广其财务产品和服务，同时降低了自主开发和维护 APP 平台的成本和复杂性。不论是选择自主开发 APP 还是利用第三方平台，关键在于如何通过这些数字工具提升客户服务的质量，实现直销和服务的数字化。这要求平台不仅要具备高效处理交易的能力，还应提供丰富的客户教育内容、个性化的投资建议以及即时的客户支持，确保在满足客户需求的同时，增强客户的忠诚度和满意度。

　　然而，在数字化的浪潮中，基金资产管理企业依然面临着诸多挑战，尤其是在自主开发平台的过程中，常常遭遇用户体验不佳和服务功能有限的问题。这些问题限制了企业在客户管理能力和服务质量上的表现，难以满足市场持续增长的需求。为了应对这些挑战，许多基金资管企业开始寻求与金融科技公司的合作，共同开发更为先进的智能数字平台。这种合作的核心目标是利用强大的数据分析能力深入洞察客户需求，并提供一系列自动化服务，这些服务涵盖产品的整个生命周期。特别强调的是优化售前、售中以及售后各个阶段的服务体验，确保客户在整个交易流程中体验的流畅性和满意度。

　　合作开发的智能数字平台旨在提供一个全面的服务目录，并在客户端界面中展示每个产品的详细信息，使客户能够轻松了解和选择符合自己需求的金融产品。这种平台的高效性体现在其能够通过对客户数据进行深度画像分析，理解甚至预测客户的需求，并利用大数据技术精确地向客户推荐符合其需求的产品或服务。这不仅提升了服务的个性化和精准度，还实现了与客户层级相匹配的一站式服务体验。例如：一个结合了行为数据和业务数据的智能数字平台，可以通过移动应用、HTML5 页面以及个人电脑等多种途径与客户交流。这样的平台不仅提供基本的使用功能，更根据客户的行为和产生的业务数据，执行客户信息的管理和维护工作。这种数据驱动的方法使得平台能够动态地调整服务策略和内容，确保服务的及时性和相关性。通过与金融科技公司的合作，基金资产管理企业能够利用合作伙伴的技术优势和创新能力，加速自身的数字化转型。这种合作不仅解决了自主开发过程中可能遇到的技术和经验方面的问题，还能带来关于市场趋势和客户偏好更深层次的见解，从而使得服务更加符合市场和客户的实际需求。

（三）促进数字基础设施的建设

构建数字基础设施的目标在于为外部客户服务与内部经营管理各环节赋能，旨在整体提升业务执行与管理效率，并确立内部经营与客户数据的安全防护机制。这包含了实施几项关键措施：创建涵盖 CRM 的数据服务平台，辅助员工在日常决策中找到有效的依据；开发 AI 服务平台，提升员工和管理层在决策中的效率与精确度；建立数据资产平台，以确保用户体验的安全性和优质性。对于基金资管企业而言，基础设施建设规划主要涉及数据服务平台、AI 服务平台和数据资产平台这三个方面。数据服务平台包含报表系统、用户行为分析和数据开发平台等组成部分，它通过标签打标和行为分析等手段深入理解用户的真实需求；AI 服务平台基于 OCR、智能语音和机器学习等技术进行开发，利用 NLP 和知识图谱等方法使系统更加贴近客户需求；数据资产平台则致力数据的管理工作，确保数据的质量、标准和安全，作为企业的数据仓库，维护数据安全。[①]

三、基金资管企业数字化发展的业务数字化

阿里巴巴将企业数字化转型的目标总结为"将所有业务数据化，并将所有数据转化为业务"。这一过程强调了从业务向数据的转变及数据再服务于业务的重要性。在这一框架下，采用互联网化的业务中台和智能化的数据处理成为一种策略。例如：微软采用了一种基于产品思维的数字化转型策略，通过集中于客户互动、员工赋能、业务流程优化以及产品与服务的转型，致力实现思维方式和业务的全面转变。

对于基金资管企业而言，数字化策略的核心目的是提高各应用的性能水平。这一策略通过在不同业务单元中收集、开发和利用业务数据，

---

① 冯科：《YS 基金管理公司数字化转型策略研究》，硕士学位论文，贵州大学工商管理学系，2022。

部署数字化工具和技术系统来提升业务的数字化程度，主要目标是提高效率、降低成本并提升服务质量。此策略特别强调在营销、风险控制、投资研究、运营管理以及财富管理等五个关键领域中运用数字化手段进行优化。

在营销方面，策略重点是以客户为中心进行数字升级。通过深入分析客户数据，基金资管企业可以更精确地定位市场需求和客户偏好，实现个性化的市场推广和客户服务。这不仅提升了客户的满意度和忠诚度，还增强了营销活动的有效性。在风险控制方面，数字化转型策略致力通过技术手段实现全面的风险管理。这包括使用高级数据分析工具来预测和评估潜在的市场风险，从而显著减少风险管理所需的时间和成本。这种方法不仅提高了风险处理的精确性，也增强了企业应对市场波动的能力。在投资研究方面，基金资产管理企业通过数据驱动的产品开发，满足潜在客户的需求。利用大数据分析和机器学习技术，企业能够洞察市场趋势和投资机会，开发出更适合市场和客户需求的金融产品。在运营管理方面，数字化转型强调通过经营分析和信息报送优化运营效率。通过实时数据监控和分析，企业能够快速响应运营中的问题，优化流程，提升整体运营效率。在财富管理领域，数字化策略着力于智能化地优化资产配置，并开发与客户需求相符的创新产品，如股票多头基金、固定收益基金和CTA策略基金等。通过利用数字化工具，如客户关系管理系统和自动化的投资顾问平台，企业能够为高端客户提供更精准、更有效的资产管理服务。

参考文献

[1] 万建华. 商业银行数字化转型的路径选择 [J]. 清华金融评论, 2020 (11): 87–92.

[2] 卫玲. 发展数字经济与加快构建新发展格局: 基于马克思主义政治经济学的思考 [J]. 求是学刊, 2020, 47 (6): 1–9.

[3] 王子阳, 魏炜, 朱武祥, 等. 商业模式视角下的天虹数字化转型路径探索 [J]. 管理学报, 2020, 17 (12): 1739–1750.

[4] 王正沛, 李国鑫. 消费体验视角下新零售演化发展逻辑研究 [J]. 管理学报, 2019, 16 (3): 333–342.

[5] 王永贵, 汪淋淋. 传统企业数字化转型的问题及对策研究 [J]. 广西财经学院学报, 2021, 34 (3): 37–46.

[6] 王伟玲. 加快实施数字政府战略: 现实困境与破解路径 [J]. 电子政务, 2019 (12): 86–94.

[7] 王诗卉, 谢绚丽. 经济压力还是社会压力: 数字金融发展与商业银行数字化创新 [J]. 经济学家, 2021 (1): 100–108.

[8] 王春英, 陈宏民, 杨云鹏. 数字经济时代平台经济垄断问题研究及监管建议 [J]. 电子政务, 2021 (5): 2–11.

[9] 方方. "大数据" 趋势下商业银行应对策略研究 [J]. 新金融, 2012 (12): 25–28.

[10] 巴曙松, 白海峰. 金融科技的发展历程与核心技术应用场景探索 [J]. 清华金融评论, 2016 (11): 99–103.

[11] 吕铁. 传统产业数字化转型的趋向与路径 [J]. 人民论坛·学术前沿, 2019 (18): 13–19.

[12] 华泰证券课题组，朱有为.证券公司数字化财富管理发展模式与路径研究 [J].证券市场导报，2020（4）：2-12.

[13] 闫俊宏，许祥秦.基于供应链金融的中小企业融资模式分析 [J].上海金融，2007（2）：14-16.

[14] 安彬，张曦如，安博.基于"以客户为中心"的零售银行产品战略转型研究 [J].新金融，2019（1）：43-46.

[15] 安筱鹏.数字化转型的八个关键问题 [J].中国经济评论，2021（7）：18-21.

[16] 严若森，钱向阳.数字经济时代下中国运营商数字化转型的战略分析 [J].中国软科学，2018（4）：172-182.

[17] 杜尔功，吉猛，袁蓓.我国中小银行以数字化转型促进高质量发展研究 [J].西北大学学报（哲学社会科学版），2021，51（1）：109-116.

[18] 李佳伟，封思贤.降低 P2P 网贷市场上小微企业融资成本的思路研究 [J].经济问题探索，2015（2）：147-150，190.

[19] 李俊，渠红颖.山东省制造业数字化路径研究 [J].合作经济与科技，2021（18）：4-6.

[20] 白世贞，黎双.商业银行供应链金融运作模式的创新分析 [J].物流技术，2013，32（3）：234-237.

[21] 毕家新.供应链金融：出现动因、运作模式及风险防范 [J].华北金融，2010（3）：20-23.

[22] 陈富强，徐红军.探讨商业银行供应链金融风险管理 [J].现代商业，2010（36）：26，27.

[23] 周宇.移动为王：上海银行移动金融发展实践 [J].中国金融电脑，2015（12）：16-19.

[24] 陈莉.日本互联网证券发展特点及路径研究 [J].现代日本经济，2016（3）：13.

[25] 张永滟，钟潇，李芳，等.传统寿险公司布局互联网保险的战略选择和可行模式研究 [J].保险理论与实践，2022（3）：69-111.

[26] 庄虔华.互联网证券生态圈的格局特征、个体定位及券商的主导作用 [J].金融纵横，2017（2）：89-98.

[27] 朱太辉. 智能金融发展的潜在风险与监管应对 [J]. 国际金融，2020（2）：30-34.

[28] 谢平，邹传伟. 互联网金融模式研究 [J]. 金融研究，2012（12）：11-22.

[29] 王兴山. 数字化转型中的企业进化逻辑 [J]. 中国总会计师，2017（12）：15.

[30] 褚盈. 互联网券商的发展方向及途径研究 [J]. 现代经济信息，2014（17）：361.

[31] 杨稀男. 互联网金融浪潮下证券公司转型探索 [J]. 合作经济与科技，2017（16）：66-67.

[32] 童露. 论互联网时代下传统企业的转型升级 [J]. 中国集体经济，2016（3）：37-38.

[33] 范雪云. 数字化转型中的中邮保险客户经营创新策略研究 [J]. 邮政研究，2022，38（2）：61-67.

[34] 数字化时代保险企业智能化财务建设研究：基于中国太保打造"财慧核"的实践 [J]. 中国总会计师，2022（2）：128-131.

[35] 陈玮. 浅谈数字化趋势下保险公司科技能力建设 [J]. 中国金融电脑，2022（1）：36-40.

[36] 王桥. 中国长期护理保险试点城市比较与模式探索 [J]. 福祉研究，2021（4）：31-41.

[37] 蒋全. 保险服务线上化驱动寿险公司健康转型 [J]. 上海保险，2021（10）：19-22.

[38] 赵大晖，王晓艳，赵玲. 传统券商开展互联网证券须先组织创新 [N]. 中国券商报，2015-07-06（A16）.

[39] 戴梦希. 数字化转型让保险服务更加以客户需求为中心 [N]. 金融时报，2022-08-01（7）.

[40] 王笑. 科技如何更好满足全新保险消费需求 [N]. 金融时报，2022-08-01（7）.

[41] 沈建光. 数字化转型助力中国经济高质量发展 [N]. 学习时报，2020-02-21（3）.

[42] 苏洁 . 保险数字化提质增速 [N]. 中国银行保险报，2022-06-08（5）.

[43] 肖扬 . 保险数字化转型提速在即 [N]. 金融时报，2022-06-08（10）.

[44] 王笑 . 如何让保险更加可感可及可靠 [N]. 金融时报，2022-03-14（7）.

[45] 祁夺 . 数字化转型背景下中国平安保险客户忠诚度提升研究 [D]. 上海：东华大学，2022.

[46] 吴正 . 信达资产管理公司发展战略研究 [D]. 南京：南京大学，2015.

[47] 冯森 . 东方财富信息股份有限公司成长研究 [D]. 郑州：郑州大学，2015.

[48] 孙光辉 . 九州证券山东分公司经纪业务转型对策研究 [D]. 长春：吉林大学，2017.

[49] 塞筠 . 我国寿险行业数字化转型研究：以国寿 EAC 数字化模型为例 [D]. 沈阳：辽宁大学，2022.

[50] 卢祖送 . 金融危机和金融监管 [M]. 北京：经济日报出版社，2018.

[51] 吕晓永 . 互联网金融 [M]. 北京：中国铁道出版社，2018.

[52] 李海涛 . 创业与金融 [M]. 天津：天津大学出版社，2018.

[53] 高建侠 . 金融基础 [M]. 北京：中国传媒大学出版社，2018.

[54] 马瑞华，王莉莉 . 金融学 [M]. 北京：海洋出版社，2018.

[55] 相悦丽，赵红梅，王姗姗 . 财政与金融 [M]. 北京：冶金工业出版社，2018.

[56] 殷平生 . 金融学 [M]. 西安：西安电子科技大学出版社，2018.

[57] 赖溟溟 . 财政与金融 [M]. 沈阳：东北财经大学出版社，2018.

[58] 张慧 . 金融理财 [M]. 合肥：合肥工业大学出版社，2018.

[59] 于洋 . 金融与投资 [M]. 北京：经济日报出版社，2018.

[60] 李小丽 . 金融学 [M]. 西安：西安电子科技大学出版社，2018.

[61] 颜军梅 . 金融学 [M]. 武汉：武汉大学出版社，2018.

[62] 张德江，石晶，吕芳 . 金融市场 [M]. 天津：天津科学技术出版社，2018.

[63] 冯博，李辉，齐璇 . 互联网金融 [M]. 北京：经济日报出版社，2018.

[64] 郭永珍 . 互联网金融创新与实践 [M]. 北京：经济日报出版社，2018.

[65] 范永霞 . 物联网金融概论 [M]. 北京：中国金融出版社，2018.

[66] 曹彤 . 金融科技启示录 [M]. 北京：中国金融出版社，2018.

[67] 张米良，郭强 . 国际金融学 [M]. 哈尔滨：哈尔滨工业大学出版社，2018.

[68] 张炳辉 . 金融信息安全 [M]. 北京：中国金融出版社，2018.

[69] 全颖，郑策 . 数字经济时代下金融科技信用风险防控研究 [M]. 长春：吉林人民出版社，2019.

[70] 程雪军 . 互联网消费金融科技、金融与监管 [M]. 北京：经济日报出版社，2018.

[71] 徐义国 . 现代金融与科技创新协同发展的制度逻辑 [M]. 北京：经济日报出版社，2018.

[72] 邓辛 . 金融科：模式变革与业务创新技 [M]. 上海：上海财经大学出版社，2019.

[73] 中国银行业协会行业发展研究委员会 . 金融科技助推商业银行转型：路径与趋势 [M]. 北京：中国金融出版社，2020.

[74] 李礼辉，王忠民 . 金融科技前沿 [M]. 北京：中国金融出版社，2020.

[75] 陈晓华，李宝民，吕艳 . 金融科技之智能客服 [M]. 北京：北京邮电大学出版社，2019.

[76] 曹彤 . 金融科技启示录 [M]. 北京：中国金融出版社，2018.

[77] 伍忠贤 . 图解金融科技与数字银行 [M]. 广州：广东经济出版社，2019.

[78] 徐忠，孙国锋，姚前，等 . 金融科技：发展趋势与监管 [M]. 北京：中国金融出版社，2017.